药品流通"两票制"研究

赢在中国医药格局剧变之际

袁锡彬 著

復旦大學出版社

序 言

最近收到《药品流通"两票制"研究》的书稿,著者袁锡彬是我的同事兼校友。对于这位共事近10年的师弟,我比较了解。袁锡彬在他人生的每一个阶段都显示出他求真、务实的精神。在就读中国药科大学本科4年期间,当大部分的同学仅满足于上课获取知识时,既热爱文学又热爱科研的他将大约2/3的业余时间放在药剂研究室的实验室里进行制剂研究开发,剩余的1/3时间则担负校通讯总社社长的职责,在校报编辑部协助组稿、审稿、排版、发行、宣传等工作,同时负责各年级、各班级通讯员的组织协调管理工作。期间每年有10余篇文章发表,曾获得校"青橄榄"杯征文比赛特等奖。袁锡彬毕业后一直在药企工作,曾就职于外资企业、合资企业和大型国企,亲历药品研发、生产、销售全产业链。他做事平实、内敛,思虑深刻、周密,工作之余曾自学南京大学MBA课程。在厦门工作期间,通过厦门大学统一考试考入厦门大学经济学院投资学研究生班,经过3年刻苦学习,获得了投资学研究生结业证书。2015年通过了全国研究生统一招生考试,并获得公共管理学硕士研究生学位。这种终身学习、读书不倦的进取精神确实值得年轻人学习和弘扬。如今,他笔耕不辍,把对中国药品流通"两票制"的观察和思考化为这本20余万字的书稿。

翻阅厚厚的书稿,我不由得感慨万千。伴随改革开放的40年,我国的医疗体制改革也进行了40年,在管理上海医药工业研究院、中国医药工业研究总院和中国医药集团上海现代制药股份有限公司的过程中,我指导博士生进行学术研究,对中国医药体制改革的课题多有涉及,也相对了解"两票制"的来龙去脉。据我所知,在学术界对"两票制"进行如此系统、深入的研究,袁锡彬应属于"吃螃蟹"的第一人。本书全面解析了药品流通"两票制"的前世今生和未来发展方向,鞭辟入里地剖析了药品价格高昂的原因,提供了降低药品价格和提高药品可及性的对策。纵览全书,发现以下几个特点可圈可点,为全书增色添彩不少。其一,内容全面,实事求是。著者将"两票制"对药品生产企业、药品流通企业、医疗机构和药品监管机构的影响做了全面的梳理,客观公正,不偏不倚,涉及"两票制"的方方面面,条分缕析,有根有据,论述深刻。其二,案例分析,简明清晰。著者在医药行业浸染近 30 年,资深专业,善于深思,材料丰富,充分利用案例进行析理,将复杂问题通过通俗易懂的方式娓娓道来,使人手不释卷。其三,图表展示,直观明了。著者充分利用图表的功能,将"四票制""多票制""两票制"的监管体系、相关的数据、发达国家药品流通"两票制"等全景展示出来,全书图表有二三十幅之多,可见著者下的功夫之深。其四,心系百姓,大爱情怀。著者始终站在百姓立场,殚精竭虑,意图探寻能为老百姓提供优质、优价、及时、方便药品的政策措施,有仁爱之心方能有大爱之言。在书稿的后半部,著者总结了全书的精华,提出了"两票制"实施的必要条件就是要建立药品的溯源系统,并且构建了在"两票制"监管下理想的药品流通模型。结合近期热映的现实主义题材电影《我不是药神》,著者论述了中国、美国、印度等国的药品价格与可及性,与"两票制"监管相结合,对中国医药行业建言献策,观点独到新颖,很有可读性和启发性,对我国的医改进程,一定有所裨益。

　　一路工作,一路学习,一路思考,一路努力,本书记录着袁锡彬的心路历程,记录着他现实与理想、工作与思考的碰撞,点燃了知行合一产生的思想火花,或许还有他的几许梦想与激情。他将这一切凝结成心血,灌注于笔端,形成于文字,表白于纸张。"两票制"经过 2017 年的初步试行,今年开始在全国全面推行,目前还鲜有这方面的专著面世。本书是一本不可多得的佳作,我相信对"两票制"有兴趣的读者用心品读,一定会与我一样受益匪浅。谨以此文为序,并向广大医药行业从业者和关心中国医药改革的广大读者推荐本书。

2019 年冬

序言

周斌,博士,中国医药工业研究总院研究员,博士研究生导师。曾任上海医药工业研究院院长、中国医药工业研究总院院长、中国医药集团副总经理、中国生物技术股份有限公司董事长兼党委书记。现任中国医药工业研究总院董事长兼党委书记、上海现代制药股份有限公司董事长兼党委书记、全国医药技术市场协会理事长、中国生物工程学会理事。发表学术论文和专题调研报告40余篇,申请专利20余项,指导博士和硕士研究生10余名。担任核心期刊《世界临床药物》主编和《中国医药工业杂志》副主编。

前 言

"丁零零,丁零零",闹钟响了。晚上11点,我和女儿同时从书桌两边站起来,开始盥洗,准备休息。3年前女儿从南京转学到了上海开始八年级下学期的学习,之前半年她刚刚结束在美国洛杉矶PALMS中学1年的初一学习生涯。"我这也应该算是颠沛流离吧",女儿自嘲道。"经历就是财富,说明你的适应能力还不错,不过也有爸爸陪读的功劳",我也不甘示弱。为了晚上陪女儿学习,我重新拾起了30多年前的书本,还有以前从来没有学习过的逻辑学等课程从头学起,并参加了全国研究生统一招生考试,与应届本科生同场竞争。我与女儿互相激励,女儿最终以初中学校全年级第一名的成绩提前签约上海交通大学附属中学,而我,怀着一份执念也如愿以偿地考上了国家统招研究生。

"三十功名尘与土,八千里路云和月。"从30年前在中国药科大学就读本科4年期间参加药剂学涂家生博士课题组硝苯地平复方缓控释项目的开发开始,我便对药学研究产生了浓厚的兴趣,彼时同项目组还有如今的郭青龙教授、王秋娟教授、柳晓泉教授、彭建和教授等。每每有不懂的问题,各位教授逢问必答,倾囊相授。4年的光阴,白天上课,几乎每个晚上和周末时间我都泡在实验室里。即将毕业时我们完成了项目的转让,给我的大学4年科研生活画上了圆满的句号。涂老师曾极力挽留我继续深造攻读研究生,然而,迫于生存压力,我选择了就业。涂老师曾笑言:"你的科研水平已经远高于一般的硕士毕业生了。"我也曾许下承诺:"等条件允许了就回来读研究生。"孰料踏入社会身不由己,读研究生也就成了我的一个未圆的梦。幸运的是,30年来我没有离开过中国医药行业,从药物的研究与开发、生产、销售、政策管理到投融资,我贯彻母校的育人理念"需围药,不唯药",从未离开过医药行业。最近几年医药行业掀起了药品质量和疗效再评价的热潮,起因是占据我国已批准化学药品品规95%的仿制药质量和疗效与原研药相比差距甚大。有专家称现时我国的医药研发生产水平落后印度至少20年,对环境污染大的原料药在我国生产后出口印度,再由印度生产质高价廉的药品供给包含欧美在内的全世界。国产治疗糖尿病的药品二甲双胍片剂一盒只卖几元钱,而原研同剂型药品售价二三十元;国产治疗胃溃疡的奥美拉唑肠溶胶囊一粒只卖1元左右,原研进口的一粒则卖到近20元,相差20余倍。国产药品与原研药品境遇相差悬殊,国产药品降价还无人问津,原研药品却畅销市场,供不应求。原研药面对低价的国产仿制药并不会大幅降价,原因就是质量和疗效的巨大差别。在我国国民收入不断提高、人们的健康意识不断增强的当下,在治病和救命这件事上任何患者都不会含糊。当然这不是国产药品的全部,也有部分国内企业奋起直追,某些药品研发和生产水平不亚于西方发达国家的原研药品,某些产品还可以做到世界一流。譬如,上海现代制药股份有限公司生产的治疗心绞痛和高血压的药品硝苯地平控释片(商品名:欣然),是由中国医药工业研究总院侯惠民院士研发的激光打孔双室渗透泵控释制剂,其质量、疗效可与原研药品德国拜耳制药公司的"拜新同"相媲美,价格低于原研品,目前市场供不应求,年销量已超过10亿元,造福于广大的中国患者。又如恒瑞制药股份有限公司在研发支出占销售额比例、研发成果、生产规模、产品质量、营销体系、利润和管理等方面都是国内医药行业的翘楚,其总体水平完全不输国外知名的制药企业。以上企业引领了我国制药行业的制剂和管理水平,然而,与日益增长的国民经济总量相比,我国的制药行业还存在许多问题。

我至今不能忘记大学刚入校时老师曾自豪地告诉我们,当时我国的医药研发生产技术水平至少领先印度20年。然而,目前的局面恰恰相反,由30年前领先20年到30年后落后20年,中国与印度制药行业对比反差让人震惊、令人痛心!作为一个在药品研发、生产、销售行业摸爬滚打多年的医药人,我时时在思考:为何在改革开放40年后的今天,当我国绝大多数行业技术突飞猛进,争相赶超甚至领先世界先进水平的时候制药行业却落伍了?我苦苦地思索,并结合自己的亲身经历去寻找答案。

2006~2010年我在厦门迈克制药股份有限公司担任营销公司总经理期间经历了两次资本市场的跨国重组。第一次是印度上市公司美吉斯(Matrix)制药公司并购了迈克制药公司,印度公司总部派来数十位中高层领导和技术骨干,我与这些印度同事共事了4年,对印度制药行业的技术和管理水准有了一定的认识。第二次是世界第二大仿制药公司巨头——美国迈兰(Mylan)制药公司并购了 Matrix 公司,于是我们又开始执行美国 Mylan 公司的并购整合指令,完全按美国企业的要求运营公司业务。当时的感觉就是印度制药行业与美国等西方发达国家制药行业资本市场整合很频繁、紧密,欧美的标准可以直接引入印度使用。通过资本市场的重组和联结,印度制药行业获得了先进的研发生产技术和巨大的投资和广阔的市场,因而发展迅捷。同时我也学习了印度和美国企业并购重组后企业内部微观操作层面高效整合的方法与策略,收获良多。为了进一步深入了解和学习其中精华,跟上公司的发展步伐,在公司的支持下我当时报考了厦门大学经济学院的投资学研究生班,通过严格的入学测试后,经过3年多的系统学习基本掌握了投资学的基础理论和实务操作,能够在更深层次和更高水平理解和执行公司总部下达的决策指示。但随着对理论的深入思考和日常工作实践的具体验证,我逐渐认识到我国制药行业的落伍和乱象并不仅仅源于资本和管理的缺乏,还源于更深层次的指导医药行业发展相关政策的剑走偏锋。中国制药行业的总投资并不少,管理也不能说落后,市场不可谓不大,但关键是指导药品行业发展的指挥棒出现了偏差。

  制药行业是一个资本密集和技术密集的行业,但技术是其核心,没有先进的研发、生产和质控等核心竞争力,徒有"虚胖的外壳"将不堪一击。这么多年我国制药行业的利润主要流向了两个方向:一个是通过多渠道的流通环节流向了占主导地位的医疗终端,这是不健全的医疗市场造成的;另一个则是流向了制药企业的药品生产质量管理规范(Good Manufacture Practice of Medical Products,GMP)硬件建设,这是我们的政策导向造成的。我们专注于 GMP 硬件的建设和检查,宝贵的资金投向偏离了建立药品研发生产核心竞争力的方向。所以我国几千家制药企业从外表来看厂房高大整洁、巍然屹立,内部生产线排列有序、设备先进,但生产药品的质量与原研药品却无法相提并论。多年前,印度的制药企业是不推行强制 GMP 认证的,其追求的首先是生产出的药品质量和疗效能否达到欧美标准,能否与原研药品等效,至于生产设施是否达到 GMP 标准,则由企业自主决定。制药企业虽是制造业,但与我国擅长的机械制造业完全是两个概念。先进的厂房和设备并不能保证制造出高质量、有疗效的药品,制药行业更强调的是药品内在质量,主要是其处方构成和制造工艺,但这两者恰恰是肉眼看不到的,也不是检测和分析能破解的,更是西方发达制药企业秘不外传的。这些需要大量深入的基础研究、大量的试验、大量的资金投入和长时间的经验积累。2013年我曾到美国游学一段时间,亲眼看到了美国的重化工行业的先进和发达。国内的重化工业虽然经过数十年的追赶,但与美国相比,差距仍很巨大,这当然也与美国对我国的技术封锁有关。其实制药行业属于精细化工制造业,西方发达国家在制药行业对我国的技术封锁更甚。处方构成和工艺技术对药品制造的影响,我举个生活中的例子大家就明白了。你可以从欧美国家买来先进的蒸馒头的设备,但是你没有将面粉变为馒头的具体可操作工艺,结果蒸出来的是死面疙瘩,而别人蒸出来的是松软喷香的开花馒头。当然绝大部分馒头的质量通过外观普通人就可判断出来,但药品就不行了,对低劣的仿制药与原研药普通人通过外观是无法分辨的,就是业内专家不通过专门仪器设备按照一定的标准和方法也是鉴别不出来的。将死面疙瘩与开花馒头送去检测,其碳水化合物和蛋白质的总标示含量应该都在90%~110%的标准范围,所以按含量标准它们都是合格的。国产大部分仿制药就是那个"死面疙瘩",原研药就是同样原料制成的"开花馒头"。"死面疙瘩"应该也能果腹,也能符合国家药典的含量标准(药典标准是根据我们自己生产的"死面疙瘩"的产品制定出来的,对于仿制药,我们是"先射箭,再画靶"),但也可能导致消化系统疾病。根据疗效患者会通过购买行为来评判。喧嚣浮华和急功近利是制药行业的死敌。

　　40年后的现在我们启动了大规模的已上市药品质量和疗效的再评价正是对前40年来部分药品政策的否定和纠偏。当然,"亡羊补牢犹未晚",让已经批准仍在生产的但质量和疗效远远达不到原研药标准的仿制药批文作废是当务之急,也是对人民健康负责的民心工程。由此,我也深刻认识到公共政策对产业的关键作用,有时甚至关系到一个产业的生死存亡,关系到亿万人民群众的生命健康和安危。因此当年选择研究生专业时,我毫不犹豫地选择了公共管理专业的公共政策研究方向。

　　"两票制"从十几年前开始萌芽到如今可以说一路走得非常坎坷,直到现在仍有部分学者、专家认为制药行业是完全市场化的充分竞争行业,对其流通国家应该完全放开,让市场起到完全的资源配置作用,不应进行政策或行政干预,更不应该人为地限制药品只能"两票"。本书提出了"两票制"监管的公共管理学理论基础,包括市场经济政府干预理论和信息不对称理论,指出"两票制"监管的必要性和可行性。随着"两票制"的推行我国的制药行业和药品流通行业必将发生天翻地覆的巨变。目前来看引起的药品流通行业的巨变可能已经非常大了，但更大、更深层次的将是对药品研发和生产企业的影响。对这样的影响和即将到来的变化医药人必须要深刻洞察，要做出抉择，要未雨绸缪，这样才能为未来的变革做好准备。要做"曲突徙薪无恩泽"的远见者，不做"焦头烂额座上客"的马后炮。根据马克思主义唯物辩证法，形式和内容互为表里，互相影响。"两票制"是形式，但形式的改变也将影响内容，内容的改变正是从形式的变化开始。"两票制"从表面看只是流通形式的改变和流通环节的减少，但其实质性的对药品行业的利润分配进行了重塑，再配合医疗体制改革的其他综合措施，假以时日必将致使药品行业的大部分利润归于正常配置——分配于药品研发和生产环节，主要是研发环节。随着社会第三方物流的快速发展，药品配送这个领域也必将向第三方物流行业提供更大拓展业务的空间，药品储存、拆零分包、冷藏运输等将日益有不同的专业企业介入，带来更细化、更完备的服务。

"两票制"的推行正如水中游动的鸭子，公众舆论层面波澜不惊，但行业内的推动在2018年上半年已疾步快行。恰逢此时现实主义电影《我不是药神》在我国引起巨大反响，红遍神州大地，"看病难，看病贵"的话题再一次吊足了观众的胃口，引得舆论滚滚，延宕不已。这个当口十几年前罹患乳腺癌手术后已痊愈的我的姨妈突然病情恶化，全身转移，我四处奔波寻觅国内外最新的抗癌药品，同时一些圈内外的朋友也纷纷向我打听抗癌药品的国外代购事宜，我结合自身医药圈内多年的经历和最近的一些感想于夜深人寂之时写下本书第八章"从'两票制'到《我不是药神》——医改之长路漫漫"代为作答。

本书的主要内容：首先，介绍了我国药品流通的基本情况和"两票制"的历史沿革，指出了"两票制"的试运行存在的问题，包括药品生产企业、流通企业、医疗机构和政府监管部门在运行"两票制"过程中出现的问题。其次，分析了西方发达国家如美国、英国、澳大利亚和欧盟一些国家在药品流通中运行"两票制"的情况，指出纵然是这些西方发达的自由市场国家对药品流通行业也实行严格的监管。发达国家对药品流通过程监管的细致和严格令人叹服，对药品在医药流通企业和零售环节的加价幅度分门别类都做了严格的规定，对流通企业和零售药店的利润率也有相当程度的干涉。西班牙对纳入国家医保药品的流向和价格随时备查，如弄虚作假会被严惩。因此，我认为我国目前出台的"两票制"监管制度是完全正确的,还需要执行细则,监管力度还需更大一些,刮骨疗伤方能健康前行。最后,对"两票制"所面临问题的原因进行了分析,并提出了加强"两票制"监管的相应对策。另外,针对医疗机构、流通企业和制药企业在执行"两票制"中面临的问题也提出了对策建议。

  本书是在我的研究生论文《药品流通"两票制"监管研究》的基础上在广度和深度上都做了大幅扩充,力图使"两票制"研究的全景能呈现在读者面前。在写作过程中我的导师西北师范大学刘磊教授从研究思路到篇章结构都提出了很多意见与建议,给予我很大支持与鼓励。复旦大学高帆教授,兰州城市学院陈晓龙教授,上海社会科学院权衡研究员,西北师范大学孙健教授、张润君教授、张文礼教授、王宗礼教授、戈银庆教授、李怀教授、左宏愿教授、孙特生教授、贾应生教授等都给予了建议和指导。中国药科大学图书馆提供了大量文献研究资料;中国药科大学张娟教授对书稿进行了审阅,并给出了宝贵的修改意见;北京中医药大学袁敏讷同学绘制了本书的图表,在此一并表示感谢。囿于本人能力及水平有限,谬误在所难免,诚望读者提出批评和改进的宝贵意见,谢谢!

袁锡彬

2019年冬于上海

目 录

第一章 绪论 …………………………………………………… 001
    一、研究背景及意义 …………………………………………… 001
    二、国内外研究现状及评价 …………………………………… 004
    三、研究思路及方法 …………………………………………… 018
    四、研究重点、难点及创新点 ………………………………… 019

第二章 "两票制"的发展历程及现状 ……………………… 020
    一、"两票制"的发展历程 …………………………………… 020
    二、"两票制"的目标、界定和重点 ………………………… 026
    三、"两票制"监管主体及监管方式 ………………………… 028
    四、"两票制"监管的理论依据 ……………………………… 030
    五、"两票制"运行现状 ……………………………………… 035

第三章 "两票制"试行中存在的问题 ……………………… 054
    一、医疗机构执行"两票制"过程中存在的问题 …………… 054
    二、流通企业执行"两票制"过程中存在的问题 …………… 060
    三、生产企业执行"两票制"过程中存在的问题 …………… 063

第四章 "两票制"监管存在的问题 ………………………… 069
    一、"两票制"监管的地方经验 ……………………………… 069
    二、药品流向不真实问题 ……………………………………… 070
    三、部分企业药品价格无实质性降低 ………………………… 075

第五章　"两票制"试运行存在问题原因分析 …… 077
一、"两票制"处于探索之中且尚不成熟 …… 077
二、我国医药流通行业基础薄弱 …… 081
三、制度体系不健全 …… 083
四、地方保护主义和政府监管碎片化 …… 083
五、软、硬件投入不足 …… 085
六、"两票制"的理论研究不足 …… 086

第六章　发达国家"两票制"的经验及借鉴 …… 088
一、发达国家"两票制"的现状 …… 088
二、发达国家"两票制"经验及启示 …… 108

第七章　完善药品流通"两票制"对策和建议 …… 126
一、药品流通"两票制"改革是整个医改的突破口 …… 126
二、各省、自治区和直辖市政策内容和执行的统一 …… 128
三、破除地方保护主义以形成全国性流通大市场 …… 130
四、总结经验以形成统一的"两票制"管理制度 …… 146
五、"两票制"监管部门形成监管合力 …… 147
六、夯实"两票制"运行的基础保障 …… 150

第八章　从"两票制"到《我不是药神》——医改之长路漫漫 …… 153
一、问题一：印度医药市场是什么情况 …… 154
二、问题二：美国等发达国家医药市场是什么情况 …… 159
三、问题三：中国医药市场是什么情况 …… 163
四、问题四：药品价格是怎么制定的 …… 171
五、解决办法一：挑战欧美既有专利 …… 181
六、解决办法二：直接强仿 …… 182
七、解决办法三：政府谈判 …… 184
八、解决办法四：加快"质量和疗效一致性评价"进程，切实提高仿制药质量 …… 188
九、解决办法五：加快创新药的研发与引进 …… 192
十、解决办法六：大力发展中医药 …… 195

十一、解决办法七:加快推进综合医改,尽快取得关键节点
   突破 …………………………………………………… 197
十二、解决办法八:国外代购,"曲线救命" ………………… 199

后记 …………………………………………………………… 203

第一章 绪论

一、研究背景及意义

(一) 研究背景

随着我国社会和经济的快速发展,人民群众对生活质量和健康的关注度越来越高。医疗卫生体制改革关系到每个人的利益,涉及面广,因而在任何国家执行都是困难重重。我国的新医改从 2009 年开始,尽管取得了一些进展,特别是医保覆盖面扩大到绝大多数人,但是大医院的公益性尚未真正体现出来,老百姓看病贵、看病难问题没有得到根本解决,医患矛盾有加重的趋势,医药改革成为国民关心的热点话题。2018 年《我不是药神》这部电影热播,开播不到 3 天全国总票房就超过 10 亿元,反映了药品、生命、法律和感情的纠葛,引起了公众的热议,就连国家医疗保障局也发布了将加快进口药品引进和价格谈判工作。在以问题为导向的改革思路中"看病难、看病贵"成为医药改革的焦点和抓手,药品价格虚高是我国"看病贵"的一个主要原因,是我国医药体制弊端的一个体现,破除药品价格虚高是我国医药体制改革的目标之一,是医药体制改革的"牛鼻子"。在药品流通领域实行"两票制"是当前破解药品价格虚高这个难题的主要政策措施之一,也是当前国内医药界和学术界关注的热点。同时"两票制"改革将触发中国药品流通的整体格局剧烈变动,进而引起中国医药市场格局的剧烈变化,引起医药行业所有利益相关者的广泛而深入的关注。

2016 年 4 月,国务院办公厅印发了《深化医药卫生体制改革 2016 年重点工作任务》(国办发〔2016〕26 号)的通知,明确指出要全面推进公立医院药品集中采购,综合医改试点省份要在全省范围内推行"两票制",积极鼓励公立医院综合改革试点城市推行"两票制"。

2017年1月11日,国务院医改办会同国家卫生计生委(简称国家卫计委)等8部门联合印发《关于在公立医疗机构药品采购中推行"两票制"的实施意见(试行)的通知》(国医改办发〔2016〕4号),规定在公立医疗机构药品采购中推行"两票制",即药品从生产企业到流通企业开一次发票,流通企业到医疗机构开一次发票,目的是压缩药品流通环节,使中间加价透明化,进一步降低药品虚高价格,减轻群众用药负担。

2017年2月9日,国务院办公厅《关于进一步改革完善药品生产流通使用政策的若干意见》(国办发〔2017〕13号)发布,明确要求:综合医改试点省(自治区、直辖市)和公立医院改革试点城市要率先推行"两票制",鼓励其他地区实行"两票制",争取2018年在全国推行。"各地可结合实际制定实施细则,执行过程中出现的新情况和新问题,请及时向国务院医改办报告。国务院医改办将会同有关部门根据试行情况,进一步完善相关政策[1]。"

在当前情况下,各地药品流通"两票制"正紧锣密鼓全力推广,对运行中出现的问题进行研究,将经验和教训进行总结是当务之急,是研究的重点,有利于"两票制"行稳致远。

(二) 研究意义

1. 理论意义　党中央和国务院正致力于深化医药卫生体制改革,提高药品质量疗效,降低药品虚高价格,规范药品流通和使用行为,更好地满足人民群众看病就医需求,及早应对"老龄化和少子化"引起的医保基金"穿底"危机,推进健康中国建设,为推进中华民族伟大复兴的战略任务加紧努力奋进。目前,我国正在药品流通领域推行"两票制",但国内外关于"两票制"的理论研究很少。在国外大多数发达国家,市场经济高度发达,在药品流通领域经过上百年的竞争基本已经形成了非常集中垄断的格局。在德国,大医药批发商中的前3位就占有60%～70%的市场份额;在法国,前3位企业占有95%的市场份额;而在美国,前3位企业的销售额占总销售额的95%以上[2]。这些国家的药品流通链条很短,这种"两票制"是市场自发形成的,因而研究的理论不多。我国在由计划经济向有中

---

[1] 中华人民共和国国家卫生和计划生育委员会.关于在公立医疗机构药品采购中推行"两票制"的实施意见(试行)的通知[Z].2016-12-26.

[2] 陈文玲,李金菊,颜少君,等.药品现代流通研究报告[M].北京:中国经济出版社,2010,57-84,168-194.

国特色的市场经济过渡的过程中药品流通链条逐步缩短,"两票制"在各地开始处于试点阶段,属于"摸着石头过河"的探索时期。通过行政管理的手段将药品流通中的"多票制"①直接转轨为"两票制"在各地尚无成熟的经验可循,没有完整的理论体系。因此对"两票制"进行理论上的探索具有重要现实意义。

2. 实践意义　我国目前正处于快速推进医疗体制改革的攻坚阶段,当前药品价格虚高,以药养医现象普遍,看病难、看病贵成为公众关注的焦点。如何降低药品价格,改革医疗收费制度,提升公众对医疗服务的满意度和获得感是政府公共管理部门的当务之急,也是推进新医改的最大动力。

为了降低虚高的药品价格,我国各级政府采取了多种办法,从各个环节降低药品实际零售价格。对于药品研发注册和报批环节,加强申报数据真实性核查和诚信承诺,进行药品质量和疗效一致性评价,降低仿制药品的批文发放数量,使药品研发注册秩序得到整治,从源头减少恶性竞争;在药品流通领域坚决推行"两票制",减少药品流通环节,降低药品流通费用;在医疗机构推行药品集中招标采购和"二次议价",并且全面取消公立医院的药品加成,对医院的薪酬体制进行改革,多措并举,其中尤为引人关注的是我国在2018年全面推进的"两票制"。

2017年4月19日,国家卫计委副主任曾益新在北京主持召开公立医疗机构推行"两票制"工作座谈会。会议听取了11个综合医改试点省(直辖市)"两票制"工作做法,部署安排了下一步重点工作。当时11个医改试点省份已有福建、安徽、陕西、重庆、青海、四川、湖南7个省(直辖市)出台正式实施方案,上海、江苏、浙江正待出台。此外,非医改省份辽宁、甘肃、海南、黑龙江4个省都推出了自己的"两票制"方案。座谈会明确提出2017年6月底前试点地区要制定出"两票制"具体办法。最早落地"两票制"的安徽省经历了2016年的全省药品流通领域专项整治,2017年继续加大力度进行全省范围内"两票制"执行情况大检查。但所有各省(直辖市)出台的"两票制"监管方案基本以2017年1月11日国务院医改办会同国家卫计委等8部门联合印发《关于在公立医疗机构药品采购中推行"两票制"的实施意见(试行)的通知》(国医改办发〔2016〕4号)的国家版为蓝本,

---

① 药品从生产企业到流通企业开一次发票,流通企业到流通企业再开多次发票,流通企业到医疗机构开一次发票。

是典型的以文件落实文件,以方案落实方案,缺少各省(直辖市)具体可执行、可操作的细则。主要原因是各界对"两票制"试运行阶段出现的问题研究尚不深入。在本研究中重点分析了目前"两票制"试运行中存在的管理漏洞,提出了可行的操作方案,并对"两票制"未来的发展和完善提出了建议和对策,因此,对各省、自治区、直辖市"两票制"的具体执行方案的制订、完善和进一步推行有一定的现实指导意义。

二、国内外研究现状及评价

(一)国外研究现状

欧美国家经济发达,特别是医药产业处于世界领先地位。其基础雄厚,技术先进,资金丰沛,观念超前,每年全世界推出的创新药物和新的有活性作用化合物(active pharmaceutical ingredients,API)欧美和日本占绝大多数。同时在药品的流通领域,经过了上百年的竞争洗礼,绝大多数的流通市场份额被少数的巨型药品流通公司所占据,在冷链运输、射频技术、电子商务等方面走在世界前列。因此,对欧美等国家药品的物流运输行业的研究也是一个热点。欧美等经济发达国家的药品流通中并没有"两票制"的明确概念,但实际执行的绝大部分是"两票制"。下文主要从行业规模、技术水平、准入资格、加成比例、流通过程中的监管、防范假冒伪劣药品等方面做了论述。

(1)欧美等经济发达国家药品流通链条短,普遍采用"两票制"。马玉鑫的研究表明:在美国,4家大型的医药物流分销商就占据了全行业收入的95%,可见这4家大型医药物流公司的规模。它们是:Fisher Scientific公司、Cardinal Health公司、Amerisouce Bergers公司和McKesson公司,前3家的年销售额均超过400亿美元。这几家公司都是医药行业物流综合分销和配送商业。它们不仅经营处方药和非处方药,还经营特殊的医疗器械,分销中心经营的新产品达7万多种[①]。郭元峰的研究表明:据艾美仕公司2010年3月的资料显示,与2008年相比,世界药品市场在2009年的销售总额总计为8 370亿美元,同比增长了7%。作为世界最大的药品市场,北美的药品销售总额占了世界的40%,累计销售额达3 238亿美元,同比增长了5%。欧洲市场的销售情况也比较乐观,与北美市场一样,占世界市场销售额的30%,累计销售额达2 639亿美元,同比上涨了4%。

---

① 马玉鑫.赛诺菲制药公司物流管理研究[D].上海:复旦大学信息科学与工程学院.2012,7-7.

日本药品市场的销售额占了世界总销售额的10%,累计销售总额达950亿美元,同比增长了7%。澳洲、亚洲(除日本)、非洲市场的药品销售总额均有不同程度的提升。自2010年起,世界医药市场的销售总量每年都保持着5%~8%的增长速度。有专家指出,世界医药市场的总销售额在2014年突破万亿美元大关①。苏橙等对国外药品流通模式进行了研究:在美国,医院只设住院药房,在门诊就医的患者需到零售药店购药。在日本,1956年就完成了对医药分开相关规定的立法并在此后的几十年中大力推行该制度,其中占90%药品销售市场份额的是由生产企业通过批发商这个中间媒介将药品传递到消费者手中完成的。在法国,药品由生产企业通过批发商销售到零售药店再销售给消费者。生产企业通过批发商销售给医院所占的比例分别是84.7%和15.3%。在德国,药品由药厂经批发商到药店的销售额约占销售总额的84%。发达国家已出现了较为成熟的药品流通第三方中介组织。在美国,为医疗机构和药品批发商提供服务的集体采购机构(Group Purchasing Organization,GPO),主要负责与批发商谈判、签订合同、提高采购效率、降低运营成本。同时,GPO的存在也可以使批发商获得集团购买力,实现薄利多销,这是一个互利双赢的局面。在日本,制药协会建立了提供数据交换服务的药品电子网,不仅降低了企业信息化成本,还为信息的共享提供了一个平台②。

(2)欧美等经济发达国家药品流通领域信息技术发达,高效快捷。郭元峰的研究表明:美国医药电子商务在经历了十余载的风雨之后形成了一个成熟健全的运作系统。比如,企业对消费者(B2C)、企业对企业(B2B)、第三方医药电子商务交易平台等。更关键的是,美国还依靠其完善的第三方物流系统提供药品的配送和分销服务来完成药品和医疗器械的流转。严格来说,大型的医药批发商和医药企业实际上就是美国医药电子商务B2B模式的前身。据专业机构透露,医药流通行业是否能顺利发展,很大程度取决于医药电子商务的发展水平。据统计,美国医药市场在电子商务的作用下每年都能节省110亿美元的医药开支①。苏橙等的研究表明:欧美国家对在全国范围进行销售的药品都规定了涵盖其基本信息的唯一代码,在销售包装上也有条码,这样无论何时销售给顾客的药

---

① 郭元峰.SK医药公司药品采购电子商务模式研究[D].陕西:西北农林科技大学工商管理学院.2013,3-3.
② 苏橙,景浩.国外药品流通模式对我国的启示[J].中国市场,2015,(46):109-110.

品都可以凭借代码对药品进行追踪。此外,一些大型医药企业都建立了自动化立体仓库,有了电子标签、无线扫描等自动化设备的参与及条码的普及,基本实现了药品从入库到出库的自动化,大大减轻了物流人员的工作量,提高了工作效率①。

(3) 欧美等经济发达国家对药品流通领域管理严格。洪兰等研究了国外药品流通领域的准入要求,发现:在美国,根据《联邦食品、药品、化妆品法》,药品批发企业必须有许可证才能经营。美国各州的药房理事会(Board of Pharmacy, BP)负责药品批发许可工作,药品批发企业首先需向 BP 提出申请,BP 或者其指定的第三方机构对资料进行审查,并进行现场检查,对符合条件的企业发放许可证。药品批发企业在每一个经营场所的活动都需要取得 BP 的认可,每年都要更新自己的证书。英国优良流通(供应)规范(Good Distribution Practice, GDP)认证主要参照欧盟的标准进行,由医药健康管理机构(Medicines and Healthcare Products Regulatory Agency, MHRA)直接负责 GDP 认证,药品批发企业按照规定流程提出申请,MHRA 在 90 天内会对申请做出评价,检查之后申请人会收到一份报告,当检查员认为申请人对报告中的问题一一做出修正后,MHRA 会同意申请人的注册申请,同时发给批发许可证和 GDP 认证证书。澳大利亚在 20 世纪 90 年代出台《优良批发准则(人用治疗用品)》(*Code of Good Wholesaling Practice for Therapeutic Goods for Human Use*),2011 年重新出台《优良批发准则(第 2、3、4 和 8 类药品)》[*Code of Good Wholesaling Practice for Medicines in Schedules（2,3,4 and 8 GWP*],但是在文件介绍部分明确指出,这仅是一份操作准则而非法律,并未要求各个州或者地区强制性实施,这就造成了此份文件法律地位不高的现状。但在昆士兰、南威尔士州等地,法律明确规定药品批发企业必须符合 GWP②。

(4) 欧美等国家对药品在流通过程中普遍采用价格加成制。胡善联的研究表明:发展中国家的药品批零差率差异很大,低的 10% 左右,高的可以达到 200%～500%,中位数在 20%～50%。过去我国提出的药品批零差率,西药是 15%,中药是 20%,大致也在这个范围以内。发达国家药

---

① 苏橙,景浩. 国外药品流通模式对我国的启示[J]. 中国市场,2015,(46):109-110.
② 洪兰,王璇,贡庆,等. 国外药品经营质量管理规范认证制度的研究[J]. 中国药事,2016,5:434-438.

品批发差率在各国之间的差异较小,低的 2%～4%,高的 20%～30%,大部分在 10%左右。有的国家实行固定差率,有的国家实行累退性差率(regressive fixed fee),对高价药品设定较低的批发差率。鉴于我国公立医疗机构综合改革的过程中,药品已实行零差率销售,国外流通渠道加成率的情况可供实行"两票制"时参考①。国家发展改革委经济研究所课题组对英国的药品流通体制进行考察和研究:在英国,由于品牌药和非专利药的价格都受到约束,流通环节的利润空间总体有限,所以英国放开药品流通环节,鼓励自由竞争。流通环节的配送费率一般在 2%～3%,倒逼流通环节提高效率,并且从传统物流向综合服务提供商转变。在英国的药品批发环节中,共有 3 个全线批发商(能够供应大多数药品)和 50 个短线批发商(供应个别药品的专业批发商)。3 个全线批发商占英国药品批发金额的 70%,其业务模式也在不断演变,从传统的制药商—预批发—批发—零售药店的线性模式转变为向上游和下游提供更多增值服务。欧洲最大药品批发企业——联合博姿集团——提供的增值服务包括:向制药商提供临床试验、市场信息反馈等;向社区药店提供更积极的支持,如银行业务、对药剂师的业务拓展给予建议等。同时,也积极响应新的保健需求,如将药品直接配送到患者家里,满足家庭护理需要②。李瑶光等研究了德国、法国和日本的药品流通:德国通过法律规定流通环节加价率。批发环节的加价率按药品售价的 6%(26 欧元以上的药品)～15%(3 欧元以下的药品)不等;零售药店出售药品规定加价为 8 欧元,加价率 3%。因此,德国公布的固定价格中,明示单价及其构成(出厂价、批发加价、零售加价和增值税)。法国的流通环节加价率由医保机构与药店联合会协商确定,最高可达 30%。日本不直接控制流通环节加价率,具体费用标准由企业和医疗机构协商确定,一般情况下,批发环节的实际加价率为 8.2%③。

(5) 欧美等经济发达国家对药品在流通过程中监管严格,执业药师在其中具有重要作用。李轩等研究了欧盟药品监督管理局(European Medicines Agency,EMA)新的假药监管法令。为防止假药进入合法供应

---

① 胡善联.药品购销"两票制"政策的理论和实践[J].卫生经济研究,2017,4:8-10.
② 国家发展改革委经济研究所课题组,王蕴,刘树杰,等.英国药品流通体制考察报告[J].中国物价,2013,7:47-51.
③ 李瑶光,王谈凌.药品价格管理的国际经验借鉴及其启示——兼析德、法等国药品流通特点问题[J].价格理论与实践,2013,1:33-35.

链和到达患者手中,加强对患者和消费者的保护,一项关于人用药品新的假药监管法令(Directive 2011/62/EU)由欧盟理事会和欧洲议会于2011年6月8日通过,并发表在欧盟的官方杂志上。新的假药监管法令引入了更为严格的规则,以新的统一的泛欧盟措施来确保药品的安全和药品贸易的严格管理。通过药品包装上唯一标识码(序列号代码,即身份代码)和防篡改药品包装来确保药品的真实性,标识码被印在或附在处方药和其他处于被造假风险中的药品的每个独立包装上。制造商将标识码输入数据库,药房调配药品时核查此标识码,以此来核实药品的真实性。为确保供应链的可靠性,药品立法应对供应链中所有参与者进行规定。这不仅包括批发商,不管他们是否亲自处理了药品,还包括参与药品销售或采购的中间商。新法令增加了药品批发商和中间商新的职责要求并对中间代理活动进行界定。为了确保透明度,建立批发商(以接受各成员国药品监管当局检查的形式遵循现行的欧盟法律)目录,并发布在 Eudra GMDP 数据库。EMA 修订了 GDP 的指导原则,包括对药品中间商的具体规定。Eudra GMDP 数据库包括药品批发商目录、GDP 条款、不遵守 GDP 的情形及欧洲经济区(European economic area,EEA)人用活性药物成分生产商、进口商和销售商注册等内容[①]。保证药品安全流通的一个重要角色就是执业药师,由于其职业存在的专业性与特殊性,国家需出台一系列的相关法律、法规对其资格、行为等进行严格管制,这样才能保证药学服务质量,保障用药安全合理。各个国家对执业药师的选拔资格、考试以及管理都做了明确规定,如美国的《州药房法》、日本的《药剂师法》[②]。

(二)国内研究现状

随着国家"两票制"政策的快速出台和试点的不断推进,各省(自治区、直辖市)"两票制"文件陆续下发,国内医药产业界、学术界等对"两票制"进行了大量的研究,主要集中于以下几个方面。

1. **"两票制"在各地实施推行情况研究** 黄丽君等研究了11个省(自治区、直辖市)"两票制"的推行情况。广东省在2006年最先提出医药改革"两票制"的理念,2007年因医药商业公司和代理公司的反对而被迫停止。2008年,《广东省医疗机构药品阳光采购实施方案》勉强将"两票制"

---

① 李轩,李景华,都晓春. 欧盟药品监督管理局新的假药监管法令简析[J]. 医药导报,2015,9:1264-1266.
② 苏橙,景浩. 国外药品流通模式对我国的启示[J]. 中国市场,2015,(46):109-110.

以"原则"要求写进方案。2011年,广东省提出的药品流通"两票制"操作方案流产。2013年在《药品交易办法(征求意见稿)》中重提,但在具体运行过程中,却没有施行。河北于2016年确定将27家县级公立医院作为"两票制"试点,借鉴三明医改模式。2014年,辽宁省发布《关于印发辽宁省医疗卫生机构基本药物配备使用管理办法(试行)的通知》,要求减少中间流通环节,所有生产企业应直接向配送企业供货并开具票据。福建省是全国唯一真正实施"两票制"的省份,从2012年开始,全省贯彻落实,基本上没有死角。江苏省食药监局发文表示,江苏省需先行实施"两票制",鉴于"两票制"对当前药品流通格局将产生重大调整和深远影响,有关单位可以提出意见和建议,并于2016年5月5日前反馈。但直到2017年5月1日江苏省的"两票制"正式实施的政策仍没有出台。陕西、上海、浙江、四川4个省(直辖市)的医改办要求在今后的改革中要做到"8个必须",包括在流通领域必须实行"两票制",进一步压缩药价虚高的"水分",但政策没有出台。2015年,山西省公布《加强基本药物供应配送和使用管理》的通知,鼓励实行"两票制"。新疆维吾尔自治区2012年出台《基本药物采购监督管理办法(试行)》,文件中规定应严格执行"两票制"。2015年,西藏自治区发改委负责人透露,今后将严格规范药品采购,彻底切断药品与医院之间的利益链条,通过执行"两票制",控制流通环节。2015年,宁夏回族自治区公布《关于完善公立医院药品集中采购工作的实施意见》,规定中标药品原则上由药品生产企业直接向配送企业供货,配送企业向医疗机构配送。2016年4月21日,湖南省委全面深化改革领导小组在第十七次会议上通过了《湖南省深化医药卫生体制综合改革试点方案》。其中提出要推行从生产到流通和从流通到医疗机构各开一次发票的"两票制"[1]。

2. "两票制"对药品价格的影响研究 黄丽君等认为:"两票制"不能降低药品价格,因为药品的最高零售价格以前是由国家价格主管部门制定,而实际零售价格是由中标价格决定,即在中标价格的基础上加成15%成为实际零售价格。由于在招标过程中的激烈竞争,使得实际零售价格远远低于最高零售价格。因此,在我国药品零售价格不是因层层加价决定,而是由中标价格决定的。中标后,无论企业在销售过程中委托多少次商业公司,开多少次销售发票,都不能改变药品的最终销售价格。许方霄

---

[1] 黄丽君,干荣富. 对药品采购实施两票制的分析与思考[J]. 上海医药,2016,(17): 61-63,67.

等认为虽然药品是特殊商品,但其本质上仍是商品,所以不管实行几票制,都应该由市场来选择和决定,而不应该由行政部门力推完成。在药品流通采购这样一个充分市场化的经济活动中,政府部门应合理区分行政干预与市场机制的逻辑与行为边界,而不是以强硬的行政手段深入地干预药品流通采购中究竟应该开具多少张发票。如果大医药公司垄断批发,由此增加的运输、经营成本必定会加于药品,这也就意味着"两票制"不仅没有降低药价,甚至还有涨价的可能①。罗兴洪认为我国实行"两票制"实际操作难度较大,并没有对药品价格产生影响。生产企业需要在每个市县分别找商业公司,由这些商业公司将药品销到医院。如此一来,生产企业需要在每个市县派一个或几个商务人员负责药品的发货和回款问题,反而增加了生产企业的销售成本。同时,配送的物流成本增加,收回药款的风险也会加大。从实施的情况看,不仅增加了企业的负担,而且增加了医院的运行成本。"药价虚高"是必须要解决的问题,也需要一些探索,但希望探索的路径能从国情出发②。李唐宁等报道:若仅仅依靠"两票制"实现破解销售乱象、治理药价虚高、挤出药价水分的目标依然任重道远。"两票制"不过是将税负由经销商转嫁给生产商,使得生产商成本升高,并不能解决药品竞争市场无序、药价不透明的症结。随着"两票制"的实施,药企营销策略也一定会随之调整,中间环节减少后,部分生产企业将选择底价高开或佣金招商模式,采用加价环节上移的办法,从而预留出"以药养医"的费用,需要多方监管以确保"两票制"的成效③。

胡善联的研究表明两票制在降低药品价格方面,还有很多不确定因素。过去药企对药品的出厂价格可能是低开的,药品在流通供应链各个环节中需要加价销售,实行的是按环节收费,实行"两票制"后,开票的次数大大减少,因此药企对药品的出厂价格很可能会高开,企图将流通环节的各项营销费用打入出厂价格中,以便支付经销商以后的营销费用④。姜天一报道:在福建省三明市,"两票制"堵住加价漏洞,药品价格和费用出现明显下降。国家卫计委卫生发展研究中心研究员应亚珍指出,挤压药品流通领域水分,触及深层次问题,是三明市医改最为值得称道之处。三

---

① 许方霄,高军. 两票制的路途不会平坦[J]. 首都食品与医药,2016,(15):26-27.
② 罗兴洪. "两票制"尚不适合我国药品流通体系[N]. 健康报,2012-02-07(006).
③ 李唐宁,鲍晓菁,帅才,等. 各地加快落地药品采购"两票制"[N]. 经济参考报,2017-04-21(007).
④ 胡善联. 药品购销"两票制"政策的理论和实践[J]. 卫生经济研究,2017,4:8-10.

明市采取的"两票制"等一系列做法不仅可以解决药价虚高问题,还原真实价格,同时切断了医药代表与医院管理者、医生等人员之间的利益链条,扫除了既得利益驱动所造成的改革障碍(如支付制度改革、医院内部成本费用控制等环境下,不愿转变服务行为),为规范医生处方行为、防止价格和药品的"双重"叠加浪费、切实降低药品费用、减少"药害"以及重构医院补偿机制创造了条件。此外,也有利于重构医务人员收入分配机制,落实院长内部管理权,为公立医院改革向纵深推进奠定了基础[①]。

王忠海等以福建省三明市为例通过实地调研对药品集中采购政策改革试点效果评析:三明市通过三医联动,基本建立起以医保机构为主体,"两票制""招采合一"为特色的公立医院药品采购政策体系;改革后公立医院运行平稳,在降低药品价格与控制药品费用方面取得了初步成效。三明市首批集中采购的品规中,按可统计同口径的1 796个品规计算,平均价格下降8.02%(基药下降8.75%,非基药下降7.73%),价格下降最大幅度为96.9%,有129个品规比省级招标价下降50%以上,有323个品规下降20%以上,有429个品规下降10%以上;价格下降10%以上的429个品规中,按照生产厂家划分,仅8.2%属于合资、外资或进口品种[②]。

3. "两票制"对市场影响的研究　黄丽君等认为实施"两票制"后,药品流通阳光化。斩断了洗钱过票链条,最大化减少中间环节,推动流通整合,最终使药品流通的通路阳光化;小商业公司被洗牌。被吊销、注销或因业务减少进而倒闭的小商业公司数量会逐渐增多,同时也会给予其合作的企业带来应收账款的损失;代理商面临转型升级。代理商直接面临被收购、转型或者淘汰出局的命运;提升商业企业集中度。有分析认为商业批发企业可能由目前的13 000家减少至3 000家,一些不合规的商业企业将面临被淘汰,便于行业监管。流通环节的减少,使药监部门更能掌控药品整个生产流程及药品出厂价和中标价之间的利润流向[③]。张帆等认为"两票制"提高了批发行业集中度。"两票制"带来的"洗牌"与整合将提高行业集中度。据统计,福建省实施"两票制"以来,省内药品批发企业的数量由2014年9月的375家锐减到2015年底的272家,前10名药品批发企业的销售额占全省药品批发企业销售总额的比例由70.35%激增到

[①] 姜天一. 三明:"两票制"堵住加价漏洞[J]. 中国卫生,2016,5: 19-20.
[②] 王忠海,毛宗福,李滔. 等. 药品集中采购政策改革试点效果评析[J]. 中国卫生政策研究,2015,(8): 21-26.
[③] 黄丽君,干荣富. 对药品采购实施两票制的分析与思考[J]. 上海医药,2016,(17): 61-63,67.

86.45%①。

4. "两票制"对流通企业的影响研究 张帆等认为"两票制"改变了我国传统药品供应链的结构和运作流程,直击药品流通的核心环节,部分企业已实现了"一票制",即药品由少数的大型生产企业走向少数的大型医疗机构,渠道少而直接,直接供给并结算货款。黄丽君等认为主流、合规的商业公司是集物流、资金流和信息流于一身的药品分发平台,不管实施"两票制"与否,均接受高开来的发票,按中标价格销售给医疗机构,影响不大。对于中小型商业公司,是集代理、过票、配送于一身的综合体,受到的冲击无疑是巨大的。"两票制"下,厂家高开发票,自己的"过票业务"受到各方打压,业务受损。如果厂家及医院回款账期过长,这类公司将遭受毁灭性打击。所以,"两票制"的实施对于大型商业公司来说,随着小型商业公司面临的衰落,正是自身扩张的机会。推动配送向少数大型或区域龙头商业集中或正是政府整合的思路。通过大型医药商业进行药品的集中配送,一方面,能够最大限度地保障公立医院的药品质量和供应;另一方面,也符合国家产业政策提出的医药生产流通企业向现代化、规模化、集约化方向整合的宏观要求。由大型全国性医药商业主导药品流通配送,既是"两票制"最适宜的诞生土壤,也是其得以实现的主要途径,而基于互联网技术的药品交易平台建设、电子支付结算及税控等信息技术的进步,则为"两票制"实施提供了现实的技术支撑②。

王雪莹、雷晓盛认为,对于大型流通企业,"两票制"将是企业扩张、做大做强的一次机会。可以预测大型流通公司的业务将会越来越集中,目前市场上已经有不少大型流通企业开始着手在基层布点以增强自身网络覆盖。但看到机遇的同时,也不可忽视大型流通企业所面临的挑战,药品生产企业不可能在全国各大县市建立药品生产基地,这就要求药品流通企业加强自身流通服务建设,可能包括场地的租赁、人员的配备、设备的补充等,以提高基层医疗机构药品流通配送效率,保障基层医疗机构药品供应③。

5. "两票制"对药品生产企业的影响研究 王雪莹等认为,"两票制"的实施直接简化了药品从生产企业到医疗机构的流通环节,不仅提高了

---

① 张帆,王帆,侯艳红."两票制"下药品供应链的重塑和发展[J].卫生经济研究,2017,4:11-15.
② 黄丽君,干荣富.对药品采购实施两票制的分析与思考[J].上海医药,2016,(17):61-63,67.
③ 王雪莹,雷晓盛."两票制"对各利益相关者的影响[J].管理观察,2017,3:75-77.

流通效率，也保证了药品质量，有效防止了一些非法皮包公司及小型代理商以假药、劣药进行低价竞争，打击正规合法有资质的药品生产企业的行为，净化了医药生产企业的竞争环境。此外，由于"两票制"减少流通环节，压缩了中间代理商层层加价的行为，一些经典的廉价有效的口碑药又能再次进入医疗机构，有利于加强医药生产企业的积极性。同时，在药品招标定价和"两票制"的双重机制作用下，因终端售价一定，减少流通环节的"两票制"也有利于保护药品生产企业的正当利益。另一方面，药品生产企业要依法纳税，则要考虑高开部分17%的增值税，加上25%的企业所得税，这无疑加重了企业的税收负担，同时也对企业的财务处理能力提出了更高的要求。黄丽君等认为，药品生产企业的营销活动将以现代服务的方式正式由厂家外包给专业CSO公司完成，市场活动将变得透明化和规范化。同时效率将下降，成本将上升。公司内部对合规的要求超过以往，财务、营销、合规部门将三足鼎立。商务、合规等管理成本增加，与过去相比较，行业的营销效率将下降。

6. "两票制"对医疗机构的影响研究　王雪莹、雷晓盛认为，"两票制"可以促使药品生产企业积极生产疗效优良且价格低廉的口碑药，这些药品的再次入院将有利于提升医院的品牌形象。此外，对医疗机构意义更重要的一点在于"两票制"恰到好处地弥补了取消药品加成带来的医院收入的减少，通过减少药品流通中间环节而节省的费用。一部分会成为药品流通企业的利润，另一部分则会流向医疗机构，成为对取消药品加成利益损失的弥补，为医院的运营提供有效的资金补充，而药品流通公司因有了稳定可靠的利润保障，也自然能保障医疗机构用药不缺货、不断货。但因为"两票制"要求医疗机构在药品验收入库时，要核对药品流通企业提供的生产企业开出的进货发票复印件，做到票、账、货、款一致，这些核对票据的要求进一步增加了医疗机构药房的工作负担，部分医疗机构的药房已经转变成为成本部门，不再有盈利空间，因而"两票制"的实施使得药房还要梳理核对药品生产企业开给流通企业的发票，将进一步增加人力成本[①]。

7. "两票制"对政府监管机构的影响研究　张帆等认为，"两票制"提高了药品流通集中度，大量依靠挂靠、过票方式生存的批发商退出历史舞台，存活下来的大多是大型流通企业，并走向规模化和集约化，为药品流

---

① 王雪莹,雷晓盛."两票制"对各利益相关者的影响[J].管理观察,2017,3：75-77.

向可追溯提供了便利,降低了药品监管工作的难度①。王雪莹等认为,"两票制"对政府机关的影响主要在于药品监督管理部门。"两票制"的实施使药品的生产、供应到使用,只经过药品生产企业、药品流通企业及医疗机构三方,减少了中间不必要的流通环节,更利于药品监督管理部门对药品的监管工作,在源头上对药品生产企业控制药品质量,在终端上对医疗机构合理用药进行监控,增加了药监部门对药品从生产到使用整个流程的掌控性。另外,药品从出厂价到中标价之间清晰的利润流向,使卫生行政机关更能清晰地把握其实施效果,有利于医改政策的宏观评价及不断深化。

8. "两票制"对患者的影响研究　张帆等认为,实施"两票制"可能变相增加医疗成本。"两票制"的实施淘汰了以调拨为主营业务的流通企业,存活下来的流通企业的业务量必定增加。这些企业很可能在利益的驱动下放弃附加值较低的药品,造成部分廉价药品和低价药品的短缺,这其实是变相涨价,增加了消费者负担。实施"两票制"也可能增加偏远地区药品供给困难。大型流通企业一般会以药品需求量较大的医疗机构作为目标市场,而那些比较偏远、用药量较小的医疗机构,考虑到营销配送能力及成本,很可能被流通企业舍弃。王雪莹等认为,"两票制"最大受益者还是患者,其实作为患者,关心的不是几票的问题,而是和自身利益息息相关的问题,如药品质量好不好,疗效好、价格又便宜的药买不买得到,药品价格是不是虚高。药品流通环节的减少,首先使药品的质量得到了有力的保证,患者不会担心假药劣药的问题;最后在理想状态下,中间环节的减少也将带来药品价格的下调,不过药品价格的最终确定还取决于招标价格和二次议价,短期内患者还不能获益于药品价格的下调。长远来看,"两票制"将有效杜绝药价虚高,促进药品价格的下调,真正让患者不再饱受"看病贵"之苦。

9. 对"两票制"的完善和建议的研究　胡善联认为国家应该考虑规制供应链中的加成率(包括配送商/批发商)。我国药品的出厂价和零售价之间的加成比例很高,应该得到控制,这个问题已列入我国有关政策,但由于很多原因而没有得到实施和落实。在实行"两票制"过程中,通过计算出厂价、经销商购进价和医院药店进货价之间的差距,了解不同药品的

---

① 张帆,王帆,侯艳红. "两票制"下药品供应链的重塑和发展[J]. 卫生经济研究,2017,4: 11 - 15.

经销批发差率,为完善"两票制"政策提供科学的依据①。张帆等认为,首先,政府对"两票制"的态度应该是鼓励而不是强制。"两票制"打击了药品流通中"挂靠""走票"等非法行为,简化了药品供应链,是对现有药品供应链的重塑,而非彻底颠覆。药品流通有其自身的供求关系和价值规律,如果刻意追求简洁而扭曲了市场运行的基本规律,丧失了效率,甚至损害了公民利益,那就是因噎废食。其次,推行"两票制"应循序渐进。为了保障低价药品、廉价药品及偏远地区药品的可及性,建议分类别分地区分阶段地推进。对特定偏远地区,可以暂行"多票制",由大型流通企业交给具有资质的下一级流通企业,从而解决药品短缺问题。再次,与多项政策结合,合力降低药价。"两票制"遏制了药品流通环节中多层加价问题,但单单依靠"两票制"难以达到降低药价的预期。因为药品价格的"进"与"出"由药品出厂价格追溯制度和药品集中采购制度决定,所以只有与医药分开、打击商业贿赂等措施多管齐下,才能避免药价的不合理增长②。夏语认为医药电商可完美解决"两票制"。电商的本质即是缩减中间流通层级,让企业直接开通销售渠道或接触消费者。对医药企业或大型药品批发商直达零售终端,改变低效的药品供应链,降低药品流通成本,"两票制"无疑给了市场更多动力,提供了享受"两票制"的平台,提高采购效率,降低采购成本。医药电商平台还可以提供配套的金融解决方案。近期,德开医药已与华润新龙达成战略合作伙伴关系,其所有产品库存均可作为德开产品库存,解决了医药电商不敢大规模供货问题,同时德开也愿意向工业企业推荐华润新龙的服务,两家实现了高度共赢。药品批发企业与医药电商合作是大势所趋,双方展开战略合作,分享商品数据,不仅仅是政策引导也是企业之间价值观的契合,"两票制"的出现,也说明了药品批发企业与医药电商合作的正确性③。盛平等对保证"两票制"落实的具体措施进行了研究。他们认为:其一,电子商务与第三方物流的有机结合是"两票制"落实的前提之一。医药行业供应链管理系统服务工程由两大部分组成,供应链管理应用系统和供应链管理服务,更形象一点的描述就是:供应链管理应用系统就是已修好的医药商品销售高速公路,供应链管理服务就是运营它的管理策略和收费服务站。其二,生产厂家必须开具

---

① 胡善联. 药品购销"两票制"政策的理论和实践[J]. 卫生经济研究,2017,4:8-10.
② 张帆,王帆,侯艳红."两票制"下药品供应链的重塑和发展[J]. 卫生经济研究,2017,4:11-15.
③ 夏语. 电商——"两票制"的完美解决方案[J]. 中国药店,2016,6:92.

真实的供货价发票给配送商,配送商再开具加成配送费发票给医院[①]。丁锦希等对药品集中采购政策框架下的"一票制"配送模式进行了研究。重点研究了"一票制"的定义与内涵、政策目标、实施现状、政策评价、存在的问题及其理论分析,最后给出了结论和政策建议:我国现阶段,除了药品流通环节过多增加了药品流通成本,流通成本过高的根本原因仍是"医药未分开"这一非自发因素。因此,我国应继续推动公立医院改革,由现行"一票制""两票制"和"多票制"共存模式,逐步向"两票制"和"一票制"过渡。对于"两票制"未来向"一票制"的发展方向,国家有关部门也给出了指导性意见。2015年2月28日,国务院办公厅下发的《关于完善公立医院药品集中采购工作的指导意见》(国办发〔2015〕7号),鼓励医院与药品生产企业直接结算药品货款,药品生产企业与配送企业结算配送费用。2015年3月,福建省三明市在公立医院医疗器械采购时实行"一票制",要求生产企业直接开具增值税发票到医疗卫生机构,不允许到第三方过票。2015年5月,浙江省出台《关于创新全省药品集中采购机制的意见》(征求意见稿)中,首次提出建设"省级药械集中采购新平台",由省药械平台提供信息流,医院不再向配送企业发送订单,而改为向生产企业直接发送订单,支付时也先由医院打款给平台的结算账户,再由结算账户打给生产企业。2017年1月11日,国务院医改办会同国家卫生计生委等8部门联合印发《关于在公立医疗机构药品采购中推行"两票制"的实施意见(试行)的通知》(国医改办发〔2016〕4号),文中明确提出:鼓励公立医疗机构与药品生产企业直接结算药品货款、药品生产企业与流通企业结算配送费用。

(三) 简要评价

(1) 国外文献资料中对"两票制"的研究不多。主要是因为国外发达国家经过了近百年的发展,药品流通行业的集中度已经很高,普遍执行的是我们所谓的"两票制",这已经被视为自然现象,因此没有人专门去研究。但对其药品流通行业现状的梳理对我国实行"两票制"仍有很重要的借鉴作用。

(2) 诸多研究人员将"两票制"对药品价格的影响作为重点研究对象。研究的结论中既有"两票制"可能抬高药品价格的结论,又有降低药品价格的结论。基本上是从宏观上进行论述,实证研究不多。研究药品价格

---

① 盛平,冯艺文,卢海雄.试论药品采购"两票制"[J].中国现代药物应用,2008,2:109-111.

的变化需要研究影响药品价格的多种因素,最后经过综合才能得出正确的结论,"两票制"只是影响药品价格的其中一个因素。同时应注意到药品价格的高企也只是药品费用高昂的其中一个因素而已,也存在药品价格下降,但用药量增长很快而导致的药品总费用高昂。因此应该在大环境多因素下研究"两票制"对药品价格的影响。

1) 新技术的发展和普及应用导致新药不断涌现,新药的研发成本也不断上涨,最终导致药品价格和医疗费用快速上涨。

2) 各国政府的医疗保障不断增加,商业医疗保险在很多国家普及,造成的结果是医疗服务提供方与获得方直接交易链被打断,第三方医疗付费方支付大多数医疗费用,患者求医时自付比例大大降低。这样的付费结算方式扭曲了医疗服务在医疗获得方眼中的成本,患者自我感觉就医成本的低廉使医疗需求被进一步放大,药品的用量也快速增长。

3) 世界主要发达国家和地区逐渐进入老龄化,老人越来越多,占人口比例越来越大,寿命也越来越长。而且原来很多致命的疾病在现代医疗手段的治疗下可以控制,患者的生命得以延长,当然代价是医疗费用的增长。

4) 随着工业化时代及后工业化时代的来临,民众的生活环境、生活方式和饮食结构发生了深刻变化。环境污染、工业化农业、畜牧业的发展,高糖、高盐、高脂肪、高添加剂的连锁速食食品、加工食品和软饮料在全世界的泛滥,加上不健康的生活方式,使人类的疾病谱系发生了重大变化。恶性肿瘤、心血管疾病等慢性疾病在世界各地急速上升,新型的传染病如艾滋病、严重急性呼吸道综合征(SARS)、禽流感等传染病不断出现,使医疗费用和公共健康费用大幅度增加。

5) 随着中国劳动力和土地厂房成本的快速增加,环境保护的日益加强,一些规模已经很大的普通药品价格的上涨成为必然。例如,维生素C、B族维生素、磺胺类药品等。

6) 消费主义和拜金主义盛行,职业道德沦丧导致的过度医疗、强迫医疗、欺诈医疗、大处方、大检查、药品带金销售等及医院药品加成幅度大、手术红包、政府监管不严、财政投入不足、行业自律不足等导致的医疗费用浪费快速攀升。

综上所述,将看病贵的原因单纯归咎于药品加成或药品价格监管不力都是以偏概全的,并由此得出的实行"两票制"压缩流通环节,取消药品加成就可以完全解决看病贵的结论也是不全面的。即使我国完全实行

"两票制",如果其他配套措施没有跟上,也仍然不能解决药品价格上涨,药品费用高的难题。2019年初,"4+7"城市带量采购导致的药品大降价证明了"两票制"要发挥作用,一定需要与其他配套措施相衔接,打出医改"组合拳"才能显出明显效果。

三、研究思路及方法

(一) 研究思路

本研究的思路是从目前的社会热点问题和国家医疗体制改革方向和当前的主要任务出发,通过问题的归纳和研究,对相关文献进行收集和阅读,再通过个例的研究,找到目前"两票制"试运行中存在的问题,对其进行分析和研究提出相应的对策和建议。研究的主要思路见图1-1。

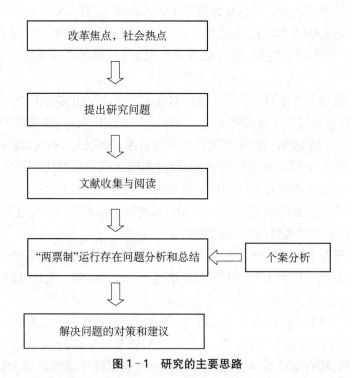

图1-1 研究的主要思路

(二) 研究方法

1. **文献法** 通过对图书馆的各种数据库和各级政府门户网站收集到的论文、政策、新闻等各种文献进行研究,紧跟国内外研究前沿,夯实研究基础。

2. **案例法**　通过分析医疗机构、生产企业和流通企业在"两票制"监管过程中的真实案例,对存在的问题进行分析和研究。

四、研究重点、难点及创新点

1. **研究重点**　在新医改的大背景下,立足我国的实际国情,研究"两票制"运行时进行有效监管出现的问题,着力完善药品流通"两票制"监管是本研究的重点。

2. **研究难点**　国务院医改办会同国家卫计委等制定的"两票制"各类文件是总体框架性文件,具有原则性和指导性。本研究的难点是"两票制"刚刚开始试运行,缺乏更多的具体性、细节性、可执行性的"两票制"运行资料、文件或经验可供参考,也没有国外相同或类似的研究可供借鉴。

3. **创新点**　本研究的创新点是经研究得出:①"两票制"监管需要构建一个完善的药品追溯网络。②为引导"两票制"监管下药品流通格局的重塑而提出了在"两票制"监管下我国药品流通的理想模型,首次提出大型药品流通企业可以构建"虚拟仓库"及"虚拟仓库与实体仓库"相结合的仓库管理体系,通过药品价值、物流成本、综合利润等核算体系分辨药品应该进入"虚拟仓库"还是"实体仓库"。③实施"两票制"将重构药品研发、生产、流通、使用全环节的利益分配,从长远来看将利于药品研发和生产领域,特别是研发领域,引导我国药品研发向创新领域迈进,提示药品研发与生产企业应该改变原来重销售的思路,抓住机会,掌握主动权,将"两票制"等医改挤压出来的利润空间投向研发新产品等高毛利的价值链高端,从而夯实企业永续发展的根基。

第二章
"两票制"的发展历程及现状

一、"两票制"的发展历程

(一) 计划经济时代的"四票制"

新中国成立后,直至改革开放的 20 世纪 80 年代初期,药品流通渠道管理一直是计划经济产物。这一阶段是计划经济体制下高度集中的医药流通体制。医药商品流通体系由中央一级医药采购供应站、各省(自治区、直辖市)的二级医药采购批发站和县级的医药公司组成。各医药流通企业对药厂的产品包购包销;我国药品的供应按一、二、三级批发逐级调拨;医药批发企业根据各行政区的划分设置。当时全国只有北京、上海、沈阳、天津、广州 5 家一级批发站,二级批发站为地市级批发站,三级批发站为县级批发站。药品生产企业只能将药品按计划销向一级批发站及部分二级批发站,再由一级(或二级)批发站拨向下一级批发站,最后由三级批发站销向医院和药店(图 2-1)。这种三级"四票"模式保障了药品的有序供应,但是流通速度慢、成本高、效率低,导致药品批发价格高,医药流通行业没有竞争机制,缺乏活力。

(二) 改革开放以来形成的"多票制"

改革开放以来,制药企业逐步由国有企业一家独大转变为国有、集体、民营、中外合资、外商独资等多种所有制形式和多种经营方式百花齐放,医药市场得到了极大的发展和繁荣,由改革开放前的缺医少药转变到药品生产能力过剩和普通药品原料和制剂的大量出口,医院的软、硬件也得到了极大的改观。与此同时,由于生产者和经营者的完全放开和完全市场化,而药品定价权由政府掌控,处于药品销售最终端的医院属于国有

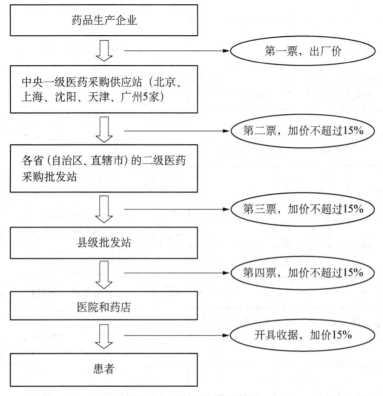

图 2-1 "四票制"示意图

事业单位管理,药品研发、生产、流通、使用各环节利益攸关方的体制的差异和法律、法规的滞后使药品流通领域出现了一定的套利空间,这种套利空间又诱使社会各方力量争抢进入医药流通领域,完全打破了原来有序的三级经销的"四票制"模式,出现了"两票制""三票制""四票制""五票制",甚至"六票制"的"多票制"模式(图 2-2)。其中部分环节可省略或增加。

各环节加价率一般不超过 15%,但也有一些远超过 15%,某些环节会虚高或虚低开具发票。为减少高开所造成的高税收出现了一定的购买进项增值税发票来抵扣的现象,即通常所讲的买票卖票现象。药品出药厂后需经过多次的批发和流转,再到医院或药店,最终到患者手上,通常需要 4~6 个流通环节,环节多,速度慢,成本高,药品价格逐步上涨。

(三)"两票制"的萌芽

2006 年 10 月,广东省 2007 年药品挂网采购方案《广东省医疗机构药

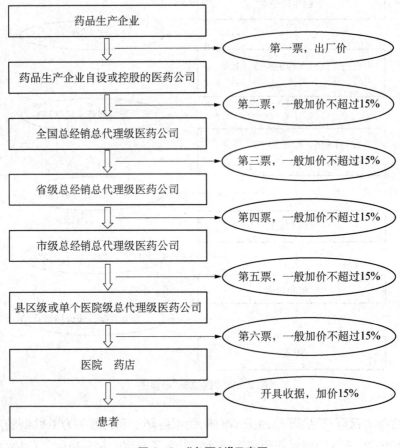

图 2-2 "多票制"示意图

品网上限价竞价阳光采购实施方案(试行)》出台。该方案规定:"一级经销商必须直接从生产企业购货、结算,由生产企业直接对经销商开具发票;属转配送的,二级经销商必须直接从一级经销商购货及结算,二级经销商的进项发票必须由一级经销商开具。"这是"两票制"萌芽。

2007年上半年,广东省对药品进行了一次网上限价竞价的阳光采购,首次采用了"两票制"模式。其内涵是:经销商(医药公司)必须直接跟药品生产企业购货和结算,然后直接卖给医疗机构。药品生产企业要向经销商开具发票,经销商再向医疗机构开具一次加成后的药品销售发票。对于某些偏远地区的医疗机构,经销商覆盖不到,不能按时配送,可在网上委托二级经销商配送,但最多只能二级配送。这是国内首次正式在一个省内实行药品配送"两票制"①。

2007年,广东实行"两票制"面临巨大的困难和阻力。首先是大量的医药公司由于实行"两票制"面临倒闭或被兼并淘汰的窘境,进而对社会稳定产生冲击。另外,当时实行"两票制"尚缺乏社会广泛共识。其次是实行"两票制"必需的硬件条件尚不具备,如发达的电子商务和第三方物流。最后则是相关的各级政府部门对实行"两票制"的过程进行全流程的监管制度和方法还没有形成,不能确保"两票制"长期稳定施行。因此,2007年广东省实行的"两票制"最终在各方面的巨大压力下没有得到完全执行,无疾而终。

2010年7月由卫生部等7部门联合发布的《医疗机构药品集中采购工作规范》中规定:"药品集中采购实行药品生产企业直接投标。药品生产企业设立的仅销售本公司产品的商业公司、境外产品国内总代理可视同生产企业。"这样,由集团内的销售企业开出的发票可视同为生产企业开具的出厂价发票,生产企业开给集团内的销售企业发票只是内部结算的程序。该文件还规定:"原则上,每种药品只允许委托配送一次,但在一个地区可以委托多家进行配送。如果被委托企业不能直接完成配送任务,可再委托另一家药品经营企业配送,并报省级药品集中采购工作管理机构备案,但不得提高药品的采购价格。"很多专家认为,该文件实际上终止了"两票制"的探索②。

(四)"两票制"在福建省试运行

2007年,福建省第五、第六期药品集中采购招标时,首创了网络限价竞价、分片分类确标、网络采购配送等网络集中招标采购药品的新方式,当期药品招标药价平均降幅达47.5%。第一期至第六期的药品招标,允许药品生产企业委托医药流通企业投标。此后,招标政策进行重大调整,2009年第七期药品集中采购时,生产企业必须提前指定配送企业,实行"两票制",不得转配送,生产企业自主报价投标。这是全国首次在省级层面上全面执行"两票制"。在2012年1月第八期药品集中采购招标时,《药品集中采购实施方案》中明确规定:"取得福建省药品集中采购配送资质的药品经营企业才能参加福建省医疗机构第八批药品集中采购中标药品配送""中标生产企业所有中标的品种在各片区只能委托1~2家配送

---

① 盛平,冯艺文,卢海雄.试论药品采购"两票制"[J].中国现代药物应用,2008,2:109-111.
② 罗兴洪."两票制"尚不适合我国药品流通体系[N].健康报,2012-02-07(006).

企业配送,必须严格执行'两票制',不得转配送。"因此,很多小型医药流通企业达不到相应资质要求,在公立医院药品配送市场直接被淘汰。2011年度,福建省内32家医药流通企业倒闭注销。仅2012年1月,福建百晟药业、福建龙岩明通医药、福建省鑫九龙药业、福建君科医药等有配送资质的企业倒闭注销[①]。因此,"两票制"在福建的运行大大促进了医药流通企业的洗牌,有利于优势资源向龙头医药企业集中。

(五)三明经验获得国家层级的肯定和推广

1. 三明市推行"两票制"进行综合医改　2012年初,福建省三明市委、市政府针对药价虚高、大处方、大检查等乱象,规范药品采购,取消药品加成,挤压药价与药费虚高成分,推动全市公立医院综合改革,以实现"群众可以接受、财政可以承担、基金可以运行、医院可以持续"的发展目标。

为了解决药价虚高、药费贵,减少医保基金浪费,三明市遵循"为用而采、去除灰色、价格真实"的原则,循序渐进、分步实施,形成了一套公立医院药品集中采购政策链,依照其政策开发轨迹与时间节点,具有3个阶段性特征。第一阶段(2012年3月~2013年1月),以三明市人民政府《关于努力降低医疗成本提高"三险"资金运行使用效益的专题会议纪要》为标志,对药品集中采购政策进行了整体规划。第二阶段(2013年1月至2013年6月),以三明市人民政府《关于县级以上医院实施药品零差率销售改革的通知》(明政文〔2013〕22号)为标志,利用公立医院药品零差率销售的契机,及时调整利益机制,切断医院、医生和药品收入之间的利益关系,调动医院和医务人员降低药品虚高价格、促进合理用药的积极性。第三阶段(2013年6月~2014年5月),以三明市人民政府《关于进一步深化公立医疗机构药品采购改革专题会议的纪要》为标志,在前期工作铺垫与利益调整基础上,集中出台了全市公立医院药品集中采购、配送、结算的具体措施,基本建立起以地市为组织单位,公立医院药品集中采购、配送、结算和使用监管的政策体系。其中最主要的是出台了《三明市公立医疗机构(含医保定点医疗机构)药品采购改革方案》,采购范围包括基本药物和非基本药物,要求采购药品申报全部采用通用名,严格货票同行以及生产到配送、配送到医院各开一次发票的"两票制""一品两规""量价挂

---

① 卢明福.新医改背景下福建医药流通企业发展策略研究[D].福建:福州大学,2013.

钩""招采合一""价格动态调节和集中采购"等①。这标志着三明市开全国之先河,不仅实行"两票制",而且推行与"两票制"相配套的政策,从而确保"两票制"能推出,能执行,能显效,能持续,能推广。这是三明市的"两票制"与广东省和福建省推行的"两票制"的最大不同。

2."两票制"向全国推广 根据《中共中央办公厅国务院办公厅转发〈国务院深化医药卫生体制改革领导小组关于进一步推广深化医药卫生体制改革经验的若干意见〉的通知》(厅字〔2016〕36号)和2016年12月8日国务院医改领导小组发布的《深化医药卫生体制改革典型案例》(国医改发〔2016〕3号),其中明确提出:"福建省三明市在药品流通领域严格执行'两票制',有利于压缩药品流通环节,规范药品购销秩序,大幅挤压了药价虚高空间,为公立医院综合改革奠定了基础。"这是"两票制"首次获得国家层级的肯定并向全国推广。

(六)"两票制"正式出台

2016年4月,李克强总理主持召开了国务院常务会议,确定2016年深化医药卫生体制改革的重点工作,通过《国务院办公厅关于印发深化医药卫生体制改革2016年重点工作任务的通知》(国办发〔2016〕26号),推动在公立医疗机构药品采购中落实"两票制",其中包括:全面推进公立医院药品集中采购,建立药品出厂价格信息可追溯机制,推行从生产到流通和从流通到医疗机构各开一次发票的"两票制",使中间环节加价透明化。

2016年12月26日,国务院医改办会同国家卫计委等8部门联合印发了《关于在公立医疗机构药品采购中推行"两票制"的实施意见(试行)的通知》(国医改办发〔2016〕4号)。通知明确指出:"自本通知发布之日起,公立医疗机构新开展的药品采购活动须按照本通知规定执行,各地可结合实际制定实施细则,执行过程中出现的新情况和新问题,请及时向国务院医改办报告。国务院医改办将会同有关部门根据试行情况,进一步完善相关政策。"

2017年2月9日,《国务院办公厅关于进一步改革完善药品生产流通使用政策的若干意见》(国办发〔2017〕13号)文件正式发布,意见明确指出:"综合医改试点省(自治区、直辖市)和公立医院改革试点城市要率先推行'两票制',鼓励其他地区实行'两票制',争取到2018年在全国推

---

① 王忠海,毛宗福,李滔,等.药品集中采购政策改革试点效果评析[J].中国卫生政策研究,2015,8:21-26.

开。"至此"两票制"正式上升为药品流通领域的国家统一政策,并在全国统一推广执行。

二、"两票制"的目标、界定和重点

(一)"两票制"的目标

(1) 规范药品流通秩序,压缩流通环节,降低虚高药价。

(2) 净化流通环境,打击"过票洗钱",强化医药市场监督管理。

(3) 保障城乡居民用药安全,维护人民健康。

(4) 促进资金向医药链条上游流动,增强医药研发能力,促进医药产业转型升级,有利于开拓国内外医药市场。

(二)"两票制"的界定及重点

1. "两票制"的界定 "两票制"是指药品生产企业到流通企业开一次发票,流通企业到医疗机构开一次发票。药品生产企业或科工贸一体化的集团型企业设立的仅销售本企业(集团)药品的全资或控股商业公司(全国仅限1家商业公司)、境外药品国内总代理(全国仅限1家国内总代理)可视同生产企业。药品流通集团型企业内部向全资(控股)子公司或全资(控股)子公司之间调拨药品可不视为一票,但最多允许开一次发票①。

2. "两票制"的关注重点

(1) 从药品生产厂家到终端医院,只能发生两次产权转移,开具两次发票。药品生产企业到流通企业开一次发票,流通企业到医疗机构开一次发票。

(2) 必须开具增值税发票,且需列明明细。药品生产、流通企业销售药品,应当按照发票管理有关规定开具增值税专用发票或者增值税普通发票,项目要填写齐全。所销售药品还应当按照药品经营质量管理规范(GSP)要求附符合规定的随货同行单、发票(以及清单)的购、销方名称应当与随货同行单、付款流向一致、金额一致。

(3) 采购单位需要严格验明发票明细。药品流通企业购进药品,应主动向药品生产企业索要发票,发票必须由药品生产企业开具。到货验收时,应验明发票、供货方随货同行单与实际购进药品的品种、规格、数量等核对一致并建立购进药品验收记录,做到票、货、账相符。对发票和随货

---

① 中华人民共和国国家卫生和计划生育委员会. 关于在公立医疗机构药品采购中推行"两票制"的实施意见(试行)的通知. 国医改办发〔2016〕4 号.

同行单不符合国家有关规定要求,或者发票、随货同行单和购进药品之间内容不相符的,不得验收入库。药品购销中发生的发票及相关票据,应当按照有关规定保存。

(4)"两票制"是药品招标采购流程中的必备条件,采购单位对"两票制"实行承诺制。在公立医疗机构药品采购中推行"两票制"的地区,集中采购机构编制采购文件时,要将执行"两票制"作为必备条件。对于招标采购的药品,要验明药品生产企业的资质,由药品生产企业直接投标。参与药品集中采购的药品企业要在标书中作出执行"两票制"的承诺,否则投标无效;实行其他采购方式采购药品,也必须在采购合同中明确"两票制"的有关要求。

(5)医疗机构需验明两张发票。公立医疗机构在药品验收入库时,必须验明票、货、账三者一致方可入库、使用,不仅要向配送药品的流通企业索要、验证发票,还应当要求流通企业出具加盖印章的由生产企业提供的进货发票复印件,两张发票的药品流通企业名称、药品批号等互相印证,且作为公立医疗机构支付药品货款凭证,纳入财务档案管理。每个药品品种的进货发票复印件至少提供一次。鼓励有条件的地区使用电子发票,通过信息化手段验证"两票制"。

(6)鼓励多仓联动,形成全国统一药品配送大市场。打破利益藩篱,破除地方保护,加快清理和废止在企业开办登记、药品采购、跨区域经营、配送商选择、连锁经营等方面存在的阻碍药品流通行业健康发展的不合理政策和规定。地方政府要支持网络体系全、质量信誉好、配送能力强的大型药品流通企业到当地开展药品配送工作。支持建设全国性、区域性的药品物流园区和配送中心,推进药品流通企业仓储资源和运输资源有效整合,多仓协同配送,允许药品流通企业异地建仓,在省域内跨地区使用本企业符合条件的药品仓库。

(7)鼓励城乡一体化配送。按照远近结合、城乡联动的原则,鼓励支持区域药品配送城乡一体化,打通乡村药品配送"最后1公里"。为特别偏远、交通不便的乡(镇)、村医疗卫生机构配送药品,允许药品流通企业在"两票制"基础上再开一次药品购销发票,以保障基层药品的有效供应。

(8)对"两票制"执行严格的监督检查。药品集中采购机构加强药品集中采购工作监督管理,对不按规定执行"两票制"要求的药品生产企业、流通企业,取消投标、中标和配送资格,并列入药品采购不良记录。卫计委、中医药行政部门加强对公立医疗机构执行"两票制"的监督检查,对索票(证)不严、"两票制"落实不到位、拖欠货款、有令不行的医疗机构要通报批评,直到追究相关人员责任。食品药品监督管理部门应当将企业实施"两票制"情况纳入检查范围。对企业违反"两票制"要求的情况,食品药品监管部门应当及时通报所在省份药品集中采购机构。涉嫌犯罪的,依法移送公安机关。税务部门要加强对药品生产、流通企业和医疗机构的发票管理,依法加大对偷逃税行为的稽查力度。各相关部门要充分利用信息化手段,加强"两票制"执行情况的监督检查,建立健全跨部门、跨区域监管联动响应和协作机制,推动药品集中采购平台(公共资源交易平台)、药品追溯体系和诚信体系建设平台等互联互通、数据共享,实现违法线索互联、监管标准互通、处理结果互认。推进和加强信息公开、公示,广泛接受社会监督。国家相关部门将适时组织开展"两票制"落实情况的专项监督检查。

(9)对特殊药品和特殊情况网开一面。鼓励公立医疗机构与药品生产企业直接结算药品货款、药品生产企业与流通企业结算配送费用。为应对自然灾害、重大疫情、重大突发事件和患者急(抢)救等特殊情况,紧急采购药品或国家医药储备药品,可特殊处理。麻醉药品和第一类精神药品的流通经营仍按国家现行规定执行。

(10)在综合医改试点地区的公立医疗机构率先执行。公立医疗机构药品采购中逐步推行"两票制",鼓励其他医疗机构药品采购中推行"两票制"。综合医改试点省(自治区、直辖市)和公立医院改革试点城市要率先推行"两票制",鼓励其他地区执行"两票制",争取到2018年在全国全面推开。

三、"两票制"监管主体及监管方式

(一)"两票制"的监管主体

"两票制"的监管主体是:市场监督管理部门、卫生健康委员会、医保部门和税务部门等政府有关部门。

2018年3月,第十三届全国人民代表大会第一次会议决定对国务院机构进行改革,将国家工商行政管理总局、国家质量监督检验检疫总局、国家食品药品监督管理总局、国家发展和改革委员会的价格监督检查与反垄断执法、商务部的经营者集中反垄断执法以及国务院反垄断委员会办公室等职责整合,组建国家市场监督管理总局,单独组建药监局,由新组建的国家市场监督管理总局管理。市场监管实行分级管理,药品监管机构只设到省一级,药品经营销售等行为的监管,由市(县)市场监管部门统一承担。新组建的国家医疗保障局拟订医疗保险、生育保险、医疗救助等医疗保障制度的政策、规划、标准并组织实施,组织制定和调整药品、医疗服务价格和收费标准,制定药品和医用耗材的招标采购政策并监督实施,监督管理纳入医保范围内的医疗机构相关服务行为和医疗费用等。同时为提高医保资金的征管效率,将基本医疗保险费、生育保险费交由税务部门统一征收。组建国家卫生健康委员会,承担医疗机构等的管理。

(二)"两票制"实施及监管体系

"两票制"实施及监管体系见图2-3。

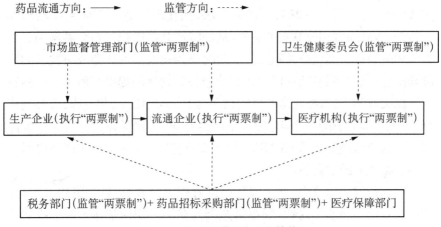

图2-3 "两票制"实施及监管体系

(三)监管主体职责

(1)卫生健康委员会通报批评有令不行的医疗机构,追究相关人员责任。

(2)市场监督管理部门将"两票制"纳入药品生产、流通企业检查范围。

(3)税务部门加强发票管理。

(4)医疗保障部门督促各级医保经办机构,实现与公立医疗机构服务协议谈判、签订和履行等程序制度化、规范化,违反"两票制"监管要求的企业不得投标,取缔配送资格,录入药品采购失信名单。

(四)"两票制"监管方式

1. 跟踪检查　就某一批号的特定药品从生产、流通到医疗机构全流程现场跟随检查,确认是否符合"两票制"要求。

2. 飞行检查　根据举报或其他手段得到的线索对生产、流通等某一环节进行突然袭击式的现场检查,确认是否符合"两票制"要求。

3. 日常抽查　根据督查计划进行的不定目标、不定品种的随机现场检查,确认是否符合"两票制"要求。

4. 电子网络检查　通过"票据维护及查询系统"或"药品招标综合采购平台"等互联网手段对监管对象是否执行"两票制"进行在线监管。

四、"两票制"监管的理论依据

公共管理是以政府为核心的公共部门整合社会的各种力量,广泛运用政治的、经济的、管理的、法律的方法,强化政府的治理体系和治理能力,提升政府绩效和公共服务品质,从而实现公共的福利与公共利益。公共管理的目的是实现公共利益。所谓的公共利益是为社会成员共享的资源与条件。公共利益的实现主要表现为公共物品的提供与服务。公共物品的涵义非常广泛,既可指有形的物品,如公共场所、公共设施、公共道路交通;也可指无形的产品和服务,如社会治安、社会保障、教育、医疗保障等。公共管理理论认可政府部门治理和监管的正当性,并强调政府对社会治理和监管的主要责任。

在医药卫生体系中,由于服务提供方和需求方(也就是医患双方)之间存在着信息严重不对称,即提供方因为在医药知识掌握方面的优势可以主导医疗服务的质和量,因此在医患两点关系的医疗服务市场存在着严重的市场失灵。同时在药品流通领域的"两票制"监管过程中药品生产和流通方占有充分的药品价格、数量、流向等重要信息,而监管方如政府的各监管部门在没有药品追溯系统的情况下与被监管方也存在严重的信息不对称现象。这些都直接导致了"看病贵""药品回扣""药价虚高""药品流通环节多""两票制"监管困难等不良现象,这就要求作为公共管理部门的政府监管部门在涉及公共健康领域的问题时要采取有效公共政策进行监管。药品流通"两票制"监管政策属于国家对医药行业进行有效管理的公共政策,是国家对医疗体制进行宏观调控和加强微观监管的有效手段,可以有效提高政府监管部门对药品流通领域的监管能力和监管效率。

(一)市场经济中政府作用理论

社会主义市场经济条件下政府管理经济的重要职能是监管市场运

行,维护市场程序,为经济发展创造良好的市场环境。在市场经济中政府的作用可以概括为以下5点。

1. **公共物品的提供者** 这是政府在现代市场经济中最基本的角色。公共物品是指能够同时供许多人享用的物品,并且供给它的成本与享用它的效果并不随享受它的人数规模的变化而变化,最主要的特征是消费的非排他性。随着经济的发展,企业和人民群众会对公共物品,如道路、机场、水电等基础设施及其他公共事业、公益事业、保障体系提出更高的需求。但是,由于公共物品投资成本大,建设时间长,收益回报周期长,有些甚至没有直接收益,普通企业及社会投资者一般不愿参与。依靠市场调节很难达到供给与需求的平衡,需要政府通过财政、金融、产业政策等政府行为和公共管理手段支持或补贴公共项目建设,尤其是对以全社会公共利益为目的的项目,政府应责无旁贷地全面参与或直接经营。对以盈利为目的的公共项目,政府应在定价、市场准入等方面适当予以干预和监督,保证其为社会提供更好的服务。

2. **宏观经济的调控和管理者** 市场经济中无论发达国家还是发展中国家,其经济贸易发展的事实证明,政府从未放弃过对经济的宏观调控和管理,并且当今世界也根本不存在没有国家调控的"自由"的市场经济。中国作为有自己特殊国情的国家,更需要有强有力的宏观调控。这是因为:其一,中国是社会主义国家,我们所追求的政治、经济目标与当前客观情况存在不一致性。在以西方发达国家主导的经济全球化背景下的市场经济,中国政府加强对本国经济的管理,是维护国家经济主权,确保国家经济安全,保护繁荣的重要措施。其二,我国是世界上最大的发展中国家,世界贸易组织(World Trade Organization,WTO)对发展中国家实施的包括可以对某些产业、部门实施适当保护措施等优惠安排,需要政府在引导、协调本国经济发展中发挥重要的作用。其三,我国社会主义初级阶段的国情,决定了我国的经济发展不可能走完全靠市场自发作用于国民经济发展方向和结构的老路,特别是在我国外部环境被发达国家资本垄断,内部市场发育和竞争尚不充分的情况下,如果单纯依靠市场机制来调节国民经济,必然受制于国际资本垄断下的国际分配格局,延缓国内经济结构调整进程。其四,在经济全球化进程中可能出现的经济渗透、贸易战、关税战、附有条件的经济援助等,都会对国家的经济安全带来冲击。因此,必须通过政府引导国民经济的发展方向,选择有效的经济发展战略,才能达到充分利用世界资源,减少经济发展过程中的盲目性,维护国家经济安全的目的。

3. 市场秩序的维护者　市场经济主张公平贸易和竞争,要求市场交易和市场管理规则必须一致、公平、透明、稳定。我国要实现这一目标,除了依靠政府的强制力外,没有任何组织、任何办法可以替代。正如弗里德曼所言:"政府的必要性在于:它是竞争规则的制定者,又是解释和强制执行这些已被决定的规则的裁判者。"在市场经济框架下,社会资源的配置,将主要通过市场价格机制的导向作用来实现。但由于垄断现象的不可避免等多种外部效应的存在,市场价格机制可能不能正确反映成本和收益,市场信号不准或失真,市场调节也可能出现失灵的情况。在这种情况下,企业可能因市场失灵产生的错误导向导致经营、投资失误;市场供给者或需求者也可能为了自己的利益而破坏契约关系和市场规则,引起市场失灵。对这些市场失灵,必须而且只有依靠政府干预和管理才能得到纠正。因此,政府必须通过自己行政权威的发挥和经济职能的履行,制定各种法规和市场规则,规制一切市场主体与市场行为,维护市场契约关系和市场秩序,努力创造良好的竞争环境。市场经济要求在统一的市场基础上实施对外经贸政策,倡导进入市场的企业一视同仁、公平交易、公平竞争。要创造统一、开放、有序、公平的市场环境,政府担负着十分重要的责任。政府要通过加强市场的建设和制度管理,把对内开放和对外开放结合起来,打破社会生产和经济生活狭小、分割和封闭的障碍,使市场主体获得法律上和经济负担上的平等地位,都能机会均等地在市场上取得生产要素,并努力推动一切经济活动都进入全国乃至全世界的大市场中去,促使国内市场在统一的基础上与国际市场融为一体。

4. 收入及财产的再分配者　市场是实现收入公平分配的最基本手段。但市场不能保证出现使效率和公平都满意的结果。无论是在经济发展水平比较高的西方国家,还是在像中国这样的发展中国家,收入分配领域都存在着大量的不公平现象,经济学家萨缪尔森曾对此作过精彩的描述:"某些人非常贫穷,然而过错并不在他们本人。某些人非常富有,然而这仅仅是由于运气或继承,而不是由于他们的技术或智慧。"但在谈到导致这种不公平的分配现实时,人们很容易在"市场经济只追求效率"的定式的影响下,把这种不公平归咎于市场失败。但按照阿马蒂亚·森的研究结果,完全竞争的市场经济在达到全面均衡时可以实现帕累托最优,但这种按照效用衡量的效率也能够按照个人自由来衡量。也就是说,效率结果完全可以从效用范畴转换为个人自由范畴,这种自由不仅仅指选择商品组合的自由,而且还指从事各种功能性活动的可行能力。如此,市场经济中所出现的一些包括收入分配不公在内的问题也就不能简单地归咎于市场在解决非效率问题方面的无能。阿马蒂亚·森特别强调了社会中强势群体利用信息优势和缺乏法律规范约束而谋取利益的行为。在中国现阶段,由于市场经济尚不规范,法律和一般性行为规则还不健全,在市场、法律和政府面前,强势集团和弱势集团的处境、力量存在巨大差异。仅就收入来说,弱势者由于在劳动力市场上处于不利一方,不仅收入低,收入来源单一,而且即便是微薄的应得收入往往也被拖欠,被缩水。而强势者不仅收入高,收入来源多样,而且灰色收入,乃至腐败收入也常是他们的囊中之物。不仅如此,由于灰色收入和腐败收入主要是通过地下交易获得,并不进入正常的国民收入账户,也无须缴纳个人所得税,因此,政府通过税收来矫正市场分配结果,对于这种收入根本无效,反而有可能使那些通过正当途径获取较高收入的劳动者的积极性遭受打击。如果这样,税收政策不仅解决不了收入分化问题,而且还有可能是对效率的一种打击。因此,现代市场经济国家的政府都力图通过再分配政策及社会保障制度来调节收入及财产的再分配,解决公平以及社会经济发展战略问题。另一方面,市场经济不可能解决全社会范围的失业、养老、工伤事故、医疗保健、扶贫助弱等社会问题,而这些问题又是保证市场经济正常运行的重要条件。因此,要求政府从全社会的整体利益出发对各阶层的收入和财产再分配加以调节,建立和健全社会保障体系,以保证社会稳定、协调发展。

5. 外在效应的消除者　外在效应又称外部性或外部经济。按照 W. 赫勒和 D. A. 斯塔雷特的说法,外部性是指个人的效应函数或企业的成本函数不仅依存于其自身所能控制的变量,而且依赖于其他人所能控制的变量,这种依存关系又不受市场交易的影响。外在效应有积极和消极两种,基础研究和教育等属于积极的外在效应,环境污染等属于消极的外在效应。对于积极的外部性,政府通过补贴或直接的公共部门的生产来推进积极外部性的产出;对于消极的外部性,政府通过直接的管制来限制消除外部性产出。

(二) 信息不对称理论

20 世纪 70 年代信息不对称现象受到 3 位美国经济学家(乔治·阿克罗夫、迈克尔·斯彭斯和约瑟夫·斯蒂格利茨)的关注和研究。

信息不对称理论是指在市场经济活动中,各类人员对有关信息的了解是有差异的;掌握信息比较充分的人员,往往处于比较有利的地位,而信息贫乏的人员,则处于比较不利的地位。该理论认为:市场中卖方比买方更了解有关商品的各种信息;掌握更多信息的一方可以通过向信息贫乏的一方传递可靠信息而在市场中获益;买卖双方中拥有信息较少的一方会努力从另一方获取信息;市场信号显示在一定程度上可以弥补信息不对称的问题。当产品的卖方对产品质量比买方有更多的信息时,低质量产品将会驱逐高质量商品,从而使市场上的产品质量持续下降。实际上,当信息不对称时,市场上便出现了次品驱逐优质品的现象。这个时候的市场是假冒伪劣盛行,真正好的产品卖不出去,最后倒台和垮掉的是好企业。由于信息不对称问题的存在可能造成信息占有优势一方经常会作出"败德行为"和信息占有劣势一方面临交易中的"逆向选择",其直接后果是扭曲了市场机制的作用,误导了市场信息,造成市场失灵。信息不对称造成了市场交易双方的利益失衡,影响社会的公平、公正的原则以及市场配置资源的效率。信息不对称是市场经济的弊病,要想减少信息不对称对经济产生的危害,政府应在市场体系中发挥强有力的作用。

1. **信息不对称理论的作用**

(1) 该理论指出了信息对市场经济的重要影响。随着新经济时代的到来,信息在市场经济中所发挥的作用比过去任何时候都更加突出,并将发挥更加不可估量的作用。

(2) 该理论揭示了市场体系中的缺陷,指出完全的市场经济并不是天然合理的,完全靠自由市场机制不一定会给市场经济带来最佳效果,特别是在投资、就业、环境保护、社会福利、公共健康等方面。

(3) 该理论强调了政府在经济运行中的重要性,呼吁政府加强对经济运行的监督力度,使信息尽量由不对称到对称,由此更正由市场机制所造成的一些不良影响。

2. **信息不对称理论在药品流通"两票制"监管中的应用**

(1) 加强政府监管:随着现代市场的日趋完善,政府的宏观调控作用日益强化,从信息分析的角度,将政府纳入医药流通市场作为监管主体,体现了政府通过相关信息调控药品交易行为的作用。政府对医药市场进行宏观调控是引导药品流通正常发展,解决逆向选择和败德行为的有效途径,尤其是在当前中国发展市场经济、建立有序的市场竞争机制过程中更为重要。为此,必须贯彻国家有关"两票制"的方针政策,建立和健全各类医药市场管理的法律、法规和制度。做到门类齐全,互相配套,避免交叉重叠、遗漏空缺和互相抵触。同时政府部门也要充分发挥和运用法律、法规的手段,培养和发展我国的医药市场体系,确保药品从前期研发、生产、流通、到使用等全部活动都纳入法制轨道。

(2) 加强诚信建设:诚信,是指一个人、一个单位的可靠性、社会责任感和可信任程度。在商品经济社会的市场经济环境下,企业及个人商业信用状况,以及整个社会经济信用关系的信赖、认可程度,是衡量某个国家、地区或经济组织的经济环境和运行状况及社会文明程度的重要指标。因此,必须规范和整顿药品流通市场秩序,逐步在药品流通市场形成诚信为本、操守为重的良好风尚。药品生产企业和流通企业均应树立诚信意识,对自身行为进行规范,加强相互沟通,着力解决信息不对称的现象。只有加强诚信建设,才能够在药品生产企业、流通企业和医疗机构及政府监管部门之间建立起一种相互信赖、相互认可的经济关系及监管关系,才能降低逆向选择和道德风险发生的概率。

五、"两票制"运行现状

(一)江苏省

2017 年 5 月 24 日,江苏省卫计委对外发布《江苏省公立医疗机构药品采购推行"两票制"实施方案(征求意见稿)》,要求 2017 年 5 月 31 日前将修改意见以传真或电子邮件形式反馈至省卫计委药政处。与国家版本相比,其特色之处有以下几点。

(1) 药品生产企业或科工贸一体化的集团型企业设立的全资或控股(超过 50%,下同)商业公司(全国仅限 1 家)销售本企业(集团)药品时视同生产企业,销售非本企业(集团)药品时视同流通企业。境外药品国内总代理(含国内分包装企业)、生产企业之间产品经销权转让的受让方、不具备药品经营资质的药品上市许可持有人[①]委托代为销售药品的生产企业或流通企业可视同生产企业,以上 3 种情形均全国仅限 1 家。

(2) 药品流通集团型企业内部向全资(控股)子公司或全资(控股)子公司之间调拨药品可不视为一票,但最多允许开一次发票。纳入江苏省短缺药品定点储备的药品,其相应的省级承储企业在江苏省某地区没有

---

① 药品研发机构或者科研人员可以作为药品注册申请人,提交药物临床试验申请、药品上市申请,申请人取得药品上市许可及药品批准文号的,可以成为药品上市许可持有人。参见国务院办公厅《关于印发药品上市许可持有人制度试点方案的通知》(国办发〔2016〕41 号)。

建立配送关系,但该药品确需配送的,可增开一次发票。

(3)结合江苏省新一轮药品集中采购工作进展,第二批竞价采购、议价采购、限价挂网采购药品自采购结果执行之日起同步执行"两票制"。第一批已上网采购的急(抢)救类、妇儿专科非专利等药品须于2017年12月31日前全面执行"两票制"。鼓励有条件的地区在医用耗材和检验检测试剂集中采购中推行"两票制"。

(4)流通企业由生产企业遴选。药品生产企业应向省药品集中采购中心作出执行"两票制"承诺,按照"两票制"要求遴选流通企业。

(5)药品流通企业在向公立医疗机构销售药品时,应在开具的发票上关联药品生产企业的发票票号,对提供的发票、随货同行单等的真实有效性作出承诺,并将相关票据及时扫描上传"江苏省医疗机构药品(耗材)网上集中采购与监管平台"。

2017年6月23号,江苏省卫计委、医改办等9部门下发《关于印发〈江苏省公立医疗机构药品采购推行"两票制"实施方案(试行)〉的通知》(苏医改发〔2017〕12号),至此,江苏省的"两票制"正式进入实施阶段。

值得一提的是,江苏省"两票制"全面启动后,南京中医药大学翰林学院组织专家做了《"两票制"下江苏省医药流通行业发展趋势分析》课题研究,重点分析了"两票制"政策内容、对药品流通行业的影响、企业的机遇与挑战、应对策略等,为江苏省的药品研发、生产、流通、使用和政府监管部门答疑解惑、指明方向。

自江苏省"两票制"政策出台以来,南京市药监局积极配合实施,2018年5月以来,采取4项举措扎实推进"两票制"顺利实施。①以点带面协调推进:选择国控江苏、南京医药、江苏省医药公司等龙头企业先行试点,引导全市药品经营企业平稳度过适应期。②加强政策宣贯:积极争取社会各界理解支持,为推行"两票制"营造良好的社会和舆论氛围。③实行承诺制:强化企业主体责任意识,全市41家药品制剂生产企业、87家药品批发企业都已作出书面承诺,严格执行"两票制"票据管理相关要求,抓好政策落地。④开展"两票制"执行情况专项检查:将药品批发企业"两票制"执行情况纳入重点监管内容,把货、账、票、款、证的一致性作为重点检查内容,确保"两票制"工作有序推进[1]。

---

[1] 南京市局四措并举扎实推进药品采购"两票制"[EB/OL]. 2018-05-21. http://da.jiangsu.gov.cn/art/2018/5/21/art_58992_7644621.html.

(二) 安徽省

(1) 2016年9月29日,安徽省食品药品监督管理局与安徽省卫计委等部门发布《安徽省公立医疗机构药品采购推行"两票制"实施意见》(皖食药监化流〔2016〕37号),于2016年11月1日起执行。安徽省"两票制"政策的推出时间比2017年2月的国家版本要早5个月左右时间。

(2) 2017年3月29日,安徽省食品药品监督管理局与安徽省卫计委等部门发布《关于开展公立医疗机构药品采购推行"两票制"执行情况专项检查督查的通知》(皖食药监药化流秘〔2017〕160号)。此次专项检查和督查的主要内容如下。

1) 对承担公立医疗机构药品销售(配送)企业和公立医疗机构药品采购执行"两票制"情况进行检查。

2) 药品批发(配送)企业销售到公立医疗机构的药品是否执行"两票制"。

3) 药品批发(配送)企业将药品销售到偏远山区(地区)基层公立医疗机构是否按规定进行备案。

4) 公立医疗机构是否对采购药品票据进行审核;是否向药品批发(配送)企业索取药品生产企业销售发票复印件(加盖药品经营企业公章原印章,或扫描件电子票据)。

5) 公立医疗机构是否违反"两票制"规定擅自采购药品。

6) 对急抢救药品、"孤儿药"、临床短缺以及低价药品是否履行监测报批程序。

7) 药品生产企业或科工贸一体化的集团型企业设立的仅销售本企业(集团)药品的全资或控股商业公司(全国仅限1家商业公司)、境外药品国内总代理(全国仅限1家国内总代理)、药品流通集团型企业内部向全资(控股)子公司或全资(控股)子公司之间调拨药品是否符合"两票制"相关规定。

8) 食品药品监督管理部门、卫生计生部门是否印发(转发)有关公立医疗机构药品采购执行"两票制"相关文件;是否召开相关会议、培训,对执行"两票制"情况进行部署;是否将公立医疗机构药品采购执行"两票制"情况纳入跟踪检查、飞行检查及日常监督检查范畴,并开展监督检查;对不执行"两票制"行为是否采取有效措施予以纠正。

(3) 2017年6月2日,安徽省食品药品监督管理局发布《安徽省食品药品监督管理局关于开展公立医疗机构药品采购推行"两票制"执行情况调研的通知》。

调研主要内容如下。

1) 公立医疗机构药品采购推行"两票制"工作实施以来,各相关部门的主要做法和采取的有效措施。

2) 辖区内承担公立医疗机构药品采购配送企业数及经营状况。

3) 药品配送企业和公立医疗机构执行"两票制"存在的主要问题、困难及原因。

4) 下一步推进"两票制"工作意见和建议。

调研时间为2017年6月5日~7月10日。

调研要求如下。

1) 各市、直管县局应高度重视此次调研工作,切实掌握辖区内药品批发企业和公立医疗机构推行"两票制"工作执行情况,为省局联合相关部门开展检查督查提供决策依据。

2) 各市、直管县局应结合《关于开展公立医疗机构药品采购推行"两票制"执行情况专项检查督查的通知》要求,在认真分析企业、公立医疗机构提供的自查与整改报告基础上,及时发现执行中存在的问题和困难,并认真加以纠正和解决。

3) 本次调研采取书面与实地调研相结合的方式,不避矛盾、正视问题、注重实效,可联合卫生计生等部门采取现场检查、座谈交流等方式进行,并将调研中掌握的药品批发企业和医疗机构执行"两票制"存在的问题和困难报告当地人民政府。

4) 2018年8月29日,安徽省食品药品监督管理局发布《关于药品采购"两票制"备案有关事项的通告》,就药品采购"两票制"备案材料明细和承诺书模板提出了规范性要求。其模板格式如下。

承诺书(模板)

安徽省食品药品监督管理局:

经认真研读《安徽省公立医疗机构药品采购推行"两票制"实施意见》(以下简称《意见》),我公司作出以下承诺:

一、将严格按照《意见》要求执行"两票制"政策,依法经营、公平竞争、自觉维护药品市场秩序、净化流通环境、保证产品质量、保障群众用药安全、维护群众健康权益。

二、保证递交的所有资料真实、合法、有效,并对所提供的资料负法律责任。

我公司保证履行上述承诺,对违反承诺及相关政策、规定的行为,以及造成的不良后果,我公司自愿接受相关处罚,承担相应责任。

本承诺书自盖章并签字之日起生效。

生产企业名称(盖章):　　　　法定代表人(签字并盖章):

经营企业名称(盖章):　　　　法定代表人(签字并盖章):

(三) 海南省

(1) 2017年1月10日,海南省卫计委公布了《海南省公立医疗机构药品、高值医用耗材采购"两票制"实施细则(试行)》(琼卫药政函〔2017〕6号),征求各单位意见,要求于2017年1月25日前以书面形式反馈。

(2) 2017年3月24日,海南省卫计委发布《关于再次征求〈海南省公立医疗机构药品采购"两票制"实施细则(试行)〉意见的函》(琼卫药政函〔2017〕31号),要求于2017年3月31日前以书面形式反馈。

(3) 2017年5月2日,海南省深化医药卫生体制改革领导小组办公室正式公布《海南省公立医疗机构药品采购"两票制"实施细则(试行)的通知》(琼医改办〔2017〕9号)。其最大特点是以每个药品为单位,可以产生一家视同为生产企业的公司。其原文是"药品生产企业或科工贸一体化的集团型企业设立的仅销售本企业(集团)药品的全资或控股商业公司(每种药品全国仅限1家商业公司,生物制品除外)视同生产企业。"2017年6月1日,海南再下发"两票制"执行答疑,明确生物制品也可按上述认定方式视同生产企业,生产企业认定方式再放宽。

(4) 从2017年5月1日起启动实施,2017年9月30日前为过渡期。过渡期内,药品生产企业应充分综合考虑医疗机构原有配送渠道等因素,确定在海南省的一级商业代理关系,于2017年10月1日前在海南省医药集中采购服务平台进行更新,同时签署并公示承诺书;视为药品生产企业的,应提供有关证明材料,签署并公示承诺书;药品流通企业须妥善处理库存药品中不符合"两票制"规定的药品;公立医疗机构应根据药品采购使用情况及时调整优化配送渠道,在药品生产企业未确定药品流通企业前,暂可按原渠道采购药品。2017年11月1日起,全省所有公立医疗机构全面实施"两票制"。

(四) 甘肃省

(1) 2017年2月27日,甘肃省卫计委发布《甘肃省公立医疗机构药品采购"两票制"实施方案》(征求意见稿),要求于 2017 年 3 月 10 日前将书面修改意见反馈至省卫计委。

(2) 2017 年 4 月 19 日,甘肃省深化医药卫生体制改革领导小组办公室和甘肃省卫计委等部门联合发布《甘肃省公立医疗机构药品采购"两票制"实施方案(试行)》(甘医改办发〔2017〕12 号),正式开始"两票制"的执行。

(3) 甘肃省的"两票制"政策根据甘肃省的实际情况做了最接地气的调整。其基本原则开明宗义就提出"甘肃省人口密度小、经济欠发达,药品配送集约化程度低、配送覆盖面窄、配送半径大、配送成本明显高于其他省区。要坚持实事求是、积极作为的总原则,重点做好市场培育和规范引导。"与国家版本相比其主要特点如下。

1) 对因市场战略合作发生产权转移的产品,在产品相关证照审批未完成前允许过渡期增加一票,但应提供相关证明材料。药品流通集团型企业内部向全资(控股)子公司或全资(控股)子公司之间、子公司与母公司之间调拨药品可不视为一票,但最多允许开一次发票。委托药品生产企业或流通企业代为销售药品的上市许可持有者可视同生产企业。

2) 全省三级公立医院优先在药品采购中推行"两票制",其过渡期为本方案发布后 4~5 个月。过渡期为自本文件发布至新一轮药品集中采购中标结果公布,企业重新建立新的配送关系止。《甘肃省药品集中采购积分规则》中界定为边远地区的县级公立医疗机构(酒泉市肃北县、酒泉市阿克塞县、张掖市肃南县),执行中可增加一票。为保证边远地区的药品配送,允许药品配送企业在甘肃省基层医疗卫生机构再开一次药品购销发票,以保障基层药品的有效供应。

3) 罕见病、特殊疾病、临床用量小的药品不执行"两票制",其目录由各医疗机构自行确定,每年年底向辖区同级卫生计生行政部门备案。

4) 医改试点城市须按照本方案于 2017 年 6 月 30 日前制定实施细则,率先推行"两票制";其他市(县)按照全省部署结合实际积极稳妥推进。全省三级公立医院须于 2017 年 10 月 1 日起全面贯彻落实"两票制"。全省二级公立医疗机构须于新一轮药品集中采购中标结果执行起全面落实"两票制",2018 年底前落实到位。

5) 探索使用电子发票,通过信息化手段验证"两票制"。省药品集中采购平台和省药品阳光采购平台要开发"发票维护及查询系统",建立药品采购信息、发票信息、随货同行信息的电子化查询、验证和追溯,方便生产企业、配送企业、医疗机构通过平台进行票据数据网上随单查询。逐步开展票据电子验证和网上支付功能。探索通过与税务等部门电子发票信息的互联互通,实现电子"两票制"查验。

6) 探索由银行提供周转金的形式,实现药款 30 天支付。

(五) 浙江省

(1) 2016 年 9 月 26 日,浙江省卫计委发布《浙江省卫计委关于印发浙江省药品采购新平台推进工作方案的通知》(浙卫发函〔2016〕102 号)。该文件的发布和新平台的建立为浙江省"两票制"的实施奠定坚实的基础。该文件明确如下内容。

1) 实施范围。全省政府办各级各类公立医疗卫生机构(含公立基层医疗卫生机构)。浙江大学医学院附属第一医院等 15 家试点医疗机构按本方案实施批次纳入工作计划。分 3 批执行,第一批 2016 年 10 月 31 日前完成;第二批 2016 年 12 月 31 日前完成;第三批 2017 年 5 月 31 日前完成。

2) 一个医疗机构原则上只能保留一个药品采购账号(平台交易系统登录 ID)。公立医疗卫生机构应根据省药械采购中心规定的时间要求,登录杭州天谷数字证书平台完成 CA 证书注册。

3) 全省各级各类公立医疗卫生机构在浙江省药品采购平台上按照药品采购合同和订单将药品采购货款在线缴付给浙江省药械采购中心监管账户,并委托监管账户向药品供货商支付和结算。从此构建全省统一的信息流、商流、资金流"三流合一"的药品采购新平台。

4) 各级各类公立医疗卫生机构要按照省药械采购中心提供的统一标准接口,认真、严格和规范开展接口建设和信息系统升级改造,确保顺利接入平台,实现登记信息实时共享。系统对接是保证医疗机构药品采购和资金支付信息准确的重要技术手段,可以有效提高交易效率、减轻采购人员工作量。

(2) 2017 年 5 月 26 日,浙江省卫计委、浙江省食品药品监督管理局发布《关于在浙江省公立医疗机构药品采购中推行"两票制"的实施意见》(浙卫发〔2017〕47 号),自 2017 年 8 月 1 日起实施,过渡期至 2017 年 10 月 31 日。与国家版本相比,其特点如下。

1) 对生产企业的认定更灵活,更宽泛。药品上市许可持有人委托代为销售药品的生产企业或流通企业(全国仅限 1 家)、生产企业之间产品经营权转让的受让方可视同生产企业。药品流通集团型企业内部向全资

(控股)子公司调拨药品,或 ERP 系统与省药械采购平台对接的全资(控股)子公司之间调拨药品,可不视为一票,但最多允许开一次发票。

2) 建立省药械采购平台"票据维护及查询系统",健全药品网上采购信息、发票信息、随货同行信息等,方便生产、流通企业和公立医疗机构实施票据电子化传输、查询、验证和追溯。药品流通企业向医疗机构销售、配送药品时,须将生产企业的发票、随货同行单(含不视为一票的发票和随货同行单)以及出具给医疗机构的发票、随货同行单等票据信息,上传至省药械采购平台"票据维护及查询系统"。公立医疗机构购进药品验收时,除现场核对流通企业出具的发票、随货同行单等信息与药品一致外,还须通过省药械采购平台"票据维护及查询系统"开展"两票制"索验票工作,并在平台上留下索验票凭证。

3) 通过建立"两票制"建立起药品价格可追溯机制。逐步建立药品出厂价格信息可追溯机制和统一的跨部门价格信息平台,做好与省药械采购平台、医保支付审核平台的互联互通,加强与有关税务数据的共享。对虚报原材料价格和药品出厂价格的药品生产企业,依法严肃查处,清缴应收税款,追究相关责任人的责任。强化竞争不充分药品的出厂(口岸)价格、实际购销价格监测,对价格变动异常或与同品种价格差异过大的药品,及时研究分析,必要时开展成本价格专项调查。

(六) 福建省

(1) 2009 年福建省第七期药品集中采购时,招标文件规定:"生产企业必须提前指定配送企业,实行'两票制',不得转配送,生产企业自主报价投标。"这是全国首次在省级层面上全面执行"两票制"。

(2) 在 2012 年 1 月,第八期药品集中采购招标时,《药品集中采购实施方案》中明确规定:"取得福建省药品集中采购配送资质的药品经营企业才能参加福建省医疗机构第八批药品集中采购中标药品配送""中标生产企业所有中标的品种在各片区只能委托 1~2 家配送企业配送,必须严格执行'两票制',不得转配送。"

(3) 2016 年 10 月 28 日,福建省人民政府办公厅印发《福建省"十三五"卫生计生事业发展专项规划》(闽政办〔2016〕178 号),其中明确指出:"继续推行药品招标采购'两票制',逐步推进医用耗材和医用设备集中采购""改革药品配送模式。加快建设药品流通统一市场,形成现代医药物流体系。"

(4) 2016 年 11 月 30 日,福建省医疗保障管理委员会发布《福建省医疗保障管理委员会办公室关于进一步打击骗取医疗保障基金和侵害患者权益行为的通知》(闽医保办〔2016〕8号),明确将不执行"两票制"的医药生产企业和配送企业列入全省医疗保障管理系统"黑名单"。

(5) 根据《福建省医疗机构新一轮药品集中采购实施方案(2015年修订版)的通知》(闽药采〔2015〕1号)文件的要求,福建省食品药品监督管理局遴选确定的11家基本药物配送企业同时具备全省基本药物和非基本药物配送的资格,各采购片区遴选的基本药物和非基本药物配送企业累计总数原则上不超过10家,其中基本药物配送企业只能从这11家企业中选择确定,非基本药物配送企业也必须从这11家企业中选择确定3家以上,以确保提高药品配送企业集中度的总体要求。

福建省公立医疗机构基本药物配送企业名单

Ⅰ. 鹭燕(福建)药业股份有限公司
Ⅱ. 福建同春药业股份有限公司
Ⅲ. 国药控股福建有限公司
Ⅳ. 福建省医药有限责任公司
Ⅴ. 福建省福州市惠好药业有限公司
Ⅵ. 国药控股福州有限公司
Ⅶ. 福建九州通医药有限公司
Ⅷ. 泉州市东大医药有限责任公司
Ⅸ. 厦门宏仁医药有限公司
Ⅹ. 福建中鹭医药有限公司
Ⅺ. 中邮恒泰药业有限公司

(七) 青海省

(1) 2016年12月12日,青海省人民政府办公厅发布《青海省人民政府办公厅关于青海省公立医疗机构药品采购实行"两票制"的实施意见(试行)》(青政办〔2016〕219号),规定:"2016年12月15日起对目前全省执行的中标药品中,具有直采和一级代理的药品品种实行'两票制',原配送企业不变。""2017年新一轮药品分类采购结果执行时,鼓励药品生产企业和一级代理流通企业面向全省医疗机构直接配送,扩大直采和一级代理药品品种,进一步完善药品采购配送制度,加快'两票制'实施。"

(2) 2017年3月10日,青海省药品集中采购工作领导小组办公室发布《关于开展2016年度青海省公立医疗机构一般医用耗材挂网采购工作的通知》(青药采办〔2017〕2号)。青海成为全国第二家要求医用耗材也必须执行"两票制"的省份。文件要求如下。

1) 公立医疗机构一般医用耗材采购配送由挂网生产企业直接配送,或委托有资质的配送企业进行配送。医疗机构在一般医用耗材采购中要求生产企业、配送企业必须承诺执行"两票制",并在与挂网生产企业及其委托的配送企业签订的合同中,明确实行"两票制"的有关规定、配送具体事宜和一般医用耗材质量安全责任等相关要求,保证一般医用耗材能及时配送到位。

2) 挂网采购一般医用耗材货款按照购销合同及时与挂网一般医用耗材生产或配送企业结算。货款结算回款时间不得超过30天。

3) 挂网采购一般医用耗材价格实行动态监测,省药品采购中心每半年公布挂网采购产品最高和最低采购价,鼓励联合带量采购,实行价格动态调整。

(八)陕西省

2016年10月9日,陕西省深化医药卫生体制改革领导小组办公室、陕西省卫计委发布《关于深化药品耗材供应保障体系改革的通知》(陕医改办发〔2016〕8号),其特点如下。

(1) 药品和耗材同时执行"两票制",也是全国首家对耗材执行"两票制"的省份。决定自2017年1月1日起,陕西全省城市公立医疗机构药品耗材采购实行"两票制",在确保基层药品供应保障基础上,县、镇、村医疗卫生机构适时推行"两票制"。

(2) 要求由医院来选择配送企业,并硬性规定了可选择的数量限制,与其他各省由生产企业选择配送企业显著不同。其规定原文为:"各城市公立医疗机构要结合目前配送工作实际,按照公开公平、双向选择的原则,通过招标程序,自主遴选配送企业,优先选择现代物流配送企业,压缩配送企业数量,其中三级医疗机构药品、耗材配送企业分别不超过15家;二级医疗机构药品不超过5家,耗材配送企业不超过15家。为确保特殊药品供应,其配送企业不计入数量;鼓励生产企业直接为城市公立医疗机构配送药品耗材,不计入配送企业数量。2016年底前,各城市公立医疗机构药品耗材配送企业要调整到位,从2017年1月起,由新确定的配送企业配送。"

(3) 要求医院与省卫生计生信息平台、省药品采购平台完成互联互通,对网上采购要限期达到95%以上。规定:"全省公立医疗卫生机构配备使用的药品耗材必须通过省药械集中采购平台进行采购,不得以任何理由和方式规避或变相规避药品耗材网上采购,必须让采购行为公开透明,杜绝灰色交易。2016年底前,全省各公立医疗卫生机构医院管理和医疗活动中进行信息管理和联机操作的医院信息系统(hospital information system,HIS)应与省卫生计生信息平台、省药品采购平台完成互联互通,实现药品耗材采购、配送、使用全流程闭环监管。2017年1月起,全省各公立医疗卫生机构药品和耗材网上采购率要达到95%以上。"

(九)四川省

(1) 2016年7月5日,四川省人民政府发布《关于印发四川省深化医药卫生体制综合改革试点方案的通知》(川府发〔2016〕32号),通知提出:"深化药品流通领域改革,压缩中间流通环节,在条件成熟的地方推行'两票制'。鼓励医疗机构公开招标选择开户银行,由银行提供周转金服务,保障药品货款及时支付。"四川成为首个提出由医院公开招标选择开户银行并由银行向药品流通企业提供周转金的省份。此前已经有浙江、福建、广东等省提出由银行提供周转金服务,但没有对银行进行公开招标的要求。

(2) 2017年4月6日,四川省卫计委、四川省发展和改革委员会等部门印发《关于在四川省公立医疗机构药品采购中推行"两票制"实施方案(试行)的通知》(川卫发〔2017〕55号),通知要求:"本实施方案从发布之日起施行。给予5个月的过渡时间,允许药品生产、流通企业和公立医疗机构在过渡时间内消化库存、调整并重构药品供应链体系。"

(3) 在四川省的方案中规定:"全省公立医疗机构除民族贫困边远地区公立医疗机构和其他地区基层医疗机构外全面实行'两票制',鼓励其他医疗机构在药品采购中实行'两票制';原则上药品流通企业为民族贫困边远地区公立医疗机构和其他地区基层医疗机构配送药品,允许在'两票制'基础上再开一次药品购销发票。"其特色是文件后有一个附件,在附件中明确了民族贫困边远地区公立医疗机构的具体范围是:阿坝州12个县,甘孜州17个县,凉山州11个县(以上均列出具体县名称),绵阳市的北川县和乐山市的马边县,共计42个县。这样的规定可执行度比较高,避免了很多的"擦边球"事件的发生。

(十)湖南省

(1) 2017年3月31日,湖南省深化医药卫生体制改革领导小组办公室、湖南省卫计委发布《湖南省公立医疗机构药品采购"两票制"实施方案（试行）》（湘医改办发〔2017〕1号），自2017年4月1日起执行，2017年9月30日前为过渡期。

（2）湖南省"两票制"实施方案基本与国家版相同。

（十一）宁夏回族自治区

（1）2017年1月3日，宁夏回族自治区人民政府办公厅发布《促进医药产业健康发展的实施方案》（宁政办发〔2017〕5号），明确提出："推动大型配送企业建设药品流通配送网络，充分发挥邮政等物流行业服务网络优势，提高基层和山区药品供应保障能力。""全面推行药品采购及流通领域'两票制'和高值耗材集中采购，切实降低虚高药价，为医疗服务价格调整腾出空间。"宁夏回族自治区是全国首家在药品配送领域引入第三方物流——中国邮政物流，且官方文件予以明确的自治区（省）。

（2）2017年2月10日，自治区人民政府办公厅发布《关于2017年自治区政府工作报告和经济工作会议任务分工的通知》（宁政办发〔2017〕1号），通知指出："强化医德医风建设，坚持医疗、医保、医药联动，推行药品'两票制'，提升医疗服务质量、降低群众就医成本。"

（3）2017年2月14日，宁夏回族自治区卫计委办公室发布《关于印发2017年全区药品供应保障工作要点的通知》（宁卫计办发〔2017〕43号），要求"2017年实现我区新一轮公立医疗机构招标采购药品、议价谈判采购药品、基础输液和国家定点生产药品'两票制'管理"。

（十二）重庆市

（1）2016年12月30日，重庆市卫计委和重庆市发展和改革委员会等机构印发《重庆市公立医疗机构药品采购"两票制"实施方案（试行）》（渝卫药政发〔2016〕92号），自2016年12月31日起执行。重庆版本的特点如下。

1）2017年5月31日前为过渡期。2017年6月1日起，全市所有公立医疗机构正式全面实施"两票制"。

2）建立和利用药品交易所作为平台执行"两票制"。鼓励公立医疗机构与药品生产企业通过重庆药品交易所结算平台直接结算货款。重庆药品交易所要于2017年5月底前完成药械交易信息全程追溯体系暨医药智能物流公共信息服务平台的系统建设。全市各级公立医疗机构及其药品配送企业要于2017年12月底前与该系统分批实现互联互通，实现通过批次号查询在生产企业与经营企业、经营企业与经营企业、经营企业与医疗机构之间的药品流向信息。同时,鼓励和推进生产企业与经营企业之间通过药交所平台进行药品交易和货款结算。

3)全市所有公立医疗机构(含基层医疗机构,村卫生室药品由乡镇卫生院代购)药品采购全部实行"两票制"。

4)药品生产企业是保障药品质量和供应的第一责任人。药品生产企业必须在生产企业所在地税务部门领取发票。

5)公立医疗机构要选择网络体系全、质量信誉好、配送能力强的药品流通企业开展配送工作。配送企业数量应进行合理控制。建立优胜劣汰的动态管理机制,提高配送集中度,促进医药流通市场优化整合。

(2)2017年8月2日,重庆市食品药品监督管理局发布《重庆市药品生产流通企业执行"两票制"监管办法》和《重庆市药品生产流通企业执行"两票制"负面清单》。其负面清单共有6项。

1)禁止违反"两票制"票数规定购销药品。

2)禁止非法渠道购销药品。

3)禁止药品生产流通企业销售药品时不按规定开具发票、药品流通企业购进药品时不主动向生产企业索要发票。禁止出现药品购销中证、票、账、货、款不一致的情况。

4)禁止弄虚作假,掩盖违反"两票制"的行为。

5)禁止拒绝或逃避监管部门对"两票制"执行情况监督检查。

6)禁止其他不符合"两票制"规定的行为。

(十三)广东省

(1)2016年9月14日,广东省人民政府办公厅发文《广东省人民政府办公厅关于印发广东省促进医药产业健康发展实施方案的通知》(粤府办〔2016〕96号)。文件明确如下内容。

1)鼓励药品流通企业通过整合现有药品流通资源,发展现代医药物流企业。鼓励大中型流通企业从事第三方医药物流,提高医药行业运输的集中度。

2)加快推进使用无线射频、无线通信、全球定位、温度传感等物联网技术和自动化拣选、分拣设备,不断提高流通效率,降低流通成本。

3)加快建设省公共资源交易平台,2017年底前完成省药品交易系统与省公共资源交易平台对接工作。优化药品购销秩序,压缩流通环节,自2017年起,稳步推行生产企业到流通企业、流通企业到医疗机构"两票制"和药品耗材采购院长负责制。

(2) 2017年2月6日,《关于公开征求〈广东省食品药品监督管理局关于进一步明确药品现代物流及药品委托储存、配送有关事项的通知〉(征求意见稿)意见的通告》发布,其要点如下。

1) 此通知是为解决药品生产、经营企业在药品委托储存、配送过程中存在的困难与问题而制定的,进一步助推"两票制"规范有序执行。

2) 鼓励有实力并具有现代物流基础的社会物流企业(社会物流是指不具有药品经营许可相关资质的物流企业)开展药品物流服务。开展药品现代物流服务的社会物流企业必须符合《广东省药品现代物流技术标准》。

3) 受托方开展药品现代物流业务时应符合GSP等规定要求,并接受委托方定期审计及监管部门的检查。对委托方,重点检查是否存在在监管部门准许以外的场所储存药品、超范围经营、"走票""挂靠"等行为;对受托方,重点检查是否按照GSP要求收货、验收、储存、养护、出库、运输、退货、召回等,计算机系统是否无缝对接以及是否存在与委托方采取单纯租赁仓库的形式储存药品等情形。

4) 省外药品生产企业或科工贸一体化的集团型企业设立的仅销售本企业(集团)药品的全资或控股商业公司(全国仅限1家商业公司)、省内药品生产企业在外省设立的全资药品批发企业、境外药品国内总代理的药品批发企业(全国仅限1家国内总代理)可视同药品生产企业。

5) 2016年2月3日,国务院印发《关于第二批取消152项中央指定地方实施行政审批事项的决定》(国发〔2016〕9号),决定取消从事第三方药品物流业务批准等7项中央指定地方实施的食品药品行政审批事项。虽然取消对第三方物流进行药品配送的行政审批,但并不降低对药品物流运输的要求,因此制定《广东省药品现代物流技术标准》。药品现代物流即依托专业化现代化物流设备、技术和信息管理,通过第三方物流服务体系,优化药品供销配送环节中的验收、存储、分拣、配送等作业过程,降低医药物流运营成本,提高服务能力和水平,实现医药物流管理和作业的规模化、集约化、规范化、信息化、智能化。药品现代物流企业应当承担起药品追溯体系建设的主体责任,采用信息化手段对其整个经营活动如实记录,保证经营过程中数据的真实、准确、完整和可追溯。

(十四) 湖北省

2017年6月21日,湖北省医改办等8部门联合印发《关于印发全省公立医疗机构药品采购"两票制"实施方案(试行)的通知》。该通知确定自2017年6月9日起,在全省所有公立医疗机构(含政府办乡镇卫生院、社区卫生服务中心,村卫生室药品可由乡镇卫生院代购)药品采购启动实施"两票制",并鼓励其他医疗机构药品采购实行"两票制"。与国家版本唯一不同的是增加了"药品上市许可持有人合规委托负责药品销售的生产企业或经营企业,可视同生产企业。"2017年12月31日前为实施"两票制"的过渡期。允许药品生产、流通企业和公立医疗机构在过渡期内消化库存、调整并重构药品供应链体系;公立医疗机构在药品供应体系调整到位前,可按原渠道采购药品。2018年1月1日起,湖北全省公立医疗机构正式全面实施"两票制"。

(十五)辽宁省

(1) 2017年4月13日,辽宁省卫计委等部门发布《关于印发辽宁省医疗机构药品集中采购实施方案的通知》(辽卫发〔2017〕27号),要求必须执行药品采购"两票制"。

(2) 2017年4月13日,辽宁省卫计委等部门发布《关于印发辽宁省公立医疗机构药品采购"两票制"实施细则(试行)的通知》(辽卫发〔2017〕29号),辽宁方案与国家版本基本相同。2017年6月1日启动实施"两票制",2017年9月1日全省公立医疗机构全面实施"两票制"。

(3) 2017年7月24日,辽宁省人民政府办公厅印发《辽宁省人民政府办公厅关于进一步改革完善药品生产流通使用政策的实施意见》(辽政卫发〔2017〕77号),强调"坚持以省为单位的网上药品集中采购方向,实行一个平台、上下联动、放管结合、分类采购。"坚持落实"两票制"。

(十六)西藏自治区

2016年10月26日,西藏自治区人民政府办公厅印发《西藏自治区公立医疗卫生机构药品集中采购实施方案(2016版)》(藏政办发〔2016〕93号),要点如下。

(1) 国家卫计委信息平台公布的近3年以来全国各省(自治区、直辖市)最近一期采购中标价格,以及该区采集到的近期外省的中标价格;原则上采集西藏、内蒙古、新疆、青海、云南5省(自治区)。

(2) 优化药品购销秩序,压缩流通环节,在全区范围内推行"两票制"。

(3) 各级公立医疗机构应将药品收支纳入预算管理,并严格按合同约定,完成药品验收入库及网上确认(原则上为3个工作日),及时完成与生产企业的药款结算和支付,确保从交货验收合格到付款时间不得超过30天。

(4) 鼓励医疗机构公开招标选择开户银行,通过互惠互利、集中开设银行账户,由银行提供相应药品周转金服务,加快付款时间,降低企业融资成本和药品生产流通成本。纠正和防止医院以承兑汇票等形式变相拖延付款时间的现象和行为。

(5) 医疗机构有"不执行全区中标价格,进行'二次议价'的",除追究当事人的责任外,视其情节追究主管领导的责任。涉嫌犯罪的,移交司法机关依法处理。

(十七)黑龙江省

(1) 2016年9月29日,黑龙江省深化医药卫生体制改革领导小组发布《关于全面巩固扩大县级公立医院综合改革工作的通知》(黑医改领发〔2016〕4号)。

1) 黑龙江全省63个县(市)域内各级各类公立医院,不论举办主体、隶属关系、医院层级、保障渠道等,全部参加公立医院改革,并完成本文件要求完成的各项工作任务。行业、部门等举办的公立医院,参照政府办公立医院工作任务推进各项改革。

2) 压缩药品耗材水平。公立医院药品采购执行"两票制",高值医用耗材按照省里要求统一集中采购。

(2) 2017年3月20日,黑龙江省深化医药卫生体制改革领导小组办公室,黑龙江省卫计委等部门发布《关于深入推进同级医疗机构检验结果互认实行检验检测试剂采购"两票制"的通知》(黑医改办发〔2017〕2号),这是全国第一个对检验检测试剂采购执行"两票制"的省份。

(3) 2017年9月1日起,全省所有公立医疗机构(含基层医疗机构,村卫生室药品由乡镇卫生院代购)药品采购将全部实行"两票制",并鼓励其他医疗机构药品采购推行"两票制"。黑龙江省的"两票制"基本与国家版本相同。

(十八)山西省

2017年4月20日,山西省深化医药卫生体制改革领导小组办公室、山西省卫计委、山西省发展和改革委员会、山西省食品药品监督管理局等部门联合发布《关于印发〈山西省推行公立医疗机构药品采购"两票制"实施方案(试行)〉的通知》(晋医改办发〔2017〕27号),2017年5月1日起启动实施"两票制",2017年7月31日前为过渡期。过渡期内,生产企业应充分综合考虑医疗机构原有配送渠道等因素,确定委托配送关系,2017年8月1日起,全省公立医疗机构采购药品全面实行"两票制"。与国家版本相比，山西版本更为严格，主要体现如下。

（1）全省所有公立医疗机构和政府办乡镇卫生院、社区卫生服务中心采购的所有药品原则上全部实行"两票制"，村卫生室药品继续由乡镇卫生院代购。鼓励支持生产企业与公立医疗机构直接结算货款，生产企业与流通企业只结算配送费。鼓励支持实行城乡药品一体化配送，通过提高配送集中度，逐步实现城乡全面"两票制"。鼓励支持生产企业直接向医疗机构配送药品，实现"一票制"。

（2）在公立医疗机构药品采购中推行"两票制"后，所有药品生产企业和可视为生产企业的经营企业参与山西省药品集中招标或挂网，必须承诺并严格执行"两票制"，否则，招标类药品中标资格无效，挂网类药品取消挂网资格。

（3）药品生产企业或可视为生产企业的经营企业，不得委托科技公司、咨询公司等非药品经营企业在山西省推广销售药品，不得向这类企业支付费用变相"洗钱"和增加药品销售环节。本规定实际上将在全国绝大多数省份都视为合规的合同销售组织（contract sales organization，CSO）在山西省视为不合规。

CSO是指生产企业将产品销售服务外包给专业机构来完成，生产企业只在营销决策上进行监督和管理，并规定和取得营销活动的既定收益。通过此种模式，生产企业可规避一定的前期市场风险，节约销售团队建设及管理等费用，以较低的成本获得较大的市场收益。

实施"两票制"后，大批小分销商、居间人被挤出流通环节，但是这些人长期从事药品推广，手握药品进医院的渠道，在公立医院改革未全部落地的情况下，药品进医院销售惯性模式仍未改变，需求仍在。在这种情况下，不论是药企还是被挤出的经销商，都在寻求生存之路，而CSO就成了他们的"救命稻草"。兴起于国外高端医药市场的CSO，是药品创新研发发展到一定阶段专业化、细分化的结果。CSO要具备足够的专业能力，对业务人员的专业性要求很高，需要有医药专业背景，能够开展高端学术营销。但我国医药界新近流行的CSO，多是由代理商转化而来的咨询公司或科技公司，他们为企业提供市场调研、广告等服务并向企业开具服务发票，并无真正的销售行为，也没有GSP资质，并不是完全意义上的CSO，更接近于单纯的商业性服务提供商（commercial service provider，CSP）。CSO成为医药界"热词"，是在国家推行"两票制"之后，上万家CSO在全国遍地开花。

(十九) 上海市

2017年6月30日,上海市人力资源和社会保障局、上海市医疗保险办公室、上海市卫计委、上海市发展和改革委员会、上海市食品药品监督管理局、上海市国家税务局等部门联合发布《关于印发上海市公立医疗机构药品采购"两票制"实施方案(试行)的通知》(沪人社医〔2017〕246号),文件规定上海市公立医疗机构药品采购"两票制"工作自本实施方案公布之日起实施,到2017年底全市所有公立医疗机构实现药品采购"两票制"。为实现新旧制度的平稳过渡,上海市大型流通企业要率先将配送到公立医疗机构的药品达到"两票制"规定要求,其他流通企业在年底前逐步调整到位。上海市的"两票制"方案与国家版本基本相同。

(二十) 贵州省

2017年5月3日,贵州卫计委直接转发国家版医药"两票制"文件,直接执行国家版医药"两票制"文件。

(二十一) 河北省

2017年6月1日,河北省卫计委发布《关于印发〈河北省公立医疗机构药品采购推行"两票制"实施方案(试行)〉的通知》(冀医改办〔2017〕2号),自印发之日起实施,2017年11月1日前为过渡期。具体方案内容与国家版基本相同。

(二十二) 总结

2017年10月16日,西藏自治区出台药品集中采购"两票制"实施办法中,明确将于2018年1月1日前实施"两票制",条件允许的可提前实施;公立医院改革试点城市要在2017年年底前推行"两票制"。至此,全国最后一块"两票制"空白被填上——31个省、自治区、直辖市在实施时间上,已经完全明晰。自2017年4月6日国务院常务工作会议决定实施"两票制"以来,该政策的出台超过市场预期,截至2017年10月16日,全国各地均出台了"两票制"方案、征求意见稿或者明确实施计划,2017年10月已有福建、安徽、重庆、青海、陕西、山西、宁夏、辽宁、天津、黑龙江、四川、广西(试点城市)12个省(自治区、直辖市)进入正式实施阶段,其中,陕西、青海两省同时把药品、耗材纳入"两票制"实施范围。进入2017年11月,吉林、湖南、甘肃(三级医院)、云南(省级医院及试点城市三级医院)等4省进入实施阶段。其中,湖南省从4月份开始经历了6个月的过渡期,已经有一定的实施基础,部分偏远县及乡镇可以在两票的基层上增加一票。接下来,海南、河北、浙江、内蒙古、山东5省(自治区)从2017年12月开始正式执行"两票制"。其中,海南省可能是全国对生产企业界定最为宽松的省份(可按品种来界定),而浙江省的界定则最为精细、考虑周全,河北、内蒙古、山东3省的实施范围由小变大逐渐拓展到全省。此外,上海、北京、河南、江西4省(直辖市)在2017年12月31日前实施。江苏、贵州两省的实施节奏与药品招标采购保持一致,符合市场实际,便于厂商及医疗机构采购供应。

第三章
"两票制"试行中存在的问题

一、医疗机构执行"两票制"过程中存在的问题

(一)相关人员执行"两票制"积极性不高

1. "零加成"政策执行不到位挫伤医疗机构药事人员积极性　医疗机构药事人员主要是具有药师或执业药师职称的药学专业技术人员,与临床医师具有平等地位,依靠个人的药学专业知识为患者和临床医师服务。具体来讲,具有以下职能:处方核对、调剂、配药、发药、监测药物治疗、为医师提供药品信息、为患者提供处方咨询、患者教育、药物储存、患者用药记录、全面药物评估、处方点评及临床血药浓度监测等,当然也包含药物采购、入库、储运和分发等。

在国外医疗机构的药事人员工作价值主要体现在对相关服务收取对应的药事服务费,药事服务费是支付给药师或药房提供专业服务的费用。在我国主要体现在对药品销售给患者时的价格加成上,按国家规定一般为15%。如一种药品医院的采购价格为20元,卖给患者时一般不高于23元。2009年,新一轮医改以来,国家一直把取消"药品加成"作为破除"以药补医"机制的切入点和突破口。2011年,在所有政府办的基层公立医疗机构取消了药品加成,2015年,在县级公立医院全部取消了药品加成,2016年,200个公立医院综合改革试点城市全部取消了药品加成,2017年,在全国范围内全面取消了药品加成。按照改革要求,取消的药品加成部分改由药事服务费、政府财政补贴两部分构成,药事服务费可以纳入医保报销范围,不增加患者负担。但是大部分区域由于没有具体可以执行的政策细则而没有收取药事服务费,政府对药事服务的财政补贴到位程

度各地也参差不齐。这些都导致了医疗机构药事人员的劳动价值不能得到应有体现,同时医院药剂科由原来可以给医院创造价值的部门沦落为医院单纯的成本部门,这严重影响了医疗机构药事人员的地位和工作积极性。

2. "两票制"增大工作量　按照"两票制"的要求,医疗机构在药品验收入库时,必须验明票、货、账三者一致方可入库、使用;要向配送药品的流通企业索要、验证发票;要求流通企业出具加盖印章的由生产企业提供的进货发票复印件,两张发票的药品流通企业名称、药品批号等相关内容互相印证。由于一般大医院的药品采购品种和规格少则3 000~5 000种,多则1万余种,常规上每月都要采购,几乎每天都会有额外的补充应急采购要求。因此,每月面对的发票和随货同行单以及生产厂家的发票盖红章的复印件等单据不下10万份,这些额外增加的工作大大增加了工作强度。在医疗机构药事人员的地位和工作积极性已经不高的情况下,执行"两票制"无疑是在不高的工作积极性上雪上加霜。

3. 财务人员执行"两票制"积极性不高　按照"两票制"的要求,医院的财务部门向药品配送企业付款时:要向配送药品的流通企业索要、验证发票,要求流通企业出具加盖印章的由生产企业提供的进货发票复印件,两张发票的药品流通企业名称、药品批号等相关内容互相印证,且作为公立医疗机构支付药品货款凭证,纳入财务档案管理,每个药品品种的进货发票复印件至少提供一次。在正常付款审核的基础上每次要多审核大量的"两票制"文件资料无疑大大增加了医院财务人员的工作量,在没有给医院带来额外收益的情况下也自然降低了医院和具体操作的财务人员的工作积极性。

4. 管理人员执行"两票制"积极性不高　2016年12月26日,国务院医改办会同国家卫计委等8部门联合印发了《关于在公立医疗机构药品采购中推行"两票制"的实施意见(试行)的通知》(国医改办发〔2016〕4号),2017年2月9日,《国务院办公厅关于进一步改革完善药品生产流通使用政策的若干意见》(国办发〔2017〕13号)。这两个文件的下发意味着"两票制"成为国家的政策性要求,但并无其相应的配套文件。另外,这些文件不是条例规章,更没有上升到国家法律的层面。政策规定:"卫生计生、中医药行政部门要加强对公立医疗机构执行'两票制'的监督检查,对索票(证)不严、'两票制'落实不到位、拖欠货款、有令不行的医疗机构要通报批评,直到追究相关人员责任。"由于医疗机构是药品流通的最终终端,药品货款由医院支付给医药公司后完成了药品的流通流程,因此医疗机构成为执行和监督检查"两票制"政策的最重要关口。对于医疗机构来说由于"两票制"的推行,这个新增加的责任或任务显然没有带来益处,因此只是出于完成任务而执行"两票制"的相关规定,那么医疗机构的管理人员对"两票制"的推行有抵触情绪就不难理解了。

(二) 执行"两票制"的硬件基础不足

1. 恒温恒湿的档案用房不足　按照药品管理的法规要求和"两票制"的新增要求,与药品采购有关的资料,如招标投标的价格和质量资料,采购票据资料,随货同行单,药品生产和流通企业的资质资料,流通企业开具的"第一票"的复印件(需要盖红章)等,这些材料要根据药品性质与分类保存到药品有效期结束后2年甚至5年以上的时间。因此医疗机构需要一定面积的恒温恒湿的档案用房。在医疗机构用于储存药品的恒温恒湿的库房都严重不足的情况下要挤出空间放置和翻阅审核执行"两票制"的文件的恒温恒湿档案用房有较大的难度。

2. "两票制"验证设备不足　医疗机构执行"两票制"时需要验证:生产厂家的销售发票和出库单或随货同行单的复印件(盖红章);流通企业的销售发票和出库单或随货同行单原件,单据上需盖对应的公章、财务专用章、出库章等合法有效的印章;药品生产企业或科工贸一体化的集团型企业设立的仅销售本企业(集团)药品的全资或控股商业公司(全国仅限1家商业公司)、境外药品国内总代理(全国仅限1家国内总代理)可视同生产企业的证明(盖红章);药品流通集团型企业内部向全资(控股)子公司或全资(控股)子公司之间调拨药品可不视为一票但需相应的证明和内部调拨产生的发票和随货同行单的复印件(盖红章)。要验证这些发票、随货同行单、证明或承诺书的内容匹配程度和真伪不仅仅需要人工肉眼一一识别比对,更需要上网进行扫描比对,因此需要配置相应的电脑设备、手持扫码设备和扫描仪器。

(三) 执行"两票制"的软件基础不足

1. 人员和专业管理人才不足　医院药剂科和财务科等部门正常都是"一个萝卜一个坑",按编制和工作量安排人员,为执行"两票制"而骤然增加的工作量明显面临人员短缺的问题。另外,对药品及相关资料的管理、保存和利用都需要专业的管理人才,既需要具有医药学的专业知识,又需要有物流信息管理等方面的知识和经验,这样的复合型人才更加紧缺。

2. 各平台不能互联互通　医院药品器械电脑管理系统与配送企业、

生产企业、税务系统、药监系统和省级药品器械综合招标采购平台不能互联互通,对发票和随货同行单不能进行电子比对。即使部分平台可以连通,但由于使用权限不同,授权登录的范围不同,很难及时准确处理每天产生的大量单据。文件鼓励有条件的地区使用电子发票,通过信息化手段验证"两票制",但所谓"有条件的地区"几乎没有,通过信息化手段验证"两票制"更是难上加难。

3. 对药品来源不能进行追溯　2007年12月4日,国家质检总局在《关于贯彻〈国务院关于加强食品等产品安全监督管理的特别规定〉实施产品质量电子监管的通知》(国质检质联〔2007〕582号)中,决定对纳入工业产品生产许可证和中国强制性产品认证(China compulsory certification, CCC)管理的重点产品实施电子监管"。国家食品药品监督管理总局强制推行"药品电子身份证"监管制度,要求列入重点药品的生产、经营企业于2008年10月31日前完成赋码入网,未使用药品电子监管码统一标识的,一律不得销售。国家食品药品监督管理总局强制推行的电子监管码系统有以下特征:一件一码,对每件产品唯一识别、全程跟踪,实现了政府监管、物流应用、商家结算、消费者查询的功能统一;数据库集中存储动态信息,监管网对产品动态信息实时集中存储在超大规模监管数据库中,同时满足了生产、流通、消费、监管的实时动态信息共享使用需求;全国覆盖。由于产品一地生产、全国流通销售的特点,只有做到全国统一、无缝覆盖的系统网络平台才能满足全程监管的要求;全程跟踪,监管网对产品的生产源头、流通消费的全程闭环信息采集,具备了质检、工商、商务、药监等各相关部门信息共享和流程联动的技术功能,为实现对产品的质量追溯、责任追究、问题召回和执法打假提供了必要的信息支撑。

2016年1月1日起,电子监管药品种类从特殊药品、基础药品扩展至所有药品,监管范围从生产企业扩展至药品零售企业,且按照国家食品药品监督管理总局的要求,凡是未达到新修订的药品GSP标准的药品经营企业,一律停止药品经营活动。但是,国家食品药品监督管理总局强制推行的药品电子监管码制度引发药品零售行业反对。主要原因是:此系统不能制止假药劣药;建设该系统增加企业负担;企业担心产品所有流向暴露给竞争对手等。2016年1月25日,湖南养天和大药房企业集团有限公司因不满国家食品药品监督管理总局强推药品电子监管码,将其诉至法院,请求法院"确认国家食品药品监督管理总局强制推行电子监管码的行政行为违法;判令国家食品药品监督管理总局立即停止违法行为;对国家食品药品监督管理总局制定的《药品经营质量管理规范》中关于药品电子监管的条款之合法性进行审查"。养天和大药房企业集团状告国家食品药品监督管理总局的主要原因就是因国家食品药品监督管理总局发布的2015年第1号公告,强制要求药企实施药品电子监管,对加印药品电子监管码的药品"见码必扫"。2016年2月5日,受理该案的北京市第一中级人民法院以"诉讼请求不在法院行政诉讼的受案范围"为由,裁定不予立案。2016年2月20日,国家食品药品监督管理总局网站发布《关于暂停执行2015年1号公告药品电子监管有关规定的公告》,该公告指出将暂停执行国家食品药品监督管理总局《关于药品生产经营企业全面实施药品电子监管有关事宜的公告》(国食药监办〔2015〕1号)中药品电子监管的有关规定。此后,修订工作将药品电子监管系统调整为药品追溯体系,以突出企业自主建设的主体责任,并取消强制执行电子监管码扫码和数据上传的要求。国家食品药品监督管理总局采取积极态度,主动停止执行被企业在合法性、合理性、必要性、经济性、有效性等方面都质疑存在严重问题的电子监管码制度。由此,国家食品药品监督管理总局强制推行的药品电子监管码系统终止运行,转向由药品生产经营企业或社会第三方自主建设运行的药品追溯系统。

国家食品药品监督管理总局强制推行的药品电子监管码系统原由阿里健康旗下子公司河北慧眼医药承担,该系统被叫停后,2016年6月中旬阿里健康遂决定建设开放、市场化的第三方追溯平台"码上放心",继续利用其在追溯体系建设领域的经验和技术能力,与监管部门、药品企业、行业组织、第三方技术服务商以及公众一起,构建一个杜防假药的追溯生态系统,新平台将完全兼容"中国药品电子监管码"的技术标准,同时为原中国药品电子监管网上的医疗机构和药品企业免费提供入驻新平台的服务。在未来3年内,阿里健康免去向入驻企业收取发码、流向查询等基础追溯服务的费用,仅会收取数据存储、接口调用等技术支撑费用。阿里健康的"码上放心"可以协助经销商记录或标识其购进的产品,掌握其产品购进来源和销售去向,满足国家和地方监管需求,并帮助企业精细化管理。

制药和流通企业加装电子监管码系统硬件投入在数万元之间,算上人工运营费用,实际上每年花费不小,然而收益却是有限的,对最受关心的安全问题来说,一旦出现问题可以通过生产批号等召回,无须电子监管码亦可。而电子监管码一个非常"意外"的效果是能够反映企业的进销存数据,如果此数据掌握在商业公司手中,对企业之间的竞争实际上是有决定性作用的。因此,一批以连锁药店为主的企业反对药监码。根据国家颁布的《药品经营质量管理规范》,"企业应当建立能够符合经营和质量管理要求的计算机系统,并满足追溯的要求",主体责任被划归到药企,而药企要么选择自建系统,要么选择与阿里健康这样的平台型企业合作,商业化的电子监管系统开始来临,阿里健康上线的"码上放心"本质上还是原来的药品电子监管码系统,就成为目前国内最大的药品溯源系统。但是该系统由完全的商业化第三方阿里健康来运营,药品生产企业、流通企业和医疗机构可以参加,也可以不参加,由于参加也不能带来很大的经济收益,因此有大量的企业选择不参加,医疗机构更没有动力参加药品追溯系统了。当医疗机构不能对所采购的药品进行追溯时,对实施"两票制"的监管就会非常困难了。

(四)对医疗机构监管政策不明确

(1)政策规定"卫生计生、中医药行政部门要加强对公立医疗机构执行'两票制'的监督检查,对索票(证)不严、'两票制'落实不到位、拖欠货款、有令不行的医疗机构要通报批评,直到追究相关人员责任。"但对所谓的"相关人员"如何界定,违规行为如何分级,如何处罚都没有明确可操作的指南。因此,其威慑力和执行力就会不强。另外,卫生计生委、食品药品监督管理部门、税务部门等有关机构的核查以抽查为主,会挂一漏万,有些医疗机构的相关人员抱着侥幸的心态面对飞行检查或抽查也在所难免。

(2)由于执行"两票制"对医药流通企业产生巨大的冲击,大批中小型医药公司面临破产倒闭、转型或兼并重组,在医药行业这种转型重塑期间其向医疗机构的稳定供货必将受到影响,特别是用于急危重症和小病种抢救治疗的小用量和低价格药品面临断货的危机,关键时刻会危及到患者的生命。因此,"两票制"推行过程中的试行期或过渡期要仔细考量。另外,为避免部分紧缺药品断货,医疗机构要增加药品供应商的数量,也就是要对医药配送企业多开户,但多开户必然增加资质审核,采购订单和付款等新增的工作量。目前,一般医院对新的商业公司的开户都需要经过一定的公开程序,由于要医院主管领导甚至"一把手"点头,存在一定的"收租"或"暗箱操作"嫌疑,所以一般医院为避嫌是不愿意增加新的商业户头的。另外,按照各省(自治区、直辖市)不同的政策,增加供应商的难易也不同,有的省(自治区、直辖市)要求三级医院的药品供应商不能超过一定数量,新增的药品供应商要通过招投标的方式选择等。因此,执行"两票制"短期内对医疗机构的药品供应将造成一定影响。

二、流通企业执行"两票制"过程中存在的问题

(一) 举例

安徽某医药集团有限公司执行"两票制"过程中遇到的问题。

(1) 2016 年 9 月 29 日,安徽省食品药品监督管理局与安徽省卫计委等部门发布《安徽省公立医疗机构药品采购推行"两票制"实施意见》(皖食药监药化流〔2016〕37 号),于 2016 年 11 月 1 日起执行"两票制"。2017 年 3 月 29 日,安徽省食品药品监督管理局与安徽省卫计委等部门发布《关于开展公立医疗机构药品采购推行"两票制"执行情况专项检查督查的通知》(皖食药监药化流秘〔2017〕160 号),对"两票制"的执行情况进行专项检查,但检查结果没有对外公布。2017 年 6 月 2 日,安徽省食品药品监督管理局发布《安徽省食品药品监督管理局关于开展公立医疗机构药品采购推行"两票制"执行情况调研的通知》,对"两票制"的执行情况进行调查研究。从发文情况来看,安徽省对"两票制"推行过程中遇到的情况进行总结以完善政策。

(2) 安徽某医药集团有限公司执行"两票制"后客户变化情况对比见图 3-1。

(3) 从图 3-1 可以看出安徽某医药集团有限公司执行"两票制"前后遇到的问题。

1) 由于 2017 年 1~6 月是安徽"两票制"执行的初期阶段,基本处在"摸着石头过河"的试行期,企业在上游着手减少从医药流通企业的进货,增加从药品生产企业的进货,同时在下游减少对医药流通企业的销售,增加对医院药店等终端市场的销售。总的来说安徽某医药集团有限公司大大减少了调拨业务,减少了总的业务收入,对企业的发展有负面影响。

2) 安徽某医药集团有限公司执行"两票制"后经营的药品从品种到规格都有不小的减少,直接导致了下游客户因品规的不全而减少,这对于公司长远发展来说是不利的。

(二) 流通企业执行"两票制"存在的普遍问题

(1) 由于"两票制"要求医药流通企业直接从药品生产企业进货,直接卖给医疗单位,因此大量依靠中间调拨业务为主,终端销售为辅的医药流通企业的业务迅速萎缩,这些企业面临倒闭或被兼并或转型的困境,相关的人员也面临失业下岗或转型的难题。

(2) 由于终端医院、诊所和药店面广量大,要求也千差百异,因此处于

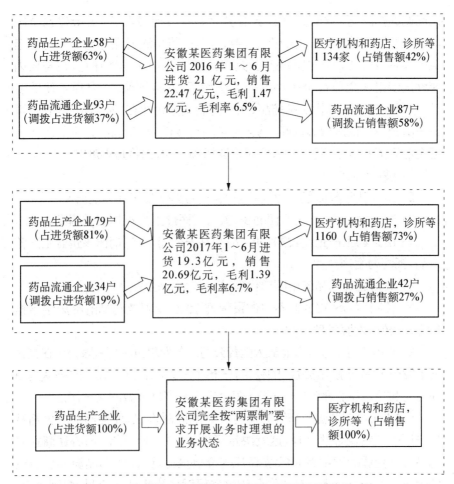

图3-1　安徽某医药集团有限公司执行"两票制"前后对比

中间环节的医药流通企业往往要置备的药品库存品种和规格少则3 000～5 000种,多则近万种,如果全部从药品生产厂家进货,而一个药厂出于专业专长的需要往往生产的品种和规格仅有几十种,那么一个药品流通企业就要从数百甚至上千个药品生产企业进货,很显然对于目前中国大量的中小型医药流通企业来说无论是从经济实力还是人员、库容等来说都是几乎不可能完成的任务。

（3）"两票制"规定："药品生产企业或科工贸一体化的集团型企业设立的仅销售本企业（集团）药品的全资或控股商业公司（全国仅限1家商业公司）、境外药品国内总代理（全国仅限1家国内总代理）可视同生产企业。药品流通集团型企业内部向全资（控股）子公司或全资（控股）子公司之间调拨药品可不视为一票,但最多允许开一次发票。""支持建设全国性、区域性的药品物流园区和配送中心,推进药品流通企业仓储资源和运输资源有效整合,多仓协同配送,允许药品流通企业异地建仓,在省域内跨地区使用本企业符合条件的药品仓库。""为特别偏远、交通不便的乡(镇)、村医疗卫生机构配送药品,允许药品流通企业在'两票制'基础上再开一次药品购销发票,以保障基层药品的有效供应。"因此,大量的医药流通企业只能有以下几种出路,但无论选择哪一种,都将是艰难的。

1)破产倒闭。

2)由大型医药流通企业兼并重组,成为其分公司或异地仓库。

3)专门为偏远、交通不便的乡(镇)、村医疗卫生机构配送药品。

4)由医药生产企业收购控股,成为其子公司,专门销售该企业生产的产品,视同为生产企业。

5)成为进口药品的全国总代理,视同为生产企业。

6)转制为 CSO 公司,不再做贸易型企业,专职做药品的临床学术推广工作,转型为服务型企业。

2016 年 6 月 19 日,粤北最大医药公司广东为尔康医药有限公司在其官网上发布了"关于解散公司"的公告,宣布了公司的正式倒闭。这被认为是在当前的"两票制"严政"压迫"下,药企生意越来越难做的又一例证[①]。

(4)"两票制""营改增"与"零差价"[②]的同时推进,促使药品的价格从生产厂家开始就必须高开,这就决定了处于中间环节的医药流通商业对药品生产企业的回款就必须按高开的价格进行,因此对药品流通企业的资金压力就非常巨大。公立医院的付款周期最快也要 3 个月,慢则半年。部队系统的医院,回款周期更长,至少 6 个月以上,9 个月能回款都属于正常范围。越是大型的医院,拖欠药款的现象越明显。医经流通企业的资金被医疗机构占压,企业采用银行贷款进行经营活动,加大了企业财务费用负担[③]。同时"零差价"政策导致医疗机构采用"东边不亮西边亮"的策略,在省级药品招标价格的基础上推行"二次议价"[④],因此"两票制"的推

---

① 两票制下的亡魂,医药流通大佬宣布破产. http://www.pharmadl.com/read/news/124295/info.html.

② 营改增:营业税改为增值税;零差价:医疗机构按照从医药流通企业购进药品的价格直接卖给患者,没有差价。

③ 卢明福. 新医改背景下福建医药流通企业发展策略研究[D]. 福建:福州大学,2013.

④ 二次议价是指医疗机构在省级药品集中招标的基础上,对中标药品进入医院采购之列时,进行再一次杀价。

行加大了医药流通企业的财务负担,加重了企业的经营困难。

(5) 医药流通企业执行"两票制"规定后,相比之前需要另外提供的资料如下。

1) 流通企业出具加盖印章的由生产企业提供的进货发票复印件和随货同行单的复印件,每个药品品种的进货发票与随货同行单复印件至少提供一次。

2) "两票制"承诺书一份,盖红章。

3) 验证生产企业的发票和随货同行单并负责核对购、销方名称,药品的品种、规格、数量,发票(以及清单)的购、销方名称应当与随货同行单、付款流向一致、金额一致,做到票、货、账相符。

4) "药品生产企业或科工贸一体化的集团型企业设立的仅销售本企业(集团)药品的全资或控股商业公司(全国仅限1家商业公司)、境外药品国内总代理(全国仅限1家国内总代理)可视同生产企业。"对于视同生产企业的药品流通企业的资质和条件及开具的证明和"两票制"承诺书进行审核和验证。

5) "药品流通集团型企业内部向全资(控股)子公司或全资(控股)子公司之间调拨药品可不视为一票,但最多允许开一次发票。"对于不视为一票的企业的资质、票据和证明材料及承诺书进行审核和验证。

以上这些新增加的工作量无疑需要一定的人员去承担,增加了工作流程和沟通成本,降低了工作效率,同样加重了医药流通企业的负担。

三、生产企业执行"两票制"过程中存在的问题

(一) 举例

上海某制药公司执行"两票制"过程中遇到的问题。

(1) 上海某制药有限公司在安徽省执行"两票制"后客户的变化见表3-1。从表3-1可以看到,2016年1~6月上海某制药有限公司在安徽省的药品分销业务由5家比较大的公司承接,由它们再向其下的二级医药配送企业分销,并最终全面覆盖整个安徽省的医疗市场。为了执行"两票制",2017年1~6月上海某制药有限公司为了覆盖原来已经占领的安徽医疗市场,开户的商业公司数量已经从原来的5户增长到34户,新增开户29户。而且这29户基本是原来5户的二级分销客户,也即原来29户二级分销商变为了一级经销商。

表 3-1 上海某制药有限公司安徽市场"两票制"前后客户对比

2016年1~6月客户		2017年1~6月客户		对比
序号	名称	序号	名称	
1	国药控股安徽有限公司	1	国药控股安徽有限公司	
2	安徽天星医药集团有限公司	2	安徽天星医药集团有限公司	
3	安徽九州通医药有限公司	3	安徽九州通医药有限公司	
4	安徽华源医药股份有限公司	4	安徽华源医药股份有限公司	
5	安徽省医药(集团)股份有限公司	5	安徽省医药(集团)股份有限公司	
		6	安徽阜阳医药集团有限公司	2017年1~6月增开客户29户,由原来的5户增加到34户
		7	安徽延生药业有限公司	
		8	安徽海王国安医药有限公司	
		9	安徽省亳州市药材总公司	
		10	安徽乐嘉医药科技有限公司	
		11	安徽华宁医药物流有限公司	
		12	安徽省东华医药科技有限公司	
		13	安徽省宣城市医药有限公司	
		14	安徽颐华药业有限公司	
		15	安徽川洋医药贸易有限公司	
		16	安徽谯陵医药有限公司	
		17	安徽沃尔康药业有限公司	
		18	安徽阜阳医药集团合肥亿加药业有限公司	
		19	安徽国立医药集团有限公司	
		20	安徽伟天药业有限公司	
		21	安徽洲洋医药有限公司	
		22	安徽泰之源健康产业有限公司	
		23	安徽华康医药集团有限公司	

续表

2016年1~6月客户		2017年1~6月客户		对比
序号	名称	序号	名称	
		24	安徽永和药业有限公司	
		25	安徽珍宝岛医药药材贸易有限公司	
		26	安徽华耀医药有限公司	
		27	安徽天禾药业有限责任公司	
		28	安徽省华硕医药有限公司	
		29	安徽华源大众医药有限公司	
		30	安徽省裕鑫药业有限公司	
		31	安徽省恒悦药业有限公司	
		32	安徽新邦医疗科技有限公司	
		33	安徽悦来医药有限公司	
		34	安徽九州红健康产业有限公司	

(2) 根据《药品生产质量管理规范》(GMP)和《药品经营质量管理规范》(GSP)的要求,药品生产企业向药品经营企业销售药品时彼此都要办理首营手续,首营企业(生产企业和经营企业)需要提供的资料(都需加盖企业原印红章)如下。

1) 营业执照、税务登记、组织机构代码的证件复印件,以及上一年度企业年度报告公示情况。

2) GMP认证证书或者GSP认证证书复印件。

3) 《药品生产许可证》或者《药品经营许可证》复印件。

4) 质量体系调查表、合格供货方档案表。

5) 相关印章、随货同行单(票)样式。

6) 开户户名、开户银行及账号。

7) 质量保证协议(需加法人印章或签名,和印章印模一致)。

8) 法人委托书(需有法人印章或签名,与印章、印模一致,要载明授权人姓名、身份证号、销售品种、地域、期限),身份证复印件(正、反两面),委托人学历证明/上岗证。

药品流通企业采购人员和药品生产企业销售人员应当具有药学或者

医学、生物、化学相关专业中专以上文化程度(持有官方认可或颁发的上岗证或许可证),进行药品学术推广(向临床医生提供药品最新知识动态)的医药代表还需要到医疗管理机构进行备案登记。

(3) 根据 GMP 和 GSP 的要求,药品生产企业向药品经营企业销售药品时还需要办理具体药品品种的首营手续,首营品种需要提供的资料(都需加盖企业原印红章)如下。

1)《药品注册批件》或者《再注册批件》《药品补充申请批件》(《进口药品注册证》《医药产品注册证》或者《进口药品批件》)。

2) 质量标准(到期的需提供转正标准)。

3) 最小包装样盒、说明书、标签(生物制品需提供《生物制品批签发合格证》)。

4) 厂检报告。

(4) 上海某制药有限公司在安徽由于"两票制"的原因新增 29 家客户,因此要办理大量的新增客户和品种的首营手续。如果全国同时执行"两票制",为保证原来的销量不下滑和原来的市场不丢失,要新增的客户则是成百上千,需要办理的客户和品种的首营手续则是数以万计。因此,"两票制"的推行大大加重了药品生产企业的负担。上海某制药有限公司为应对"两票制"带来的开户量的大幅增加,质量保证部门增加了 4 个常设工作职位,置备了相应的办公室和办公设备。另外,在 2017 年 1~6 月从其他部门临时抽调了 6 人加班加点帮助质量保证部门处理开户和审核事务。

(5) 上海某制药有限公司在安徽市场的应收账款总量大幅增加,收款难度也大幅增加。在安徽市场原来只与 5 家经销商发生联系,现在要与 34 家客户发生销货回款事宜,一般的回款周期在 90 天左右,因此沉淀的资金较之以前也大幅增加。为应对这种局面,上海某制药有限公司在安徽市场的商务代表的数量也有原来的 1 人增加至 4 人,相应的人员工资和差旅费、通讯费等增加至原来的 4 倍还多,在没有增加效益的情况下,生产企业的负担加重了不少。

(6) 上海某制药有限公司在安徽市场的经营风险明显放大。上海某制药有限公司在安徽市场原来只与 5 家实力强声誉好的经销商合作,现在为应对"两票制"增加了 29 家客户。同时因为"两票制"的推行大量的医药流通企业特别是实力不强声誉不好的中小型企业面临倒闭、被兼并及转型的困境,有的企业可能借此逃废债务,造成大量的应收账款纠纷,个别企业突然死亡或一夜消失也不乏其例。因此,上海某制药有限公司的经营风险明显放大。

(二) 生产企业执行"两票制"存在的普遍问题

(1) 执行"两票制"后生产企业原来在各市场的经分销体系被打破,二级甚至三级分销商变成了经销商,直接开户数量大幅增加导致生产企业的工作量增加(图3-2)。

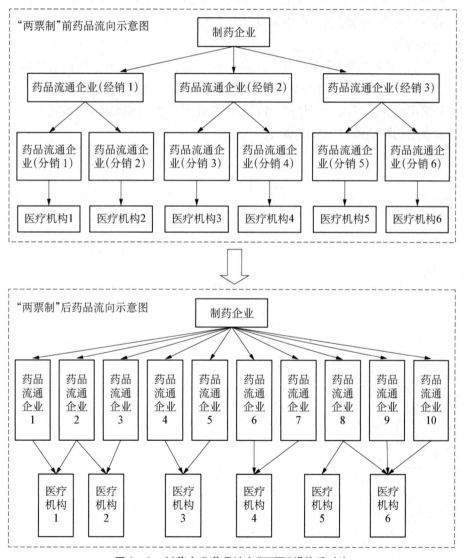

图3-2 制药企业药品流向"两票制"前后对比

（2）执行"两票制"后生产企业直接发货的经销企业数量大增，生产企业的应收账款的数量和风险都有所增加，加大经营的难度。

（3）为贯彻执行"两票制"，生产企业需要加大人力资源的投入，包括行政文员和市场销售业务人员的扩增，导致人事成本和差旅费用增加。

（4）执行"两票制"后由于各省（自治区、直辖市）市场没有能广泛覆盖终端的大型流通企业导致生产厂家大量增加直接发货的经销商，因此药品在向各市场的配送过程中倾向于分散和小规模化，这直接导致了物流成本的上升。

（5）执行"两票制"后由于大部分中间环节被掐断，出厂价格必须抬高。因此，企业虽然销售额短期内有大幅提高，但经营费用、市场费用、财务费用也大幅增加，特别是税务费用和企业所得税大幅增加，寻找抵扣进项费用的增值费发票难度增大。

第四章
"两票制"监管存在的问题

一、"两票制"监管的地方经验

2016年12月8日,国务院医改领导小组发布《深化医药卫生体制改革典型案例》(国医改发〔2016〕3号),在全国范围内推广福建省三明市药品流通的"两票制"经验。

(一)三明市"两票制"的主要做法

1. 采购配送方式　中标产品的配送总责任由生产该品种的企业负责,中标药品可以采取两种采购配送方式:一是由生产企业向医疗机构直接配送(即"一票制"),直接配送的企业需向市医保中心提出申请;二是由生产企业委托有资质的药品流通企业配送,不得再转配送(即"两票制")。

2. 全区域统一配送　配送区域:将三明市12个县(市、区)作为统一的配送区域。配送要求:对每一中标药品品种,不论采取何种配送方式,都必须配送到该区域内所有的医疗机构,保证配送到位。

3. 商业配送费用率　为提高药品配送企业的积极性,三明市将药品配送费率由8%提高到10%,并从医保基金中预付1个月的药品货款给药品配送企业,作为周转金,减轻药品配送企业的财务负担。

(二)三明市"两票制"监督管理办法

(1)食品药品监督管理部门等按照"票货同行"等规定检查辖区内商业企业中标药品的采购销售情况,对医疗机构所有中标药品的中间流通环节实施全面、有效的监督。如违反"两票制"相关规定,则取消配送资质,并列入黑名单进行公告。

（2）票据管理。地方税务部门定期深入药品配送企业对税票进行核查，防止过票、偷税、洗钱。

（三）三明市"两票制"监管实施效果

1. 药品价格阳光化　"两票制"的实施使药品流通过程透明化，使药品价格的组成、药商的利润空间和政府部门的监管公开化。

2. 药品价格降低　实行"两票制"以后，企业对同一家医疗机构只能委托一个一级经销商，一级经销商从企业进货索取一道发票，供货至医疗机构再开具一道发票，有效减少药品流通的中间环节，大幅降低药价。同时，食品药品监督管理部门可通过两道发票和企业挂网的出厂价监控药品流向和加价情况。

3. 流通环节规范　"两票制"强调了药品生产企业在投标、配送过程中的首要责任，明确了每一中标药品的委托配送关系，规范了医疗机构中标药品的采购渠道，有效防止了假冒伪劣和残次破损药品流入医疗机构，也有力打击了代理商过票洗钱行为。

在国家的大力推动下福建省三明市药品流通"两票制"监管经验在全国得到了推广，但是由于人口、地域、经济发展水平、组织实施力度等因素的制约在全国试行"两票制"监管过程中出现了药品流向不真实，价格没有下降，甚至价格上涨等问题。

二、药品流向不真实问题

（一）部分企业逃避监管，产生"多票"

试行"两票制"监管后，部分企业意识淡薄，为延续业务故意隐瞒药品流向，向监管部门提供虚假材料，向医疗机构继续供应"多票制"采购的药品。相应的部分医疗机构因材料验证不严格或缺乏验证手段，购进了部分不符合"两票制"监管要求的药品。例如合肥市第×人民医院采购硝苯地平控释片案例。

硝苯地平控释片生产企业：上海 XD 制药股份有限公司

批号：170114C，该批号共生产 44 400 盒，销售给全国共 11 家医药公司

生产日期：2017 年 1 月 9 日；有效期至 2019 年 12 月

（1）2017 年 3 月 8 日合肥市第×人民医院采购 1 200 盒。

采购该批药品流程见图4-1。

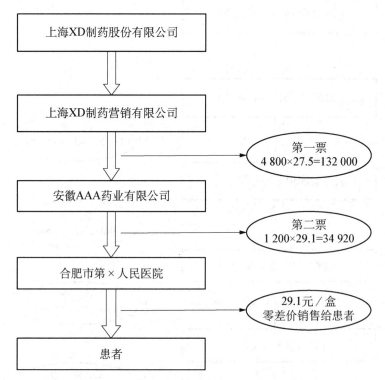

图4-1　合肥市第×人民医院3月8日采购流程

数据来源于上海XD制药营销有限公司

注：① 上海XD制药营销有限公司（有GSP证书，流通企业）为上海XD制药股份有限公司的全资子公司，只销售上海XD制药股份有限公司生产的产品，根据"两票制"规定，上海XD制药营销有限公司视同为生产企业；② 29.1元/盒为硝苯地平控释片（30 mg×12片）在安徽省的省级药品统一招标采购中的挂网中标价；③ 上海XD制药营销有限公司生产的每一盒硝苯地平控释片（30 mg×12片）都有药监码，可追溯药品到终端的流向，经销商也提供其销售药品的流向。

（2）2017年3月27日，合肥市第×人民医院再次向安徽AAA药业有限公司追加采购该药480盒。但此时安徽AAA药业有限公司该药库存全部销售完毕，同时向上海XD制药营销有限公司的订货刚刚发货，需7天才能向医院供货。为此，安徽AAA药业有限公司紧急向江苏省BBB医药有限公司购买了同批号的该药送抵合肥市第×人民医院。此次采购的药品流通流程见图4-2。

（3）对比以上两次采购过程可知：安徽省合肥市第×人民医院分别

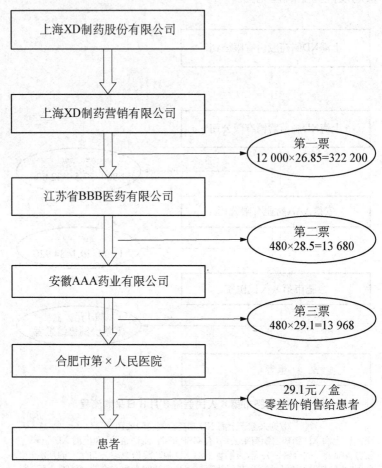

图 4-2　合肥市第×人民医院 3 月 27 日采购流程

数据来源于上海 XD 制药营销有限公司

于 2017 年 3 月 8 日和 2017 年 3 月 27 日向安徽 AAA 药业有限公司采购 1 200 盒和 480 盒该药。两次采购中 2017 年 3 月 8 日的采购符合"两票制"的规定,但 2017 年 3 月 27 日的采购实际上是不符合"两票制"的规定。在有关部门抽查第×人民医院 2017 年 3 月 27 日采购行为中安徽 AAA 药业有限公司没有提供其向江苏省 BBB 医药有限公司采购 480 盒的发票,而是提供了 2017 年 3 月 8 日向上海 XD 制药营销有限公司采购 4 800 盒的发票。具体对比见表 4-2。

表 4-1 合肥市第×人民医院 3 月 8 日与 3 月 27 日采购行为"两票制"监管对比

	"两票制"监管规定	2017年3月8日采购行为的资料	2017年3月27日采购行为的资料	2017年3月27日采购行为实际提供给核查人员资料
生产企业	1. 开具增值税发票,随货同行单,两者一致 2. 保存发票及相关票据 3. 招标采购出具"两票制"承诺书	1. 上海XD制药营销有限公司视同生产企业证明 2. 发票：第一票 4800×27.5＝132 000 3. 随货同行单,承诺书等符合要求	1. 上海XD制药营销有限公司视同生产企业证明 2. 发票：第一票 12 000×26.85＝322 200 3. 随货同行单,承诺书等	1. 上海XD制药营销有限公司视同生产企业证明 2. 发票：第一票 4800×27.5＝132 000,为2017年3月8日的发票复印件 3. 随货同行单,承诺书等
流通企业	1. 开具增值税发票和随货同行单 2. 向生产企业索要发票 3. 到货验收并建立记录 4. 保存发票及相关票据 5. 不能参加集中招标采购投标 6. 向医疗机构出具"两票制"承诺书	1. 发票：第二票 1 200×29.1＝34 920 2. 随货同行单等符合要求	1. 发票：第二票 480×28.5＝13 680 2. 第三票 480×29.1＝13 968 3. 随货同行单等符合要求	1. 发票：第二票 480×29.1＝13 968 2. 随货同行单等符合要求
医疗机构	1. 入库验收票、货、账三者一致 2. 向流通企业索要、验证发票 3. 要求出具加盖印章的由生产企业提供的进发票复印件,纳入财务档案管理	1. 第一票：盖红章复印件 4 800×27.5＝132 000 2. 第二票：原件 1 200×29.1＝34 920 3. 随货同行单等符合要求	/	1. 第一票：为2017年3月8日的发票复印件盖红章 4 800×27.5＝132 000 2. 第二票：原件 480×29.1＝13 968 3. 随货同行单,承诺书等符合要求

续表

	2017年3月8日采购行为的资料	2017年3月27日采购行为的资料	2017年3月27日采购行为实际提供给核查人员资料
"两票制"监管规定	按照国家和安徽省对"两票制"的要求，逐项验收	/	合格
抽检结果	合格		

备注：2017年6月合肥市有关部门抽检到合肥市第×人民医院于2017年3月8日和2017年3月27日向安徽AAA药业有限公司采购1 200盒和480盒该药的行为，验证是否符合"两票制"监管规定。经审核合肥市第×人民医院提供的材料，两次采购均符合"两票制"的规定

三、部分企业药品价格无实质性降低

(一) 部分企业药品价格无降低

在由"多票制"向"两票制"过渡期内,绝大部分药品生产企业为了满足和适应"两票制"严格监管的要求,同时为了维护销售市场的稳定和销售指标的达成,采取的主要措施是在与原来销售区域经销商协商的基础上将原来二级分销商,甚至部分较大的三级分销商直接转换为一级经销商,同时将原来的经分销价格体系进行微调,以满足因经分销商关系转换而导致原来的药品流通渠道变化带来的利益格局的调整。主要方法是对原来的经分销协议进行修改,主要修改项目有:销售区域、年终返利、学术和促销政策的支持等,销售价格基本维持不变。同时,由于目前大部分市场尚处于上一个招标档期,中标价格不会发生变化,流通企业与医疗机构的年度供货协议也处于稳定执行期。因此,流通企业供给医疗机构的药品价格基本没有变化。由于医疗机构自 2017 年起绝大部分均执行"零差价"政策,所以患者得到的药品终端价格也没有明显降低。

(二) 部分生产企业提高出厂价

我国大部分药品生产企业技术起点低,规模小,没有自己的市场营销队伍,主要依靠代理制进行销售,"两票制"监管之前代理商可以通过多票的形式将从生产企业取得的底价药品升级为正常价格的药品,同时从其他途径购进进项增值税发票进行抵扣。"两票制"监管和国家税务系统联网的"金税二期"改革后,代理商只能在原来底价的基础上直接通过出厂价高开的方式销售,因此在销售报表上就反映出部分生产企业提高出厂价,年销售额大幅增长的现象。图 4-3 表现了这种变化。

从以上例证来看,"两票制"并未解决药价过高的问题,未产生降低药价的效果。但是应该清醒看到"两票制"确实解决了药品流通过程中的冗余环节问题,对于降低药品价格起到了关键的作用,要想最终实现降低药价的目的,一定需要其他措施的配套。2019 年初,"4+7"城市带量采购中药品生产企业之所以敢大幅降低药品供货价格,一个重大因素就是在流通环节实施了"两票制"。药品的利润部分开始聚集在药品生产企业的账面上,同时医院开始严格执行"零差价"和反贿赂措施,医保局开始执行"预算内结余自支,合理超额分担"的运行机制,"医保支付价结算"和按病种付费及"DRGs 支付"的快速推进。当剿灭高药价的各路力量开始汇合时,看到中国的医药格局即将发生重大演变的个别"先知先觉"的药企立

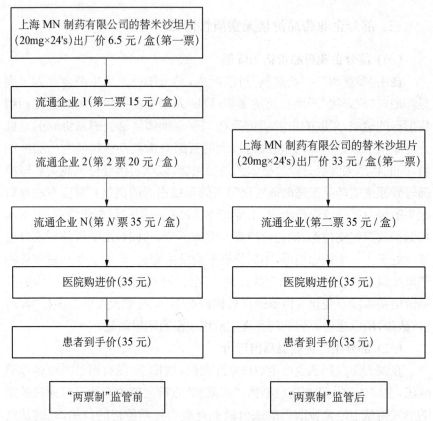

图 4-3　上海 MN 制药有限公司替米沙坦片"两票制"前后销售价格变化

数据来源于上海 MN 制药有限公司销售数据

即抓住了"4+7"城市带量采购的先机,果断降价,抢先布局,打响了中国医药市场巨变的第一枪。当然在"4+7"城市带量采购的谈判中犹犹豫豫最终弃标的企业只过了一天就终于回过神来,如大梦初醒般紧急向医保局呼吁,希望能网开一面重新进行谈判,只可惜"无可奈何花落去",输在了中国医药格局剧变的一瞬间。"4+7"城市带量采购中标的企业则头顶万众瞩目的光环,势如破竹,携带中标的余威,开始进攻"4+7"之外的城市和省(自治区、直辖市)市场。当然最后是否会出现"赢家通吃"的局面,还要看各路利益的博弈结果。

第五章
"两票制"试运行存在问题原因分析

一、"两票制"处于探索之中且尚不成熟

(一)"两票制"的有效探索时间较短

2006~2016年对"两票制"的探索时断时续,从时间上没有形成连贯有序的逐步完善过程,时间充裕度不足。2006~2013年是摸索过程,没有具体的结果。2013~2016年在福建省及福建省三明市做了局部探索和实践,但福建省三明市甚至福建省在我国医药市场中都是边缘化的小市场,其经验的标杆性不强。2017年,"两票制"在全国的骤然推开对医药流通市场的冲击是巨大的。自2017年开始从全国各省(自治区、直辖市)"两票制"政策的出台时间顺序来看,广东、江苏、上海、山东、北京、河南、湖北等医药大省政策的出台往往更晚、更谨慎。

2006年10月,广东省2007年药品挂网采购方案《广东省医疗机构药品网上限价竞价阳光采购实施方案(试行)》出台。"两票制"开始萌芽。2007年,广东省实行"两票制"面临巨大困难和阻力,最终在各方面的巨大压力下没有得到完全执行,无疾而终。2010年7月,由卫生部等7部门联合发布《医疗机构药品集中采购工作规范》,该文件实际上终止了"两票制"的探索。福建省于2009年第七期药品集中采购时规定:"生产企业必须提前指定配送企业,实行'两票制',不得转配送,生产企业自主报价投标。"这是全国首次在省级层面上全面执行"两票制"。2012年初,福建省三明市2013年6月~2014年5月,以三明市人民政府《关于进一步深化公立医疗机构药品采购改革专题会议的纪要》为标志,要求采购药品申报全部采用通用名,严格货票同行以及生产到配送、配送到医院各开一次发

票的"两票制""一品两规"、量价挂钩、招采合一、价格动态调节和集中采购等。三明市开全国之先河,不仅实行"两票制",而且推行与"两票制"相配套的政策,从而确保"两票制"能推出,能执行,能显效,能持续,能推广。因此,从时间轴上来看"两票制"的真正落地生根应该是在2013年,在福建省三明市得到具体实践和考验,从2013~2016年仅仅3年多的时间就推向了全国。

2016年,中共中央办公厅国务院办公厅转发《〈国务院深化医药卫生体制改革领导小组关于进一步推广深化医药卫生体制改革经验的若干意见〉的通知》(厅字〔2016〕36号)和2016年12月8日国务院医改领导小组发布的《深化医药卫生体制改革典型案例》(国医改发〔2016〕3号)这两个文件,明确肯定福建省三明市在药品流通领域严格执行"两票制"的经验并要求向全国推广。2016年12月26日,国务院医改办会同国家卫计委等8部门联合印发了《关于在公立医疗机构药品采购中推行"两票制"的实施意见(试行)的通知》(国医改办发〔2016〕4号)。2017年2月9日,《国务院办公厅关于进一步改革完善药品生产流通使用政策的若干意见》(国办发〔2017〕13号)文件正式发布,意见明确指出:"综合医改试点省(自治区、直辖市)和公立医院改革试点城市要率先推行'两票制',鼓励其他地区实行'两票制',争取到2018年在全国推开。"从文件划定的时间界限来看,"两票制"的全国推行实际上只有2017年这1年的过渡期或适应期,在1年时间内要求将全国近30年形成的医药流通市场格局进行完全适应"两票制"的转换有些勉为其难,流通环节的调整伴随着各种盘根错节的利益调整是最难的。

(二)"两票制"探索地域代表性不足,经验累积少

2006年,广东提出"两票制"要求到2007年无疾而终。2007年,福建真正开始推行"两票制"但没有配套政策,没有办法进行稽查审核和处罚。2012年,福建省三明市推行"两票制"直到2016年取得明显成效得到国家认可并将其经验印发全国推广学习。从整个过程来看只有广东省和福建省推广执行过"两票制",虽然广东省既是医药生产大省又是医药使用和市场大省,但正是因此才导致举步维艰,最终不了了之。而福建省虽全力推进"两票制"的实施,但福建的药品销售和使用在全国所占比例较低,2016年仅占全国药品流通总量的2%,代表性不强。同时福建推广"两票制"的时间虽有9年之久,福建省三明市也有5年,但配套的核查和处罚措施不足,积累的经验不足。从表5-1中可看到福建省的医药市场在全国所占比例。

表5-1 2016年各省(自治区、直辖市)药品销售统计①

序号	地区	销售额(亿元)	占比(%)	序号	地区	销售额(亿元)	占比(%)
1	广东省	1 608	9	17	陕西省	389	2
2	北京市	1 530	8	18	福建省	345	2
3	上海市	1 526	8	19	山西省	344	2
4	浙江省	1 346	7	20	广西壮族自治区	288	2
5	江苏省	1 329	7	21	黑龙江省	281	2
6	安徽省	1 073	6	22	江西省	260	1
7	山东省	1 006	5	23	吉林省	233	1
8	河南省	965	5	24	贵州省	220	1
9	四川省	730	4	25	海南省	202	1
10	云南省	698	4	26	新疆维吾尔自治区	153	1
11	重庆市	683	4	27	甘肃省	138	1
12	湖北省	673	4	28	宁夏回族自治区	134	1
13	湖南省	635	3	29	内蒙古自治区	86	0
14	天津市	545	3	30	西藏自治区	55	0
15	河北省	466	3	31	青海省	35	0
16	辽宁省	423	2	合计		18 399	100

(三)"两票制"监管需要过渡期

"两票制"的监管从内容上看从原来个别条款的要求飞跃到全面严格的要求,相关企业和政府各部门都需要一个适应过程。

福建省推行"两票制"时要求"中标生产企业所有中标的品种在各片区只能委托1~2家配送企业配送,必须严格执行'两票制',不得转配送。"但对于"两票制"的内涵没有规范的界定,医疗机构如何保证收到的货物只经过一个药品流通企业,如何核查,如果违规如何处罚,药监、税

---

① 数据来源:2017年6月16日商务部《2016年药品流通行业运行统计分析报告》。

务、工商如何监管,这些都没有答案。

但是 2016 年 12 月 26 日国务院医改办会同国家卫计委等 8 部门联合印发了《关于在公立医疗机构药品采购中推行"两票制"的实施意见(试行)的通知》(国医改办发〔2016〕4 号)的通知对"两票制"的监管提出了全面的严格的要求。通知明确指出:"各省(自治区、直辖市)药品集中采购机构要加强药品集中采购工作监督管理,对不按规定执行'两票制'要求的药品生产企业、流通企业,取消投标、中标和配送资格,并列入药品采购不良记录。""卫计委、中医药行政部门要加强对公立医疗机构执行'两票制'的监督检查,对索票(证)不严、'两票制'落实不到位、拖欠货款、有令不行的医疗机构要通报批评,直到追究相关人员责任。""食品药品监督管理部门对药品生产、流通企业进行监督检查时,除检查企业落实《药品流通监督管理办法》和《药品经营质量管理规范》等有关规定外,还应当将企业实施'两票制'情况纳入检查范围。对企业违反'两票制'要求的情况,食品药品监管部门应当及时通报所在省份药品集中采购机构。涉嫌犯罪的,依法移送公安机关。""税务部门要加强对药品生产、流通企业和医疗机构的发票管理,依法加大对偷逃税行为的稽查力度。"

福建省执行"两票制"的监管时主要是福建省药品招标机构和福建省食品药品监督管理局对药品配送公司提出要求,对医疗机构根本未涉及,对生产企业要求也不多。但到全国"两票制"版本时,主要执行核查的关键部门确定在医疗机构,而且介入监管的部门也大幅度增加,凡是与之有关的部门如药监、卫生、税务、工商等部门都是责任单位。

从原来的个别条款的简单要求跃升到全面的严格要求,相关机构都需要一个适应的过程。

(四) 舆论宣传未及时跟上

"两票制"在全面执行时从舆论宣传上来看没有形成一个逐步升温以期市场能逐步适应的过程。

当初"两票制"在广东省推出时由于牵扯面太广,影响的医药行业就业人员太多,遇到的阻力很大,导致没有继续推行下去。2010 年 7 月,由卫生部等 7 部门联合发布的《医疗机构药品集中采购工作规范》中规定:"原则上每种药品只允许委托配送一次,但在一个地区可以委托多家进行配送。如果被委托企业不能直接完成配送任务,可再委托另一家药品经营企业配送,并报省级药品集中采购工作管理机构备案,但不得提高药品的采购价格。"该文件实质上终止了"两票制"的探索,可以说是对当时在舆论和医药界推行"两票制"的火热氛围上从头浇注了一桶冷水。

由于我国运行的是有中国特色社会主义市场经济,全国药品生产企业面对的是全国的医疗机构,基本上是一个全国性市场,在福建省和福建省三明市推行的"两票制"将福建市场和福建三明市场与全国市场割裂开来,因此当时全国绝大部分医药界人士并不看好福建省的"两票制"推行,更何况经济实力更强的广东省的教训就在眼前。因此,三明市甚至福建省推行"两票制"后,为数众多的企业纷纷退出了三明市甚至福建省医药市场,宁可牺牲福建市场也要保全国市场的价格体系的统一化,害怕出现"多米诺骨牌"效应。2016年12月8日,国务院医改领导小组发布的《深化医药卫生体制改革典型案例》(国医改发〔2016〕3号)文件,这是"两票制"首次获得国家层级肯定并向全国推广。2016年12月26日,国务院医改办会同国家卫计委等8部门联合印发了《关于在公立医疗机构药品采购中推行"两票制"的实施意见(试行)的通知》(国医改办发〔2016〕4号)。2017年2月9日,《国务院办公厅关于进一步改革完善药品生产流通使用政策的若干意见》(国办发〔2017〕13号)文件正式发布,意见明确指出:"综合医改试点省(自治区、直辖市)和公立医院改革试点城市要率先推行'两票制',鼓励其他地区实行'两票制',争取到2018年在全国推开。"至此在短短的三四个月时间内"两票制"成为药品流通领域的国家统一政策,并将在全国统一推广执行,这样的速度对医药流通行业和医疗机构来说是迅雷不及掩耳之势,从舆论到当事方都没有做好充足的准备。

其中最主要的是主要利益相关者如医疗机构、医药生产企业、医药流通企业的利益调整需要一定时间,政府相关监管部门对"两票制"这个新生事物的监管思路和监管措施的筹备也需要充足的时间。

二、我国医药流通行业基础薄弱

"两票制"的核心是减少药品在流通领域的流通环节,尽量减少在医药流通渠道中的空转和浪费,提高效率,尽快从药品生产企业流向医院和药店诊所等使用终端。但现状是我国医药流通企业小、散、乱,批发调拨业务占比过大,基础太弱,难以快速调整和整合。

(一)我国药品流通企业的数量多、规模小

截至2016年11月底,全国共有药品批发企业12 975家;药品零售连锁企业5 609家,下辖门店220 703家;零售单体药店226 331家,零售药店门店总数 447 034 家。商务部药品流通统计系统数据显示,2016 年全国七大类医药商品销售总额 18 393 亿元[①],其中药品零售市场 3 679 亿元[②]。根据该数据可计算得出:2016 年药品批发企业平均销售额为 1.42 亿元,药店平均销售额为 82.3 万元。美国药品销售额占世界药品市场的 40% 以上的份额,但药品流通批发企业只有 70 家;日本药品销售额占世界药品市场的 12%,仅有 147 家批发企业[③]。因此我国药品流通行业集中度很低,这种小、散、低、乱的状况亟须结构性调整。

(二) 药品流通企业利润低、积累少、后劲不足

2016 年,全国药品流通直报企业主营业务收入 13 994 亿元,利润总额 322 亿元,平均毛利率 7.0%,平均费用率 5.2%,平均利润率 1.8%,净利润率 1.5%。太低的净利润和小规模必然导致企业积累少,只能维持日常运转,发展后劲不足。

(三) 批发调拨业务占比过大

2016 年,全国七大类医药商品销售总额中按销售渠道分类,对生产企业销售额 60 亿元,占销售总额的 0.3%;对批发企业销售额 7 520 亿元,占销售总额的 40.9%,同比下降 0.9%;对终端销售额 10 813 亿元,占销售总额的 58.8%,同比上升 0.6%。其中,对医疗机构销售额 7 673 亿元,占终端销售额的 71.0%,占总销售额的 41.7%;对零售终端和居民零售销售额 3 141 亿元,占终端销售额的 29.0%[④]。从统计数据来看 2016 年对批发企业的调拨销售占总销售额的 40.9%,与对医疗机构的 41.7% 相比不相上下。虽有 0.9% 的下降,但幅度不大,离国家要求减少中间调拨业务的要求差距很大。"两票制"强调的是以最简短的途径直接销售到医院,而调拨业务与"两票制"背道而驰,但调拨业务也是适应目前我国国情的惯用且管用的销售模式,特别是对于面向大量药店和私人诊所的大流通的普药销售。另外,对于拥有高端独家品种的外企进口品种来说,选择经济实力雄厚的大型流通企业在全国市场布局和铺货,也离不开批发调拨这个关键环节。因此,调拨业务与"两票制"监管如何协调尚没有找到

---

① 七大类指:西药类、中成药类、中药材类、医疗器械类、化学试剂类、玻璃仪器类和其他类。销售额为含税值。
② 商务部. 2016 年药品流通行业运行统计分析报告[Z]. 2017 - 6 - 16.
③ 王素珍,王军永,王力. 现代信息技术在药品流通领域的应用研究[J]. 中国卫生经济,2011,7: 68 - 70.
④ 商务部. 2016 年药品流通行业运行统计分析报告[Z]. 2017 - 6 - 16.

好的解决办法。

三、制度体系不健全

(一) 国家版本的"两票制"政策是原则性规定

2016年12月26日,国务院医改办会同国家卫计委等8部门联合印发了《关于在公立医疗机构药品采购中推行"两票制"的实施意见(试行)的通知》(国医改办发〔2016〕4号)是目前国家级最权威的"两票制"文件,包含以下几个部分:充分认识推行"两票制"的重要意义,"两票制"的界定,"两票制"的实施范围,严格执行药品购销票据管理规定,创造条件支持"两票制"的落实,切实加强"两票制"落实情况的监督检查,加强政策宣传共7个部分。整个文件属于原则性、框架性规定,缺乏执行细则。

(二) 各省(自治区、直辖市)颁发的"两票制"文件无更多细化内容

目前,绝大部分省(自治区、直辖市)发布的"两票制"文件,基本都是将国家版本"两票制"文件稍加修改后直接下发,只有个别省(自治区、直辖市)在"两票制"的界定上稍放宽,可以执行的细则基本都没有。安徽省食品药品监督管理局与安徽省卫计委等部门2017年3月29日发布《关于开展公立医疗机构药品采购推行"两票制"执行情况专项检查督查的通知》(皖食药监药化流秘〔2017〕160号)。安徽省食品药品监督管理局2017年6月2日发布《安徽省食品药品监督管理局关于开展公立医疗机构药品采购推行"两票制"执行情况调研的通知》。从2016年11月1日安徽省开始执行"两票制"到2017年3月29日安徽省对"两票制"的执行情况进行专项检查督查,再到2017年6月2日对公立医疗机构药品采购推行"两票制"执行情况进行调研,说明在短短的7个月内安徽省在执行"两票制"的过程中发现了不少的问题并试图通过调研查清问题,找到解决方案,从而制定出企业和医疗机构可执行、政府监管部门可以监督管理的细则。

四、地方保护主义和政府监管碎片化

(一) 地方保护主义严重

2016年12月26日,国务院医改办会同国家卫计委等8部门联合印发了《关于在公立医疗机构药品采购中推行"两票制"的实施意见(试行)的通知》(国医改办发〔2016〕4号),文件明确指出:"打破利益藩篱,破除地方保护,加快清理和废止在企业开办登记、药品采购、跨区域经营、配送商

选择、连锁经营等方面存在的阻碍药品流通行业健康发展的不合理政策和规定。地方政府要支持网络体系全、质量信誉好、配送能力强的大型药品流通企业到当地开展药品配送工作。支持建设全国性、区域性的药品物流园区和配送中心,推进药品流通企业仓储资源和运输资源有效整合,多仓协同配送,允许药品流通企业异地建仓,在省域内跨地区使用本企业符合条件的药品仓库。"从国家版本的文件内容可以反映出地方保护主义的广泛性和严重性。

药品流通企业的总部设在哪里,其遍布全国的销售网络所开具的发票和缴纳的税金就交给那里的当地政府,这牵扯到投资、税收、政绩、就业等多方面,而企业的总部只可能在一个地方,不可能设在销售的每一个终端地区,因此各省(自治区、直辖市)都试图用各种优惠政策吸引医药流通企业在本省(自治区、直辖市)设立总部,对总部在外省(自治区、直辖市)的企业自然没有优惠,甚至会排斥。另外,很多省(自治区、直辖市)都有归属于本省(自治区、直辖市)国资系统管理的本地医药流通企业,各省(自治区、直辖市)政府都在支持本省(自治区、直辖市)医药流通企业兼并重组做强做大,防止"肥水流到外人田"。因此,无论全国性的国有控股的股份制医药流通企业如国药控股、华润医药,还是民营性质的如九州通医药,在全国的扩张并不容易。对医药行业来讲药品与普通商品还有一些区别,例如,为应对自然灾害、重大疫情、重大突发事件和患者急(抢)救等特殊情况,需要紧急采购药品或调拨国家医药储备药品时,对于在本行政区域内的医药流通企业当地政府自然伸手可管,得心应手,不需要看别人脸色。因各种因素的存在,要形成各种要素资源在全国自由流通的大格局尚需时日。例如,户口登记的存在就妨碍了全国劳动力市场的有效配置,户口改革喊了很多年,仍是"雷声大雨点小"。医药流通改革同样举步维艰,要想打破利益藩篱,破除地方保护,全国一盘棋地执行"两票制"在短时间内还只能是奢想,不可能一蹴而就。

(二) 监管碎片化

"两票制"的实施牵扯到医疗机构、医药流通企业和药品生产企业,与之相关的监管部门有卫生计生部门、食品药品监督管理部门、中医药管理部门、工商部门、税务部门、商务部门等。首先,大部分省(自治区、直辖市)基本都是以卫生计生部门、食品药品监督管理部门、中医药管理部门为主进行管理,无论政策还是执行,很少看到工商部门、税务部门、商务部门出台相关联的配套政策。其次,卫生计生部门、食品药品监督管理部门、中医药管理部门、工商部门、税务部门、商务部门等相关部门如何共享医疗机构的进货出货和库存系统的信息,如何共享医药流通企业的上游购买下游卖出的全部价格、数量、规格、渠道、终端等信息,如何共享药品生产企业全部批次的销售信息?即使能够共享所有这些信息,又有谁能保证这些被相关单位视为商业机密的信息不被泄露?国家食品药品监督管理局建立的药监码系统最终下马就是前车之鉴。最后,各个监管部门之间如卫生计生部门、食品药品监督管理部门、中医药管理部门、工商部门、税务部门、商务等部门在监管"两票制"运行时,相关信息如何互联互通、共享共用?目前,这些问题都没有答案。因此,监管的条块化和碎片化短时间内难以解决。2018年,两会后中央政府的各部门又进行了重大的重组,直接监管"两票制"的省(自治区、直辖市)级以下的药监局系统划归市场监管部门,医院等医疗机构仍归卫生部门管理,药品价格和招投标等归医疗保障部门管理,因此,"两票制"的监管体制机制还需要进行相应的调整。

五、软、硬件投入不足

(一)硬件投入不足

无论药品信息还是票据信息,在识别、溯源和输入时,可能采用的是二维码、条形码或射频识别(radio frequency identification,RFID)技术[①],都需要相配套的扫码设施,需要读写的电脑系统和能够互联互通的信息平台进行比对和鉴别。目前,工商和税务系统出具的证照和增值税发票上绝大部分都用上了二维码技术,社会上成规模的第三方物流企业正在试用或推广RFID识别技术,而绝大部分药品生产企业延续前期国家食品药品监督管理总局的要求使用的是条形码技术。从发展趋势来说RFID识别技术最为先进实用和方便,但成本比较高,二维码技术可靠性高,推广应用广泛而快速。作为终端的医疗机构在医疗费用日趋紧张的情况下再去购置大批的用于药品信息和票据信息识别、溯源和输入的设备无疑捉襟见肘。在执行和监管"两票制"时需要的硬件投入目前来看严重不足。

(二)软件投入不足

与硬件不足相比更具难度的是如何建立和由谁负责建立一个能为相

---

① 射频识别又称无线射频识别,是一种通信技术,可通过无线电讯号识别特定目标并读写相关数据,而无需识别系统与特定目标之间建立机械或光学接触。

关利益方和监管方信任的互联互通的软件平台，能够让各方面人员都可以在该平台上查询医疗机构采购的某一批药品和相应的发票与随货同行单是符合"两票制"要求的。根据目前对"两票制"监管的实践，要想查明医疗机构采购的某一批药品和相应的发票与随货同行单是否符合"两票制"要求，需要做到如下两点。

（1）药品生产企业和流通企业相关的证照、开具的增值税发票和随货同行单、"两票制"承诺书、药品招投标时的承诺书及格式合同等书面文件的识别追溯和认证。这些主要是纸面资料，在没有软件平台进行鉴别时主要靠人眼对红章进行识别。这个工作量非常大，而且准确性不能完全保证。

（2）医疗卫生机构、药监部门和工商税务等部门可以随时调阅或联网查看药品生产企业所生产的所有药品的全部向下流向，药品流通企业所采购的所有药品的向上流向和销售的向下流向。这需要强大的软件搜索查询功能和优良的商业机密保守能力。满足这样条件的软件系统目前在国内尚未出现。

因此，即使政府部门能够拨款满足执行"两票制"硬件的要求，要配备懂行的足够的人才队伍并搭建相应的软件系统仍是一个难题。

六、"两票制"的理论研究不足

（一）高校和科研机构对"两票制"的理论研究不足

当前可以查找到的大部分文献资料都是对"两票制"具体条款的解读和执行"两票制"后对利益相关方影响的分析，而对于基于中国医药卫生领域的现实情况如何分步骤执行"两票制"、执行"两票制"后对医药流通领域的重塑、执行"两票制"过程中遇到的问题和困难解决路径等很少有涉及。

（二）相关部门和企业对"两票制"研究和认识不足

"两票制"这个概念从 2006 年在广东提出到 2016 年底全国推行，与"两票制"直接相关的医疗机构、医药流通企业和相关部门没有深入研究，有关对其直接感受和反应的公开信息也寥寥无几。执行"两票制"政策较早且欲进行不断政策完善的安徽省对执行"两票制"过程中进行监督检查和专项调研的结果也没有公开渠道可以查询。安徽省食品药品监督管理局与安徽省卫计委等部门 2017 年 3 月 29 日发布《关于开展公立医疗机构药品采购推行"两票制"执行情况专项检查督查的通知》（皖食药监药化流秘〔2017〕160号),对 2016 年 11 月 1 日开始执行"两票制"开始直到 2017 年 3 月 29 日总共将近 5 个月的执行情况进行专项检查督查,但检查督查的结果没有公开。2017 年 6 月 2 日,安徽省食品药品监督管理局发布《安徽省食品药品监督管理局关于开展公立医疗机构药品采购推行"两票制"执行情况调研的通知》,对 2016 年 11 月 1 日开始执行"两票制"直到 2017 年 6 月总共将近 8 个月的执行情况进行专项调研,调研的结论至今没有公开。因此,对"两票制"执行情况的研究缺乏第一手资料,这也是"两票制"的理论研究比较难以开展的原因。

(三) 第三方对"两票制"的研究不足

目前,有阿里健康、赛柏蓝等企业或民间研究机构对"两票制"进行研究,但主要关注的是"两票制"的执行带来的商机或培训机会等,更多的是"上有政策下有对策"化的研究,如"如何扩大'两票制'的内涵"等。从政府和监管者方面上对"两票制"进行系统化和深度化的研究凤毛麟角,对"两票制"的执行可能导致的医药流通行业的大洗牌和医药市场的大变动最终会对中国医药卫生行业和全国医改的战略性影响的研究几乎没有。

第六章
发达国家"两票制"的经验及借鉴

一、发达国家"两票制"的现状

(一) 英国

由于品牌药和非专利药的价格都受到约束,流通环节的利润空间总体有限,所以英国放开药品流通环节,鼓励自由竞争。流通环节的配送费率一般为2%~3%,倒逼流通环节提高效率,并且从传统物流向综合服务提供商转变[1]。2004年,英国有14家全线批发商(能够供应大多数药品)和几百家短线批发商(供应个别药品的专业批发商)[2],到2013年共有3个全线批发商和50个短线批发商。3个全线批发商占英国药品批发金额的70%,其业务模式也在不断演变,从传统的制药商—预批发—批发—零售药店的线性模式转变为向上游和下游提供更多增值服务。欧洲最大药品批发企业——联合博姿集团——提供的增值服务包括:向制药商提供临床试验、市场信息反馈等;向社区药店提供更积极的支持,如银行业务、对药剂师的业务拓展建议等。同时,也积极响应新的保健需求,如将药品直接配送到患者家里满足家庭护理需要。英国1万余家药店中绝大部分归"Boots"和"Chemists"两家连锁药店所有。根据2005年10月1日通过的健康法案规定,自2006年5月1日起,药师可以作为独立的处方师,除一些特殊药品(如麻醉药品)外,在任何情况下均可为患者开具得到许可

---

[1] 国家发展改革委经济研究所课题组,王蕴,刘树杰,等. 英国药品流通体制考察报告[J]. 中国物价,2013,7:47-51.

[2] 克劳迪雅·哈布尔主编. 欧洲二十五国药政管理体系[M]. 李滔主译. 北京:中国医药科技出版社,2016,376-391.

的药品处方。在 10 年内英国的全线批发商由 14 家整合为 3 家,短线批发商由几百家整合为 50 家,3 个全线批发商占英国药品批发金额的 70%。由此可知,英国的药品流通行业经过严酷的市场竞争,不仅执行事实上的"两票制",压缩药品流通链条,而且经过整合扩大了流通企业的规模,提高内部流转效率,压低了整个流通行业的流通成本,节约了医疗卫生经费。另外,英国的药品流通企业积极转变盈利模式,从赚取药品的配送费差价模式转变为综合医疗药品服务模式,由传统的配送商向医药服务综合提供商转型。英国药品流通示意图见图 6-1。

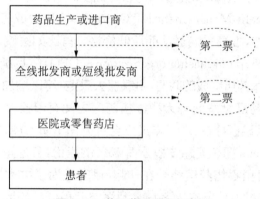

图 6-1 英国药品流通示意图

另外,英国赋予药师处方权具有先导意义,许多先进国家近年也越来越倾向于授予执业药师处方权利,以增加药品和医疗服务的供给,促进药品的流通和药品的可获得性,也是为应对人口老龄化而引起的医疗服务能力不足的有力举措。

随着中国老龄化和少子化的加速,可以提供医疗服务的年轻人越来越少,而需要医疗服务的老人越来越多,可以预见在不久的未来,中国的执业药师也将被赋予处方权。

(二) 美国

1. 美国药品流通业的现状 20 世纪 70 年代,美国有大约 200 家药品批发公司,在其后的 30 年中,这个行业发生了持续的兼并重组,到 2000 年美国只剩下了约 50 家药品批发公司[①]。目前,美国药品批发市场主要集中在三大公司:麦克森公司(McKessen)、美源波根公司(Amerisource

---

① 赵强.揭秘美国医疗制度及其相关行业[M].南京:东南大学出版社,2010,136-148.

Bergen Corp：ABC)以及卡蒂诺医疗(Cardinal Health)，三者合计占市场的85%左右。整个市场靠量驱动，利润空间很低，毛利率在5%左右，净利率在1%左右①。因此，美国药品流通企业的商业模式是薄利多销型，通过大流量、大规模来增加利润。药品流通企业承担药品物流职能，进行库存管理、药品拆零与再包装、药品回购等业务，整体运营效率是其生存的根本因素。

美国药品流通供应链示意图见图6-2。由图可见美国的药品流通实行的是典型的"两票制"。美国药品流通整个市场发展的总体趋势是让采购的体量最大化。比如，大型零售药店与批发商合作，药品福利管理公司(Pharmacy Benefit Management BT Company，PBM)或药品目录管理公司与批发商合作，推高采购量从而压低价格。再比如医院联合成药品集中采购组织(group purchasing organizations，GPO)②，尽量扩大采购主体的量。以及单体药店结成的联盟，由联盟去采购，可以增加谈判优势。另一个趋势则是药品批发商与大型零售药房之间有着投资上的合作。比如，CVS与卡蒂诺医疗在2013年成立合资公司Red Oak，进行仿制药批发。而Walgreens拥有美源波根公司15%的股份，且是董事会成员。间接来看，批发商和零售药房结合在一起，目的是为了扩大量的优势以压价，但这同样是批发业务在大客户上利润空间极低的原因。药品批发商的服务对象包括两种：一种是大型连锁药房和大型PBM；另一种是小型连锁药房/单体药房以及医疗机构GPO。批发商在大型连锁药房和大型PBM邮寄业务上的利润空间明显低于服务于小型药房和GPO，因为前者巨大的体量形成了较大的谈判优势，压缩了利润空间。批发商对某一大型连锁药房的依赖可能会影响到其收入。比如，卡蒂诺医疗有25%的收入来自于CVS的药房，美源波根公司有24%的收入来自于Walgreens。如果失去客户，将影响到整体收入。

从批发的药品划分，则分为品牌药和仿制药两块。对于品牌药来说，

---

① 美国药品批发市场现状和发展趋势. 2016-09-12. http://news.bioon.com/article/6689706.html.
② GPO：通过市场竞争将医院的需求通过GPO这样的采购中介进行集中采购。GPO的出现节约医疗机构的成本，减少医疗费用上涨的压力。从20世纪50年代末到90年代初，美国GPO数量不断增长；采购商品也从初期购买大量的一次性用品(如注射器、导管和药品)逐渐加入了化妆品、医疗器械、手术耗材、办公用品、膳食等。服务对象也不断扩大，覆盖医疗机构、诊所、个人诊所、疗养院等。20世纪90年代后，美国GPO的数量不断减少而规模不断扩大，由于GPO之间的合并，大规模合同落到了少数几个GPO组织手中。

第六章 发达国家"两票制"的经验及借鉴

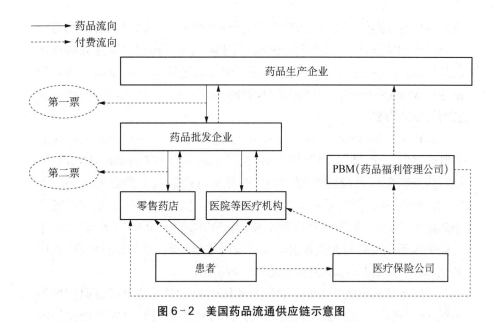

图6-2 美国药品流通供应链示意图

大型批发商为药品生产企业提供药品运输、冷藏、存储和管理等服务,以这些服务为基础,加上采购的量,药品生产企业提供给批发商品牌药的最高折扣,因此批发商获得品牌药的价格是最低的。另外,因为美国控制医疗费用越来越严格,整体市场趋势是以仿制药为主。而随着品牌药创新的难度越来越大,药品生产企业在现有的明星产品上有较大的话语权,并不需要积极地去与下游渠道谈判,而是只通过批发商就可以。不过,由于药品生产企业在品牌药新药研发能力加大,已出的品牌药集中到期的专利悬崖又会造成利润急剧下跌。根据 McKessen 在投资公开信息中援引 IMS 的数据,2015~2019 年大约有价值 851 亿美元的品牌药销售将面临仿制药的威胁。因此,整体品牌药批发市场的增速也在放缓。对于仿制药来说,随着美国用药向仿制药发展,仿制药的销售体量越来越大,成为批发商核心发展的业务。仿制药的利润较少但出货量大,商家通过量来推动规模。美国的仿制药采购主体相对集中,前三大批发商以及其合作的零售药房合计占了仿制药批发量的68%。在 2013 年之前,美国的仿制药市场经历了一轮价格上涨,但之后因为大批量生产商进入这个领域,供应者快速增加,加上支付方的支付政策越收越严,仿制药竞争激烈,价格上涨乏力,对于药品流通和零售来说,仿制药的利润变薄。在 2013 年之前,一些零售药房会选择自己与供应商谈判,但到了近几年,谈判必须建立在巨大的采购体量之上，否则就没有价格优势，面对医疗保险公司等支付方付费的挤压，压力会很大。因此，即使像沃尔玛药房这种过去选择自己从仿制药厂商手中采购的连锁药房，也开始选择大型批发商。沃尔玛就通过 McKessen 进行仿制药批发，借助 McKessen 在仿制药上的体量来获得更低的价格。

2013年，Cardinal Health 与 CVS 建立合资公司 Red Oak，共同建立仿制药销售渠道，通过 CVS 的 PBM 公司 Carmark 与 Cardinal Health 的批发业务联合起来，具有更大的量，在进货价格谈判上会更有优势。因此，量的联合在仿制药这一薄利行业是关键。因此，在美国，随着市场竞争的加剧，为应对品牌药销量增长的减缓和仿制药利润的变薄，药品流通行业中大型批发商与大型零售连锁店间的重组和融合越来越规模巨大和频繁，其动因来自于市场的自发而非行政干预。

在药品冷链运输中，美国通常应用 RFID 和 GPS 技术配备温度控制系统，来对各环节进行实时温度监控。部分企业购置有世界上最先进的自动控温与监控的冷藏运输车，利用专门的温度记录仪全程连续记录温度。在美国最大的药品第三方物流企业联合包裹速递服务公司（United Parcel Service，UPS）[①]在北美有超过 22 家配送中心，中心内配备有全自动分拣机、制冷机、温度监控系统等基本的设备。这种模式下，药品第三方物流企业为药品生产和流通企业提供经济合理的流通和销售方式，避免企业直接面临小额订单。加上长期优胜劣汰的市场竞争，形成了美国医药流通市场高度集约化的市场格局。加上健全的法律、法规、发达的经济和成熟的市场，使得美国医药流通水平始终处于国际领先之列[②]。

2. 美国对药品流通行业的法律监管　　美国对药品的研发、生产、销售等全流程都有严格的监管法律制度。对药品在临床前的实验室研究阶段有"药物非临床研究质量管理规范（Good Laboratory Practice，GLP）"进行管理；在临床研究时有"药物临床试验质量管理规范（Good Clinical Practice，GCP）"进行管理；制药企业在生产药品时有"当前优良药品生产管理规范（Current Good Manufacture Practices，cGMP）"进行管理。它

[①] UPS 是世界上最大的快递承运商与包裹递送公司，1907 年成立于美国。作为世界上最大的快递承运商与包裹递送公司，UPS 同时也是专业的运输、物流、资本与电子商务服务的领导性提供者。

[②] 简单. 发达国家的医药物流模式[J]. 上海执业药师，2017，6：35-36.

要求在产品生产和物流的全过程都必须验证,为国际领先的药品生产管理标准;在药品进行销售和物流运输时有"药品经营质量管理规范(Good Supply Practice,GSP)"进行管理。美国没有全国统一的 GSP 制度和认证,而是由各联邦主体即各州进行管理。对药品进行零售的药店的开业则需要严格的认证。但对于药品在流通领域需要经过多少渠道,开多少次发票,利润在医药流通领域的分配等纯粹属于市场调节的范围则没有法律和行政干预。目前,美国事实上的"两票制"和批发零售大联合以及销售终端的联合集中大采购则是经过上百年市场竞争后自然形成的,由市场进行自我调节。

(三) 法国

法国一共有 11 家药品批发商,最大的 4 家是 OCP、CERP、PHOENIX 和 ALLiance Sante 健康联盟,共占有 99% 的市场份额。批发商协会(CSRP)代表着他们的利益。法国有 2 万余家药店,平均每家药店服务 2 615 位居民,只有有资质的药剂师或药师可以开设经营药店,且在营业时间内必须在药店工作。法国只有极少数自主分发药品的医生,主要服务于没有药房的农村和偏远地区。如果这些地区有药房,那么不允许以任何理由将其关闭[①]。

法国近 85% 的药品是通过药店售出的。药店销售的药品中批发企业分销的部分约占 90%,其余由药品生产企业直接销售给药店,制药企业和批发企业的药品不直接销售给普通患者。此外,法国药品在生产、批发、零售各个环节价格和利益的分配大体由政府规定,一般情况为生产企业 55%,批发企业 6.3%,零售企业 25%,剩余部分为税收[②]。

法国药品流通供应链示意图见图 6-3。由图 6-3 可见法国的药品流通实行的是"两票制",少部分是由制药企业直接到药店的"一票制"。

法国的药品批发市场高度集中,位列前三的药品批发企业占据着 95% 的市场份额。同时具有高效的药品物流系统和严格的市场准入管理。法国大型药品批发企业在全国各地根据终端的分布情况合理设置分销中心,这些分销中心拥有分布式仓储系统,可以直接向终端配送药品,提高配送效率。这些药品批发企业及其设置的分销中心和仓库受到政府

---

① 克劳迪雅·哈布尔主编.欧洲二十五国药政管理体系[M].李滔主译.北京:中国医药科技出版社,2016,123-128.
② 简单,发达国家的医药物流模式[J].上海执业药师,2017,6:35-36.

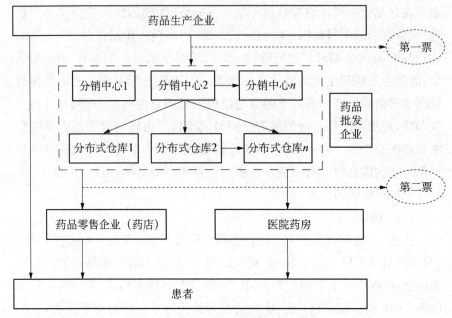

图6-3　法国药品流通供应链示意图

的严格监管,必须要经过法国药品局的审核批准,而且要受到不定期的突击检查。法国甚至整个欧洲的医药流通市场正在发生很大的转型,其变化有两个趋势:一是原来大型专营药品的批发企业建立庞大的冷链运输储存配送能力,向利润水平更大的冷链流通迈进,运输需要全程冷链的疫苗、生物医药、冰鲜肉类、海鲜、时令水果、鲜花等大物流转变。这实际上是原来的第三方物流行业和药品批发行业的互相兼并融合发展,两者的界限或边界越来越模糊,这与药品批发行业越来越低的利润和总体运输规模增长逐步放缓有关。二是信息的全方位整合下的 VMI① 模式的广泛应用。VMI 管理模式是从快速响应(quick response,QR)和有效客户响应(efficient customer response,ECR)基础上发展而来。其核心思想是供应商通过共享用户企业的当前库存和实际耗用数据,按照实际的消耗模型、消耗趋势和补货策略进行有实际根据的补货。由此,交易双方都变革了传统的独立预测模式,尽最大可能地减少由于独立预测的不确定性导致的商流、物流和信息流的浪费,降低了供应链的总成本。

---

① VMI(vendor managed inventory)是一种以用户和供应商双方都获得最低成本为目的,在一个共同的协议下由供应商管理库存,并不断监督协议执行情况和修正协议内容,使库存管理得到持续地改进的合作性策略。

法国药品流通环节的利润设置分为两种情况,对于不可报销(自费)药品,流通环节的利润不加限制,由批发商自由设定;对于可报销药品的批发利润,由国家控制,其加价幅度根据药品价格的不同而不同(表6-1)。

表6-1 法国可报销药品批发加成①

出厂价(欧元)	加成比例(%)
0~22.90	10.3
22.91~150.00	6.0
>150.00	2.0

法国药品零售环节的利润设置分为两种情况,不可报销(自费)药品,零售环节的利润不加限制;对于可报销药品的零售利润,由国家控制,其加价幅度根据药品价格的不同而不同(表6-2)。

表6-2 法国可报销药品零售加成

出厂价(欧元)	加成比例(%)
0~22.90	26.1
22.91~150.00	10.0
>150.00	5.0

注:①另外药店每售出一盒药品收取0.53欧元的固定费用;②法国标准增值税率为20.6%,可报销药品增值税率为2.1%,不可报销药品为5.5%

法国药品流通企业在经营过程中对于药品采购,储运和分销都有严格的法律规范,通用于欧盟的人用药品经营质量管理规范(good distribution practice,GDP)。世界卫生组织(WHO)向全世界推荐的药品流通行业的规范标准(WHO版本的GDP)与我国目前执行的药品经营质量管理规范(GSP)异曲同工。但欧盟的GDP更强调硬件与软件的同样重要性、药品的可追溯性和随时核查性。

(四)日本

20世纪50年代,日本有1 400家医药批发企业,到了90年代初就只

---

① 克劳迪雅·哈布尔主编. 欧洲二十五国药政管理体系[M]. 李滔主译. 北京:中国医药科技出版社,2016,123-128.

剩下 330 家,现在只有 147 家[①],而且这种行业的整合仍在继续着。日本医药物流是伴随着流通体系的发展而发展起来的。遍布全国的各类医疗诊所是日本医疗体系的一大特色。为了满足这种独特医疗体系的要求,批发企业都会在各自市场区域设立分销中心,建立极其精细的医药物流分销服务系统,其物流配送则以分级配送为主,即物流中心根据零售网点的订单将药品配送到网点或中转站,再由该区域的配送人员配送到客户处。但是,随着日本政府不断出台强制措施抑制药价,分销环境也在发生变化,加上人口密度高、资源匮乏等因素,提高运营效率就成为了日本医药物流企业考虑的首要重点。因此,日本的制药企业、流通企业通过利用电子数据交换(electronic data interchange,EDI)[②]技术,实现医药供应链上下游的信息共享,在满足药品零售需求的同时,提高物流管理效率、降低物流成本。在日本,低温药品流通市场的区域性强,国内的药品批发企业几乎没有一家可以在全国范围运营,药品制造商和零售商所面对的是一种多渠道的商业流通模式。批发企业在供应链中需要承担部分非流通领域的职能,比如管理信贷业务、收取资金等。日本冷藏药品市场大部分药品的进货直接面向制造商,收发货周期的可控性强[③]。日本的药品物流配送示意图见图 6-4。

日本的药品在流通过程中事实上也是"两票制"。虽然在药品流通企业内部进行分级配送,但各级之间是不开销售发票的,各级之间由本药品流通企业或专业的第三方物流公司负责配送,也就是说分级配送的各级之间转移的并不是药品的所有权,只是药品在不同仓库之间的内部转移,内部转移时有随货同行单随行,不开发票,不存在药品价格的差别,药品的所有权和最终向诊所开发票的定价权由药品流通企业总部所有和决定,药品在各级之间转移所产生的运费由总部向各中心或配送站核定后统一结算,计入成本。日本在药品流通过程中执行全国统一的 GSP。中

---

① 傅鸿鹏. 从国际经验看药品流通"两票制"[EB/OL]. 2017-01-10. http://www.cn-healthcare.com/article/20170110/content-488707.html.
② 指按照商定的协议,将商业文件标准化和格式化,并通过计算机网络,在贸易伙伴的计算机网络系统之间进行数据交换和自动处理。俗称"无纸化贸易"。EDI 系统由通信模块、格式转换模式、联系模块、消息生成和处理模块等 4 个基本功能模块组成。在市场竞争中价格因素所占的比重逐渐减小,而服务性因素所占比重增大。销售商为了减少风险,要求小批量、多品种、供货快,以适应瞬息万变的市场行情。在整个贸易链中,绝大多数的企业既是供货商又是销售商,EDI 降低了库存,提升了效率。
③ 简单. 发达国家的医药物流模式[J]. 上海执业药师,2017,6:35-36.

第六章 发达国家"两票制"的经验及借鉴

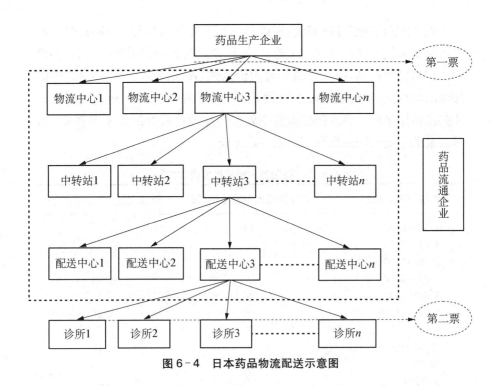

图 6-4 日本药品物流配送示意图

国的 GSP 起源于 1985 年,来源于日本,经历了 1992、2000、2012 及 2016 年 4 次修订。目前,日本药品市场的批发和零售价格逐渐缩小,药店诊所所获得的药品销售差价率已由 20 世纪 90 年代的平均 15% 下降到目前的 2% 左右[1]。

(五)德国

德国卫生部(The Ministry of Health,BMG)是药品领域管理主体,负责药品的生产、审批、监管以及流通在内的法律体系建设。德国有 16 家全线批发商,均为德国药品批发商协会(The Association of German Pharmaceutical Wholesalers,PHAGRO)的成员,其中 4 家是全国性的全线批发商,其余 12 家是地区性的全线批发商,在批发领域一共有 102 家仓库以及 12 262 名从业者。全德国药店的 90% 都是从批发商处进货。德国与世界大部分发达国家一样实行医药分开,药品主要通过药店销售[2]。

---

[1] 沈维,财政部社会保障司. 主要国家药品价格管理政策及对我国的启示[J]. 预算管理与会计,2017,3:57-63.
[2] 克劳迪雅·哈布尔主编. 欧洲二十五国药政管理体系[M]. 李滔主译. 北京:中国医药科技出版社,2016:137-149.

在德国对于批发商和药店来讲药品的定价分为两种：一种是对于不可报销的非处方药品可以自由定价，但必须通告政府有关部门；另一种是对于参考定价药品，采用通过参考定价系统(reference price system)[①]间接依法定价法，主要是递减加成模式。其定价法律来源于社会福利法典和药品价格条例。德国药品流通中处方药品的批发商加成率见表6-3，非报销的非处方药品批发商自主决定加成率。

表6-3 德国处方药品批发商加成[①]

出厂价(欧元)	批发商最大加成比例(%)	批发商最大加成(欧元)
0.00~3.00	15	/
3.01~3.74	/	0.45
3.75~5.00	12	/
5.01~6.66	/	0.60
6.67~9.00	9	/
9.01~11.56	/	0.81
11.57~23.00	7	/
23.01~26.82	/	1.61
26.83~1 200	6	/
>1 200	/	72

可报销的非处方药批发商加成率见表6-4。

表6-4 德国可报销非处方药批发商加成

出厂价(欧元)	批发商最大加成比例(%)	批发商最大加成(欧元)
0.00~0.84	21.0	/
0.85~0.88	/	0.18
0.89~1.70	20.0	/
1.71~1.74	/	0.34
1.75~2.56	19.5	/
2.57~2.63	/	0.5
2.64~3.65	19.0	/
3.66~3.75	/	0.7
3.76~6.03	18.5	/

[①] 参考定价系统是指健康保险机构或国家卫生服务体系确定的针对特定药品可以报销的最高价格(即参考价格)。在购买一个固定价格已经被确定(所谓的报销价格)的药品时，参保人必须在任何固定共付额或共付比例以外支付固定价格和药房实际采购药品价格的差额部分。

续表

出厂价(欧元)	批发商最大加成比例(%)	批发商最大加成(欧元)
6.04~6.20		1.12
6.21~9.10	18.0	/
9.11~10.92		1.64
10.93~44.46	15.0	/
44.47~55.58		6.67
55.59~684.76	12.0	/
>684.76	3.0	+61.63

德国 2004 年医疗体制改革后对于零售药店售出药品的加成分为 3 种情况。第一种情况是对于处方药药店药师会收取每盒 8.1 欧元的固定费用,另外加收批发价格的 3%。第二种情况是放开不可报销的非处方药的零售价格管制,允许这些药品自由设置加成比例。第三种情况是对于可以报销的非处方药品药店加成方案(表 6-5)。

表 6-5 德国可报销非处方药品药店加成

批发价(欧元)	药店最大加成比例(%)	药店最大加成(欧元)
0.00~1.22	68.0	/
1.23~1.34	/	0.83
1.35~3.88	62.0	/
3.89~4.22	/	2.41
4.23~7.30	57.0	/
7.31~8.67	/	4.16
8.68~12.14	48.0	/
12.15~13.55	/	5.83
13.56~19.42	43.0	/
19.43~22.57	/	8.35
22.58~29.14	37.0	/
29.15~35.94	/	10.78
35.95~543.91	30	/
>543.91	8.263	+118.24

德国的药品流通架构与法国等欧盟国家类似,对于绝大部分药品是"两票制",德国药品流通供应链示意图见图 6-5。

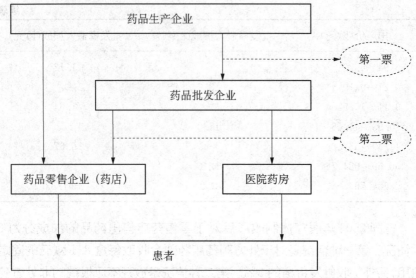

图 6-5　德国药品供应链示意图

德国药品流通企业在经营过程中对于药品采购、储运和分销都有严格的法律规范,通用于欧盟的 GDP。

(六) 澳大利亚

澳大利亚全国较大规模的药品批发公司只有 8 家,其余为部分规模较小的药品经营公司,医药批发公司药品主要来自本国的药品生产企业,部分来自进口,批发公司之间很少发生业务往来,即药品在医药公司间的调拨业务很少。药品批发公司主要销往全国医疗机构(公立医院、私立医院和诊所)、药品零售药房。从澳大利亚全国的人口和药品批发公司设置的数量看,政府对医药公司的设立审批坚持质量、规模,控制数量,注重管理机制的原则[1]。澳大利亚现有遍布全国的社区零售药店 5 400 家[2],政府对零售药店实行总量控制,全国开办药店的总数不得超过 5 500 家。开办零售药店必须取得《药品经营许可证》,零售药店的设置是根据人口居住区域的平方公里数(面积)来设置,城区、市郊和乡村总体分布较为平衡,布局相对合理,消费者购药比较方便。其药店的主要特点:一是药品摆放整齐、干净明亮、周围环境条件好。二是药品严格按分类管理摆放,

---

[1] 澳大利亚药品监管和医药产业的概况. https://wenku.baidu.com/view/ff09342eb4daa58d a0114a2e.html.

[2] 赵绯丽,吴晶,吴久鸿. 澳大利亚药物福利计划可持续措施——基于 2015 年新一轮改革方案 [J]. 中国医疗保险,2016,4:67-70.

标识清楚。非处方药、保健品通常摆放于药店外侧,消费者可以方便自由选购,而处方药通常摆放于药店内侧,与非处方药有着明显的界限,消费者不得进入处方药品区域,不能随意选取。三是药店的经营面积大小没有严格的规定,面积大的达 300 m^2,小的只有 7~8 m^2。这与我国对县以上零售药店必须达到 40 m^2 的规定明显不同;四是澳大利亚药店可兼顾销售其他日用商品,如保健品、化妆品、洗漱用品等。澳大利亚的药剂师必须经过 4 年的大学学习,毕业后经实习 1 年才可参加药剂师的考试,经考试合格方能取得药剂师资格。澳大利亚药剂师实行总量控制,全国药剂师大约 6 000 名,开设零售药店必须取得药剂师资格,一名药剂师最多可开设 1~3 家零售药店,也可结伴连锁,如 3 名药剂师合伙开设 9 家零售药店。零售药店的销售人员必须经过专业技能培训才能上岗销售药品。同时,凡从事药品工作的人员每年度必须接受相应的药品知识培训,以完成再教育学分制度。澳大利亚药品流通是由制药企业提供给批发企业,再由批发企业提供给各地药房和医院。澳大利亚药品批发企业集中度非常高,药品福利计划(Pharmaceutical Benefits Scheme,PBS)[1]目录上药品全部由覆盖全国的 3 个大企业和另外 3 个小企业完成。澳大利亚实行医药分业。公立医院只有住院病房,负责所有药品的采购和分发。除特殊情况外,所有药物进入医院都要经过医院所在地区药物委员会的批准。门诊要凭医生处方在社区药房拿药,只有具备药剂师资格者才能开办社区药房[2]。

澳大利亚药品津贴定价机构(Pharmaceutical Benefits Pricing Authority,PBPA)[3]和 PBS 下属的药品津贴咨询委员会(PBAC)[4]负责 PBS 药品定价。PBPA 根据 PBAC 的建议制定药品从批发商到药店的批发价,其中包含批发商享有的 10% 的差价。PBAC 要求药品生产商在申

---

[1] PBS:是澳大利亚全民健康保险制度的重要内容,筹资独立于全民医疗保险制度筹资之外,由联邦政府全额提供,单独运行。相当于中国的医疗保险目录。
[2] 澳大利亚药品福利计划及其对我国的启示. http://www.nhfpc.gov.cn/mohzcfgs/s9663/201205/54862.shtml.
[3] PBPA:负责与药品提供商进行谈判,以及向卫生和老龄部(MHA)建议入 PBS 的药品价格。药品提供商向 PBAC 提供药品的相关资料,与 PBPA 就药品价格进行谈判。
[4] PBAC:包括两个附属委员会,即经济学附属委员会(economics sub-committee,ESC)和药品附属委员会(drugutilisationsub-committee,DUSC)。ESC 负责对申请的药物进行经济学评价,DUSC 负责收集澳大利亚药品使用的数据并分析,同时与其他国家做比较。PBAC 负责向卫生和老龄部推荐哪些药品和药剂被列入药品补贴计划,以及在什么情况下列入。

请进入 PBS 药品目录时提交药物经济学评价报告,并出台了《药物经济学评价指南》。在 PBPA 制定药品批发价格的基础上,澳大利亚政府对药品在药店的出售价格的差价也进行规范。根据相关法规,PBS 药品目录的药品单价与药店加成的关系见表 6-6。

表 6-6 澳大利亚 PBS 药品目录药品药店加成[①]

批发价(澳元)	药店最大加成比例(%)	药店最大加成(澳元)
0~180	10	/
181~450	/	18.00
451~1 000	4	/
>1 000	/	40.00

澳大利亚的药品批发流通企业必须遵守药品价格定期披露机制。对于 PBS 目录中已过专利期的原研药和仿制药,药品批发商必须定期向政府如实披露真实的市场交易价格。如果根据企业提供的交易量和折扣数据所计算的市场加权平均价格低于 PBS 价格的 10%,则 PBS 给付价格将强制下调至该加权价[①]。

澳大利亚的药品流通示意图见图 6-6。

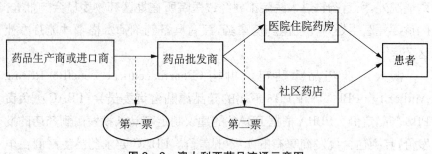

图 6-6 澳大利亚药品流通示意图

澳大利亚医药体制改革的一个亮点是对分布在全国社区药房的药事服务进行改革。药房的主要利润来源是药品加成和服务补贴。过去,药房的药品加成直接与药品价格挂钩,随着药品价格的不断下调,药房利润也不断缩水,对维护服务的稳定性和药师积极性均造成不利影响。2015

---

① 沈维,财政部社会保障司. 主要国家药品价格管理政策及对我国的启示[J]. 预算管理与会计,2017,3: 57-63.

年的改革对药房加成费管理进行了调整,加成比例与药价脱钩,并更名为"管理分发基础设施费"(administration handing and infrastructure fee,AHI)。还出台了一系列举措以加强药房药事服务职能并积极拓展药房的职能。比如,将药房建成并纳入初级卫生保健点,投入 5 000 万澳元支持药房开展实验性项目,探索早期筛查干预,提高药物依从性和简单疾病管理等项目以及对药房的服务项目进行有效性和成本—效果评估[1]。这些对于我国进行"两票制"改革中的批零融合,压缩流通差价,开辟零售新市场有一定的借鉴意义。

(七) 韩国

2000 年 7 月之前,韩国尚未进行医药分开改革,医疗机构是药品销售的主渠道。2000 年 7 月,韩国进行医药体制改革,进行医药分开,将医疗机构的门诊药房从医疗机构剥离,门诊用药由患者手持医生处方可以到全国任何一家药店购买,医疗机构只提供住院用药。韩国也实行国民社会医疗保险制度,凡是在保险费用中可以报销药品的价格均由国家保健福利家庭部及所属的健康保险审查评价院和健康保险政策审议会制定保险最高支付价格。韩国医药市场的特色:一是药店的药剂师有权将医生处方的药品更换为同类等效且价格更便宜的药品,并将两种药品价格的差额的 30%奖励给药剂师[2],以鼓励低价仿制药的使用。二是韩国医疗机构和终端药店的药品绝大多数是从药品生产企业直接进货,少数药品是从通过经政府资格认定的医药流通企业采购的。韩国药品流通示意图见图 6-7。

(八) 瑞典

瑞典的药品流通市场高度集中,主要由两家药品批发企业经营,Kronans Droghandel 和 Tamro 占据了瑞典药品批发流通市场 100%的市场份额。药品批发商只能为药店、医疗中心和医院药房提供药品,不能为患者直接提供药品。瑞典所有的药店都属于国家所有,都属于国家药品药房协会(Apoteket)管辖,都使用同一个药房名称 Apoteket,因此瑞典全国只有一个连锁药店,那就是 Apoteket。Apoteket 在瑞典全国有 950 家分店。另外,在瑞典有 80 家医疗机构的门诊药房提供非处方药(over the

---

[1] 赵绯丽,吴晶,吴久鸿. 澳大利亚药物福利计划可持续措施——基于2015年新一轮改革方案[J]. 中国医疗保险,2016,4:67-70.

[2] 沈维,财政部社会保障司. 主要国家药品价格管理政策及对我国的启示[J]. 预算管理与会计,2017,3:57-63.

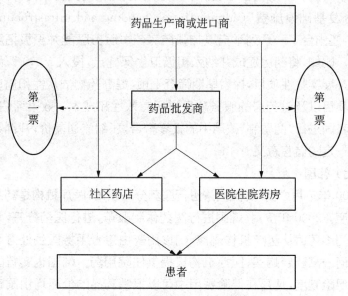

图 6-7 韩国药品流通示意图

counter，OTC)[1]的销售。

瑞典的药品流通示意图见图 6-8。

在瑞典理论上所有药品的批发价和零售价都可以自由设定，但实际上如果药品需要在瑞典的医疗保险系统内报销的话则出厂价、批发价和零售价都要受政府部门的严格监管。在瑞典为了满足报销的要求，都需要把药品的出厂价和批发价等这些所谓合理的价格报给国家药品福利理事会(LFN)，由国家药品福利理事会审核批准，所有药品在药店的零售价要通过一个递减模型来管控。但医院住院部药房的用药则是通过集体采购组织(GPO)与制药企业经过公开招标谈判来达成价格的。在瑞典药品批发领域的平均利润约为 2.7%[2]。在瑞典药品在零售药店出售时递减加成见表 6-7 和表 6-8。

---

[1] 非处方药(OTC)是指那些不需要医生处方，消费者可直接在药房或药店中即可购取的药物。非处方药是由处方药转变而来，是经过长期应用、确认有疗效、质量稳定、非医疗专业人员指导也能安全使用的药物。在我国又分甲类 OTC 和乙类 OTC。甲类(红色标签)的可在医院、药店销售；乙类(绿色标签)的是可以在医院、药店、超市、宾馆等地方销售。

[2] 克劳迪雅·哈布尔主编.欧洲二十五国药政管理体系[M].李滔主译.北京：中国医药科技出版社,2016：361-179.

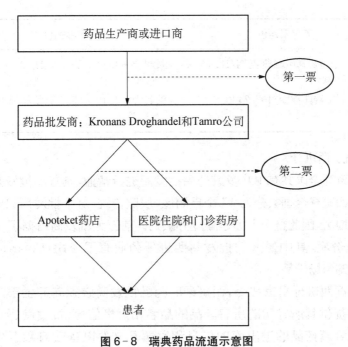

图6-8 瑞典药品流通示意图

表6-7 瑞典处方药药店加成模式

药房采购价	药房零售价
0～75.00 瑞典克朗/8.08 欧元	采购价*1.2+31.25 克朗/3.37 欧元
75.01～300.00 瑞典克朗/8.09～32.32 欧元	采购价*1.03+44 克朗/4.74 欧元
300.01～6 000.00 瑞典克朗/32.33～646.40 欧元	采购价*1.02+47 克朗/5.06 欧元
＞6 000.01 瑞典克朗/646.41 欧元	采购价+167 克朗/17.99 欧元

表6-8 瑞典非处方药药店加成模式

药房采购价	药房零售价
0～20.00 瑞典克朗/2.15 欧元	（采购价*1.42+4.1 克朗/0.44 欧元）*1.25
20.01～50.00 瑞典克朗/2.16～5.39 欧元	（采购价*1.4+4.5 克朗/0.48 欧元）*1.25
50.01～100.00 瑞典克朗/5.40～10.77 欧元	采购价*1.12+47 克朗/5.06 欧元

续表

药房采购价	药房零售价
100.01～1 000.00 瑞典克朗/10.78～107.73 欧元	（采购价＊1.11＋19.5 克朗/2.10 欧元）＊1.25
＞1 000.01 瑞典克朗/107.74 欧元	（采购价＊1.10＋29.5 克朗/3.18 欧元）＊1.25

(九) 西班牙

西班牙全国共有 100 多家药品批发商进行营业，其药品批发是多渠道的。西班牙全国共分为 17 个自治区，按照传统，每个批发商只专注于自己的地区，因此整个市场是高度分散的。前五大批发商占据了 50.4%的市场份额，其中最大的批发商西班牙药业有限公司(Cofares)占有 18.2%的市场份额。

根据西班牙皇家法令，西班牙的药品批发商必须向卫生部门和地方政府提供其所经营的所有药品的品名和价格信息，批发商还必须保留所有经营药品的进出库的信息和发票及文件以备政府和卫生部门随时核查。在西班牙只有药师才能拥有和经营药房。设立药房要根据全国统一的法律制度，但每个自治区对设立药房另外有自己的人口数量和地理标准。西班牙的药品(包括处方药和非处方药)只能在药店销售，全国有 20 461 家药店①，其中 78%的药店坐落在城市地区。在西班牙人口超过 5 000 人的地区定义为城市地区。西班牙的药品流通示意图见图 6-9。

药品价格方面，在欧盟透明度法令(*The EU Transparency Directive*)②下，欧盟成员国绝大多数都限制了药品自由定价的权利，西班牙也遵守欧盟的要求。根据《西班牙药品法案》第 100 章的规定，政府有权力对药品

---

① 克劳迪雅·哈布尔主编.欧洲二十五国药政管理体系[M].李滔主译.北京：中国医药科技出版社，2016：345-348.
② 欧盟透明度法令是一条法令，该法令要求在欧盟成员国规范市场交易证券的公司在整个欧洲大陆公布公布金融信息。证券在欧盟国家交易的企业必须支持这条法令作为它们努力服从(compliance)法规的一部分。欧盟透明度法令于 2007 年 1 月 20 日生效。依照这条法令，企业必须做年度和半年次的财务报表，还有财政年度一、三季的中期管理报表。这条法令还要求及时公布所有重要的财务新闻。根据这条法令，这些信息都应由监管信息服务(regulatory information service)部门发布。这些机构根据法规标准工作，并把信息传给电子财经媒体，如路透社、彭博社、道琼斯通讯社和亚太金融新闻社。该法令还要求成员国保证至少有一个正式任命机构(OAM)用来集中存储规范的信息。

第六章 发达国家"两票制"的经验及借鉴

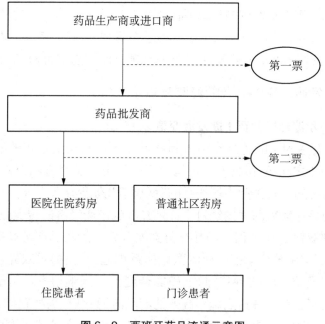

图 6-9 西班牙药品流通示意图

价格进行干预。在西班牙只要是会给政府财政带来负担的药品,即需要在医疗社会保险中报销的药品的价格都受到政府的管控,这既需要药品制造商执行,也需要药品批发和零售商执行。因此,对于药品生产商来说,其生产的药品如果出口国外和在国内销售的定价体系是完全不同的。《西班牙药品法案》第 100 章规定西班牙药品批发流通企业在国内销售药品必须出示药品生产厂家信息。因此,如何区分销售到国外的药品就成为一个需要解决的问题。为了解决这个问题,西班牙政府于 2003 年 6 月 13 日公布了一项皇家法令,引入了一套对整个药品供应链进行追踪的系统,即药品流通追溯系统。根据西班牙该项药品流通追溯系统法令的要求,西班牙的药品批发商必须向卫生部门和地方政府提供其所经营的所有药品的品名和价格信息,批发商还必须保留所有经营药品的进出库的信息和发票及文件以备政府和卫生部门随时核查。在这一点上与我国政府在执行"两票制"时要求相关企业提供的有关资料上相比可谓有过之而无不及。

在西班牙无论处方药还是非处方药,无论是报销的药品还是非报销的药品,所有药品的批发商的利润都是有限定的,如果药品出厂价格低于

89.26 欧元,那么其批发商的利润为 7.6%;如果出厂价格高于或等于 89.26 欧元,那么批发商的利润则固定为 7.37 欧元。对于零售药房来讲,如果药品批发价格低于 89.26 欧元,那么其零售利润为 27.9%;如果批发价格高于或等于 89.26 欧元,那么零售商的利润则固定为 37.53 欧元[①]。

二、发达国家"两票制"经验及启示

(一) 积淀深厚并正不断发展变革

(1) 发达国家的药品流通体制经过几十年甚至上百年的时间历史演变,目前比较成熟和高效。正是由于时间上的宽容度和自然性变迁,才产生现在适应其医药市场体系的"两票制"药品流通格局。我国的药品市场则是在较短时间内经过了计划经济到市场经济的转变,从单轨计划分配到双轨的计划和市场并存再到如今完全的药品市场竞争销售行为,并且要与由政府掌控国有的医疗体系相适应,又要采取先进国家的"两票制"模式。因此,在时间上和复杂度上要困难得多。希望能在更短时间内弯道超车并达到扁平高效的药品流通效果,需要我们:一是要有接受在短时间内我国的医药流通体制发生较大变革或较为剧烈变化的心理准备和物质准备;二是要有接受我国的医药市场受到政府更多行政干预的心理准备,也就是要接受短时间内我国的医药市场是"政策市"[②]的心理预期。目前,所谓的行政干预措施既是我国加快医药流通体制改革的必要和必须手段,也是之后完善成为相关法律制度或规范的前奏和示范。

(2) 从发达国家最新市场情况来看,药品流通体系目前仍然处在进一步压缩环节提高配送效率和提高综合效益的快速历史演变过程中,具体形式包括水平整合和垂直整合,尤其是垂直层面的批零一体化整合影响重大。欧洲国家通常禁止批发商和零售商的垂直整合,以避免形成产品供方垄断和潜在的药品供应短缺问题。批零一体化可以获取药品全流通环节的利润,有利于提高盈利能力,还有助于发展企业自有品牌或优势产品。只要允许垂直整合的国家,批零一体化的企业就会快速出现。目前,最为典型的垂直整合是英国沃博联集团,其前身是英国的博姿药店,后逐

---

① 克劳迪雅·哈布尔主编. 欧洲二十五国药政管理体系[M]. 李滔主译. 北京:中国医药科技出版社,2016: 345-348.
② 政策市,原意是指利用政策来影响股指的涨跌,政策的操作和影响对象很明确,即股票指数。这里是指医药市场在一段时间内受政策的影响大于市场经济本身规律的作用。

步与生产流通企业整合形成联合博姿企业,实现了生产流通零售全链条的整合。2015年,进一步与美国Wallgreen药店集团整合,形成了国际化的新型药品流通企业沃博联集团①。在批零一体化的整合方面美国走在了市场的前列。因此,在我国推进"两票制"的过程中要紧盯发达国家医药流通体系的最新变化现状,研究和发现其发展变化趋势,预测其方向,随时微调我国的相关政策。目前,一个最大的变化趋势是:在后金融危机时代,随着发达国家人口老龄化的加剧和经济增速的减缓,用于社会医疗保险资金的筹集越发困难,对医药流通行业的规模和流通效率提出了更高的要求,各国对医药流通领域的干预或明或暗都在增加。对于不需报销、不增加本国医疗卫生费用或用于出口的药品不仅不限制其价格,反而以药品研发成本高昂为借口抬升药品价格,为本国增加利润和税收,间接为本国医疗卫生系统增加筹资;对于需要报销、会增加本国医疗卫生费用负担药品的价格和流通渠道严格限定和管理。

(二) 激烈市场竞争是形成"两票制"的根本因素

2004年,英国有14家全线批发商,到2013年只有3家全线批发商,这3家全线批发商占英国药品批发金额的70%。1970年代美国有200多家药品批发公司,2000年只剩下50多家,目前,85%的市场集中在3家大型医药公司手上,其利润率只有1%左右,还在不断地向下兼并重组,促进批零一体化,规模越来越大,效率越来越高。法国4家批发商的销售额占总销售额的99%。其他欧盟国家的药品批发企业在国家限定企业利润率的条件下也不断地通过兼并重组做强做大。因此,通过对利润的条件设限或激烈的市场竞争,发达国家的药品流通市场都实现了"两票制",甚至直接从生产企业到终端的直接供货。但对于我国来讲,由于市场的不完备和法律制度的不健全,特别是地方保护主义的盛行,导致很难通过市场之手、通过竞争之路实现药品流通市场自发整合成"两票制"的高效模式。2016年,全国药品流通直报企业主营业务收入13 994亿元,扣除不可比因素同比增长11.6%,增速同比上升0.7%;利润总额322亿元,扣除不可比因素同比增长10.9%,增速同比上升0.3%;平均毛利率7.0%,同比上升0.1%;平均费用率5.2%,同比下降0.2%;平均利润率1.8%,同比上升0.1%;净利润率1.5%,同比上升0.1%。截至2016年11月底,全国

---

① 傅鸿鹏. 从国际经验看药品流通"两票制". 2017-01-10. http://www.cn-healthcare.com/article/20170110/content-488707.html.

共有药品批发企业 12 975 家;药品零售连锁企业 5 609 家,下辖门店 220 703 家;零售单体药店 226 331 家,零售药店门店总数 447 034 家①。从以上数据可知我国药品批发行业的利润虽然很低,几乎与发达国家处于同一水平,但平均费用率高达 5.2%。规模小、费率高充分说明了我国市场竞争的不充分性。由于地方保护主义的缘故,甚至出现"劣币驱逐良币"的现象。2016 年底,我国药品流通股票上市企业中市值 100 亿元以上的企业有 16 家,分别是国药控股、上海医药、华润医药、华东医药、九州通、国药一致、瑞康医药、中国医药、同济堂、海王生物、国药股份、老百姓、柳州医药、一心堂、益丰药房和嘉事堂,其中国药控股、上海医药和华润医药的市值均超过 400 亿元。23 家药品流通行业上市公司披露的 2016 年对外投资活动共有 86 起,涉及金额 125 亿元①。对外投资活动中有部分是投资于医院、药品生产、药品研发等领域,真正用于流通企业间的重组等费用是很有限的,特别是对于我国 12 000 多家批发企业、5 000 多家连锁零售企业和 220 000 多家单体药店来讲更是杯水车薪。国药控股、上海医药、华润医药、九州通等企业在全国市场的扩张过程中面对"地头蛇"的本地企业,有时不仅不能兼并重组,就是在当地新办配送企业,也必须面对百般刁难;仓库和配送中心的选址也往往选在偏僻而远离终端市场的地区;在办理营业执照、税务、用电、用水、用工、防火、保险等过程中也往往一拖再拖,没有一年半载很难开始营业。从市场占有率来看,药品批发行业集中度提升很缓慢。2016 年,药品批发企业主营业务收入前 100 位占同期全国医药市场总规模的 70.9%,同比上升 2.0%。其中,4 家全国龙头企业主营业务收入占同期全国医药市场总规模的 37.4%,同比上升 0.5%;15 家区域龙头企业主营业务收入占同期全国医药市场总规模的 18.4%,同比上升 1.1%;排序最后一位的企业主营业务收入由 2015 年的 11.5 亿元增长到 2016 年的 12.4 亿元①。我国药品流通批发行业集中度提升缓慢充分体现了我国药品批发行业竞争的不充分性。大部分药品流通批发企业或者本身是国有企业,或者是利润大户,或者与当地卫生医疗部门关系密切,或者在临床一线进行药品临床推广,或者通过虚开过票。总之,都可以在当地政府或本土势力或明或暗的保护下生活得"有滋有味",根本没有生存压力。经营能力提升、人才素质提升、设施设备提升、兼并重组等有利于我国药品流通领域良性发展的措施和手段没有用武之

---

① 商务部. 2016 年药品流通行业运行统计分析报告[Z]. 2017-6-16.

地。因此,促进市场竞争,打破地区界限,引进龙头企业,支持建设全国性、区域性的药品物流园区和配送中心,推进药品流通企业仓储资源和运输资源有效整合,多仓协同配送,允许药品流通企业异地建仓,在省(自治区、直辖市)域内跨地区使用本企业符合条件的药品仓库等措施的推广和加强是我国形成全国一盘棋的药品流通配送体系,尽快形成"两票制"格局的当务之急。

(三) 完备的法律制度和全流程监管是"两票制"的必需

早在1994年欧盟药品管理局(European Medicines Agency,EMA)就推行GDP,几经修改,目前使用的是2013年版本的GDP。同时,欧盟为GDP检查设计了一整套法律法规,其中包括《药品分销质量管理规范检查规程(人用药)》《药品分销质量管理规范证书签发与更新(人用药)》《对批发企业实施检查的检查员培训与资质指南》等。为了欧盟内部的统一性,欧洲药品管理局对GDP检查流程和检查人员的资质做出了统一的规定,具体流程大致为药品批发企业提出申请,检查员做好准备工作,检查主管机构与申请人进行首次会议,然后开始详细的现场检查,最后在末次会议上报告所有检查情况。对于检查合格的企业自最后一次检查90天内发放认证证书,相反,则给出不合格报告。没有对零售药房进行GDP认证的规定。英国GDP认证主要参照欧盟的标准进行,由医药健康管理机构(Medicines and Healthcare Products Regulatory Agency,MHRA)直接负责GDP认证,药品批发企业按照规定流程提出申请,MHRA在90天内会对申请做出评价,检查之后申请人会收到一份报告,当检查员认为申请人对报告中的问题一一做出修正后,MHRA会同意申请人的注册申请,同时发给批发许可证和GDP认证证书。美国各项条例和法律法规中都没有出现GDP的规定,根据《联邦食品、药品、化妆品法》,药品批发企业必须有许可证才能经营。美国各州的药房理事会(Board of Pharmacy,BP)负责药品批发许可工作,药品批发企业首先需向BP提出申请,BP或者其指定的第三方机构对资料进行审查,并进行现场检查,对符合条件的企业发放许可证。药品批发企业在每一个经营场所的活动都需要取得BP的认可,每年都要更新自己的证书。同时,在申领许可证之前,药品批发企业每个设施都要经过BP或者其认证的第三方机构的检查,设施的检查频次由BP确定,但不得低于3年一次。美国零售药房的注册申请流程类似于批发企业。虽然美国没有GDP认证,但是有类似的认证项目,即经核实药品分销企业认证(Verified-Accredited Wholesale Distributors,

VAWD)。VAWD 由药房理事会联合会（National Association of Board of pharmacy，NABP）从 2004 年起推行，一出台就受到了美国食品和药物管理局的大力支持，此项认证旨在阻止假劣药品进入美国医药分销的各个环节，保障民众的用药安全。虽然 VAWD 不具有法律强制力，仅仅只是行业自律的表现，但是各药品分销企业将获得 VAWD 标志作为一种荣誉。目前，全美共有 21 个州认可 VAWD 认证，其中印第安纳、北达科他、怀俄明 3 个州将 VAWD 认证作为药品批发企业许可的一个部分。要获得 VAWD 认证，企业首先要提出申请，提交相关材料并交纳费用，NABP 负责对企业各项情况进行审查，其中包括许可证和授权人核查，NABP 数据库（NABP Clearinghouse）筛查相关信息，企业犯罪和经济背景核查，根据 VAWD 标准审查企业程序和政策、现场检查等。VAWD 认证并没有证书，检查合格的企业将有资格使用 VAWD 标志，每年 NABP 都会对认证企业进行评估，每 3 年进行一次现场检查。澳大利亚在 1991 年曾经出台《优良批发准则（人用治疗用品）》(*Code of Good Wholesaling Practice For Therapeutic Goods For Human Use*)，2011 年重新出台《优良批发准则（第 2、3、4 和 8 类药品）》(*Code of Good Wholesaling Practice for Medicines in Schedules 2,3,4 and 8 GWP*)。但是在文件介绍部分明确指出，这仅是一份操作准则而非法律，并未要求各个州或者地区强制性实施，这就造成了此份文件法律地位不高的现状。但在昆士兰、南威尔士州等地，法律明确规定药品批发企业必须符合 GWP[①]。此外，日本、韩国等其他先进发达国家在药品流通方面都有完备严格的法律制度和规范严谨的执行实践。但这些国家对药品流通的监管并没有牵扯到"两票制"的问题，只是在西班牙，政府为了管理药品价格才规定药品批发商必须向卫生部门和地方政府提供其所经营的所有药品的品名和价格信息，批发商还必须保留所有经营药品的进出库的信息和发票及文件以备政府和卫生部门随时核查，这种药品的追溯用在我国对"两票制"的监管上有异曲同工的效果。无论是国内的 GSP，还是国外 GSP、GDP、VAWD、GWP，关注的焦点都是药品在流通过程中的安全有效问题和闭环管理问题，即防止假劣产品的渗入和洗白。而我国目前在药品流通领域面临的问题除了与发达国家的共性问题之外，主要有药品流通链条太长、流通费用太高、租

---

① 洪兰，王璇，贡庆，等. 国外药品经营质量管理规范认证制度的研究[J]. 中国药事，2016，5：434 - 438.

借证照、商业贿赂、价格欺诈、价格垄断、伪造虚开发票等,这些问题仅仅靠 GSP 是无解的。对于药品流通领域的管理,我国的 GSP 偏重于对质量的管理。国家食品药品监督管理局局务会审议通过并于 2007 年 5 月 1 日起施行的《药品流通监督管理办法》对药品生产、批发、使用企业和机构做出了严格的要求,但主要是偏重于静态的资料、资格、资质和程序的要求,对药品流通链条长度、流通加价、商业贿赂、价格欺诈、价格垄断等着墨不多。因此,需要通过流通领域的"两票制"规定、GSP 规定及《药品流通监督管理办法》等相契合,有必要尽快地研究制定有利于执行和监管"两票制"的新版 GSP,同时融入《药品流通监督管理办法》,赋予 GSP 鲜明的时代特色和中国特色,从而通过严格的全流程监管既保证我国药品流通的安全性有效性,又保证其快捷性和经济性。同时对于零售领域的 GSP 的规则和执行,可以考虑与流通领域的 GSP 分开,分类制定不同的 GSP,做到分类执法,精准执法。

(四)健全的设备设施和诚信守诺的社会基础

1. 先进技术的广泛应用　发达国家药品流通过程中大量采用最先进的物流信息技术以降低成本,提高流速,扩大规模。在实际的采购和销售过程中可以应用网上企业资源管理系统(Web-based enterprise resource planning,Web-based ERP)、网上维修保养运营系统(E-maintenance,repair & operations,E-MRO)、电子招标系统(E-tendering)、电子搜索(E-sourcing)、电子通告(E-informing)、电子方向拍卖(E-reverse Auctioning)6 种不同模式,而通过这些模式的应用在电子商务采购中不仅可以大幅度地降低成本,而且还会对采购业务产生很多间接的影响,在采购业务的政策制定、费用分析、规范制定以及供应商选择等方面都将产生重大的影响[1]。目前国际流行的药品电子商务模式有 3 种。

(1) 全球医药交易中心(Global Healthcare Exchange,GHX)模式:作为世界医药交易中心,GHX 负责向医药流通领域提供全方位的中介电子贸易交易服务。GHX 一开始是致力于专业节点服务,但是伴随着其规模的不断扩大以及医院信息化管理水平的改善,GHX 开始将服务业务扩展到增值服务,比如合同管理、对接服务、战略报告等。GHX 允许用户通过多种途径连接 GHX 的目录,获得不同的服务。GHX 与非营利性机构紧急医疗研究机构(Emergency Care Research Institute,ECRI)形成了密

---

[1] 郭元峰. SK 医药公司药品采购电子商务模式研究[D]. 咸阳:西北农林科技大学,2013.

切的合作关系,一起推动医药行业的快速发展,他们根据世界医疗技术命名系统(Universal Medical Device Nomenclature System,UMDNS)制定了分类结构的行业标准,使医院、供应商、综合交易网、销售商之间的数据交换成为了可能,大大改善了交易效率。其智能化中心可以对正处于采购状态的订单进行辨认与更正,以免出现采购纰漏,这为卖方提供了极大的便利。这一模式不再受人为因素的干扰,同时也降低了订单的错误率,加快了款项流动的速度,这对供应商来说也不失为一种便捷的收货方式。

(2)麦卡森模式:作为美国最大的医药批发商,麦卡森公司的信息、配送、医疗保健管理服务水平在世界上是数一数二的。麦卡森主要有医药解决方案、内科/外科解决方案和信息管理解决方案,这3项都是基于现代管理技术与信息技术的高科技业务。其中,所谓的医药解决方案,即美国、加拿大的医药分销业务提供给药房以及医院的医药管理服务、自动分销系统服务以及有关的市场咨询服务、信息服务等。

(3)卡迪诺健康(Cardinal Health)模式:卡迪诺健康公司是一家专门从事制造、分销,提供医药健康信息的医药跨国企业,在全美国医药分销企业中位居第二。从成立之初起,该公司就制定了实现信息化的发展战略,并为此而付出了一番努力。其医药电子商务模式已经摆脱了传统采购与销售格局的束缚,以互联网为依托对医院、连锁药店、药房、供应链信息、分销渠道系统进行了统一的管理,有效地利用了医药分销集约化与规模化的优势。在医药价值链中,公司还利用自身所处的位置与客户之间进行了交叉销售。

上述3种医药电子商务有着一个共同的特征,那就是在确保自身的传统业务得到有效发展的前提下,最大限度地应用信息技术,来对企业在运作方面的流程进行改造,进而使得企业的成本得到有效的下降,最终让企业的整体效益得到提升;在发展的过程中不断地对自身的发展方向进行改变,实施诸多极具特点的电子商务服务和增值服务,让企业的利润点得到有效拓展[1]。

发达国家在药品物流领域也广泛使用先进的科技手段扩大规模缩短流通链条。在对客户销售时对客户即时信息进行全方位整合下的 VMI (vendor managed inventory)模式,其软件系统是基于按需软件(on-

---

[1] 郭元峰.SK 医药公司药品采购电子商务模式研究[D].咸阳:西北农林科技大学,2013.

demand software)、应用服务提供商(application service provider,ASP)、托管软件(hosted software)基础上的软件即服务(software-as-a-service,SaaS)系统;在流动货物即时监控上采用基于美国海军研究试验室(U. S. Naval Research Laboratory,NRL)开发的敌我识别系统(Identification Friend-or-Foe system,IFF)的无线射频技术(radio frequency identification,RFID)和全球定位(global positioning system,GPS)技术;对需要低温运输的药品配备温度控制系统,来对各环节进行实时温度监控,部分企业购置有世界上最先进的自动控温与监控的冷藏运输车,利用专门的温度记录仪全程连续记录温度;大型流通企业配备全自动分拣机、制冷机、温度监控系统等基本的设备;对包含最小包装药品的每层级每个单元加贴电子标签(on board unit,OBU),采用专用短程通信(dedicated short range communication,DSRC)技术,与路测单元(road side unit,RSU)进行微波通讯,在药品高速通过RSU的时候,读取数据,写入数据,识别真假,计算费用,联网全程跟踪,全程联动。不论这些软件还是硬件,都需要理念的先进和大量的资金投入。

  我国最近几年对药品物流的投入进步很大,也积极与国外先进企业合作,但由于人口基数太低,与国外发达国家差距仍然很大。据不完全统计,全国拥有仓库管理系统的现代医药物流企业数量占比74.5%,拥有温湿度自动监测系统的占比93.8%,拥有订单管理系统的占比85.4%,拥有数码拣选系统(DPS)的占比50.5%,拥有射频识别系统(RFID)的占比55.2%,拥有仓库控制系统(WCS)的占比55.7%,拥有运输管理系统(TMS)的占比53.6%,拥有可追溯温湿度监控系统的占比84.9%,拥有客户关系管理系统(CRM)的占比49.5%,拥有货主管理系统(TPL)的占比45.3%。物流费用占医药物流企业3项费用(营业费用、管理费用、财务费用)总额的比例为8.9%,占营业费用的15.1%;账货相符率、准时送达率均达到98.5%以上,出库差错率为0.1%。此外,部分大型药品流通企业强化国际交流与合作,积极推进行业服务与国际接轨。如华东医药股份有限公司在商业理念、组织架构和商业模式上持续改革,引进互联网思维,与国际接轨,发展特色大健康板块;百洋医药集团与IBM合作,选择IBM的LinuxONE大型机,构建医疗界的最强大脑"菩提医疗云平台",支持青岛市市立医院(集团)的"物联网云医院"建设[①]。

[①] 商务部. 2016年药品流通行业运行统计分析报告[Z]. 2017-6-16.

一方面,国内部分企业建立了相关系统,具备了快速高效物流的基础;另一方面,这些系统由于操作不熟悉、使用费用高、相关配套不完备而导致使用率低下。据统计,我国传统的医药流通,每年平均周转 4 次,流通所需的费用率均超过 12.6%,最高的达到了 30%,而通过电子商务技术来完成流通的美国国内的医药业每年平均周转 15 次,费用率大约只有 2.6%[①]。因此,引进消化吸收国外先进技术和设备并融入日常应用发挥应有效益是当务之急。

2. 充分发挥药师等药学专业人才的作用 药品之所以是一种特殊的商品,是因为:它是以人为使用对象,预防、治疗、诊断人的疾病;有目的地调节人的生理功能,有规定的适应证、用法和用量要求;从使用方法上说,除外观外,患者无法辨认其内在质量,许多药品需要在医生的指导下使用,而不由患者选择决定。同时,药品的使用方法、数量、时间等多种因素在很大程度上决定其使用效果,误用不仅不能"治病",还可能"致病",甚至危及生命安全。

药品与其他商品相比有明显的特征:①生命相关性。药品与其他消费品比较,其不同之处首先要强调的是,药品是与人的生命相关的物质。不同的药品有不相同的适应证,以及用法用量,只有使用得当,才能维护人的生命与健康。若没有对症下药,或用法用量不适当,均会影响人的健康。②高质量性。由于药品与人的生命有直接关系,确保药品质量尤为重要。药品作为商品只有合格品与不合格品的区分,而没有优质品与等外品的划分。《中华人民共和国药品管理法》规定:"药品必须符合国家药品标准"。也就是说,低于规定的质量标准可能降低甚至失去药品的疗效。因此,法定的国家药品标准是保证药品质量和划分药品合格与不合格的唯一依据。药品的高质量性还反映在国家推行 GLP、GCP、GMP、GSP、良好中药材种植规范(Good Agriculture Practice,GAP)等质量管理制度。以此规范药品的研制、生产、流通、使用的行为,实行严格的质量监督管理,确保药品质量。③公共福利性。药品是防治疾病、维护人类健康的商品,具有社会福利性质。人类的疾病种类繁多,为此治疗疾病的药品品种也很多,但每种药品的需求量却有限,这就导致药品的成本较高。药品的公共福利性还体现在国家对基本医疗保险药品目录中的药品实行政府定价或者医保支付价制度,保证患者能买到质量高、价格适宜的药

---

① 郭元峰. SK 医药公司药品采购电子商务模式研究[D]. 咸阳:西北农林科技大学,2013.

品。④高度的专业性。药品和其他商品不同的又一特征是高度专业性。如药品的研究和开发更是需要多学科高级专家合作才能进行,为此制药工业被称为高科技产业。药品在使用环节中,处方药必须通过执业医师处方才能购买,消费者(患者)没有选择的自由,更无确认其真伪、优劣的能力,必须通过医师、药师的指导才能正确地使用。零售处方药和甲类非处方药的药房,必须配备执业药师。⑤品种多样性。品种多是药品与其他商品又一不同之处。人类疾病受到自然环境(地域、季节、气候等)和社会环境的影响,疾病的种类在不断增多,客观上需要多种药品来防治疾病。正因为如此在药品的全生命周期内必须要配备药学专业人才。在药品的流通过程中有对药品进行运输、储藏、分类、拆分、重包装、退货、检验、有效期管理等流程,如果没有专业的药学人才保驾护航则寸步难行。

  在先进发达国家,执业药师的地位与执业医师的地位同等重要。在欧美、日本和澳大利亚等国家执行医药分开,药品的利润主要在药品研发生产和药品使用这两个环节进行分配,对药品流通企业进行认证发证和检查核查时对药品专业人才的配备标准都有严格要求,对人员培训考核内容、标准、频次等都有严格要求。

  2013年6月1日,我国2013年版《药品经营质量管理规范》(GSP)正式实施。其中要求药品零售企业应该配备执业药师,指导消费者合理用药。此次新规中的第128条规定:"药品经营企业法定代表人或者企业负责人应当具备执业药师资格,企业应当按照国家有关规定配备执业药师,负责处方审核,指导合理用药。"第168条规定:"企业应当在营业场所的显著位置悬挂药品经营许可证、营业执照、执业药师注册证等。"新规实施后,食品药品监管部门也将严格要求零售药店执业药师的配备。我国从1994年开始实施执业药师资格制度。据国家食品药品监督管理总局统计,截至2016年12月31日,全国注册执业药师总数342 109人,同比增加84 476人;执业药师注册率52.7%,同比下降9.6%;全国每万人口注册执业药师数为2.5人,同比增长31.6%①。药师在国计民生中的重要作用主要体现在:①药师通过保证用药安全来保证人民群众的健康和生命安全;②药师通过保障合理用药来促进有限医疗资源的合理分配;③药师通过药物流行病学和药物经济学等研究,为药品生产者生产出更安全、更

---

① 商务部.2016年药品流通行业运行统计分析报告[Z].2017-6-16.

经济、更有效的药品提供了方向和数据支持,是医药科技发展的引领者;④药师通过监督和制约不当处方行为,促进合理用药,是缓解医患矛盾、担当医患沟通桥梁的重要力量;⑤药师是对医药流通领域不规范竞争监管的技术力量,对药品这一特殊商品的监管,关系着人民群众的身体健康,医药市场不能失去药师的有效监管。在现代社会里,付出劳动就应该得到相应报酬,药师所提供的药学专业技术服务应该有价值体现。2013年,世界药学大会上就明确提出:没有付费的药学服务不可能持续(without payment, no sustainability)。从发达国家的历史经验来看,药学服务收费是专业技术服务行业良性可持续发展的必然要求,在我国,药学服务收费通常称为药事服务费。

药事服务费指医疗机构药学部门、社会药店药师或执业药师为其所提供的药品调剂服务和基本药学服务而收取的费用,包含对基本运营成本和药师专业技术服务价值的补偿。根据服务地点和性质分为:门诊调剂服务费、住院药学服务费、专科药师药学服务费、治疗药物监测服务费、静脉用药配置服务费、药物基因组学服务费、咨询药师服务费、药店药学服务费、药学情报服务费、药事管理与药物治疗管理服务费、居家药学服务费等。以居家药学服务费为例,随着全世界老龄化进程的加剧,居家药学服务成为一种新兴的药学服务模式,药师进入患者家庭,建立电子药历和慢性病患者用药档案,每月开展上门体质监测,对肿瘤和慢性病等重点患者实施"星期制"管理,提醒用药规范,清理家庭小药箱。很多国家和地区开展了此项服务,如美国、英国、日本,以及中国台湾地区等。日本对开展居家药学的人员涉及准入标准、工作记录表单及收费计算的点数;中国台湾地区对开展居家服务的药师规定了明确的工作内容、服务时限(每个患者不少于40分钟)和服务报酬(每次1 000台币);加拿大萨斯喀彻温卫生局规定:"接受家庭护理和精神健康服务的萨斯喀彻温居民,可住在自己的家里接收综合打包服务,药师可上门进行用药评估,每次收取60加拿大元①。"2009年4月,中共中央、国务院发布的《关于深化医药卫生体制改革的意见》中明确提出:"积极探索多种有效方式逐步改革以药补医机制,通过实行药品购销差别加价、设立药事服务费等多种方式逐步改革或取消药品加成政策,同时采取适当调整医疗服务价格、增加政府投入、改革支付方式等措施完善公立医院补偿机制。改革现行的医疗机构补偿机

---

① 韩容,赵志刚.中国药学服务标准与收费专家共识[J].药品评价,2016,13(14):8-15.

制,形成更为合理的医疗机构服务价格体系,保证公立医疗机构的公益性。"可见,设立药事服务费已被我国政府作为政策方针明确提出。2013年12月初,重庆市政府办公厅转发了《重庆市卫生计生委等部门区县级公立医院药事服务费收取办法的通知》,成为中国第一个正式推行药事服务费的城市。随着2017年全国公立医疗机构药品零差价的推行,体现执业药师价值的药事服务费的推行也应该尽快提上议事日程。目前,我国药品流通领域的就业人员大部分不是医药专业人员,当然这与近些年药品流通业快速发展、大量人员快速流入、医药专业人才培养严重不足有关。当前,医药流通面临的主要问题是一方面医药专业人才不足,另一方面是现有的专业人才不能得到应有的重视和利用。要想尽快推行"两票制"并发挥其作用,充分利用药学专业人才、物流专业人才、管理专业人才、相关领域复合型人才等核心要素的积极作用是捷径之一。

3. 诚信自律的社会氛围　美国和欧洲对药品生产和流通的立法管理已经发展了超过百余年的时间,其法律法规相对来讲已经比较完备。在健全的法律制度下医药行业基本形成了诚信自律的社会氛围,基本可以做到令行禁止。例如,在药品流通配送过程中要求保留药品的进货记录和销售记录,要求准确上报药品进销价格,在整个过程中很少有虚报瞒报的情况发生。我国在推行"两票制"的过程中也需要严格法律、法规的执行,以期尽快形成诚信自律的社会氛围和良好的社会基础。21世纪以来,药品领域腐败和不道德行为受到国际社会高度关注。联合国"透明国际组织"等团体认为,药品领域的腐败尤其严重,其治理工作始终是各国政府的难题。腐败及相关问题高发的原因在于药品具有"高市场价值"属性,以及信息难以共享的特征。信息不对称广泛发生在药品生产商、管制者、卫生服务者、顾客或患者之间,腐败行为随之呈现为多发现象。包括产业层面对冲突性利益缺乏整合,比如重视投资者利益忽视公共利益,也包括常见的礼品、贿赂和回扣等行为,尤其是在产品注册、制定目录、监督检查、药品促销、采购销售等环节。此外,还包括一系列其他形式的问题,比如偷漏税、利益勾结、裙带关系等。为遏制以上问题,WHO在30多个成员国组织实施了"药品领域改善治理项目",建议从领导体系、公共项目、政府重组、加强法治、公共意识、反腐机构等6个方面实施改革。具体方法:一是从价值途径建立道德伦理规范、行为准则、对道德规范和行为准则进行系统的社会化普及、提高领导层素质等;二是从纪律途径在药品部门以外建设反腐法律和举报机制、在药品部门内部建立内外审计和管理程序、与反腐机构、公民机构和私人部门合作等①。

我国对医药流通行业的诚信自律也有大量的要求。目前,国内的医药代表主要根据工作对象分为临床医药代表和商业医药代表。临床医药代表主要负责与临床医生进行沟通,培训临床医生,向医生传递最新的药品信息,帮助临床医生规范使用药品,减少药品不良反应的发生,同时从临床医生处收集临床对药品的使用反馈,利于药品研发生产部门改进药品剂型、质量等。通过他们,医生可以获得该产品的全面指导和信息。通过这一类医药代表的筛选,产品信息被有效地分类和翻译,变成了医生招之即来的"用药词典",给医生在使用药品的过程中,提供了快捷准确的信息服务,被许多医药学专家称为"专业帮手",他们就是专业化医药代表。商业医药代表主要负责与医药流通配送企业进行沟通,主要职责是协商、签署流通配送合同、协调药品省(自治区、直辖市)级招投标、跟踪药品配送过程、传递药品配送的信息和资料如发票、随货同行单据、保险单据、质保协议,办理首营资质、负责退换货、货款收回等工作。与"两票制"直接相关的是商业医药代表,据不完全统计目前全国有 200 多万医药代表。对于国内大部分中小企业,临床医药代表和商业医药代表并没有明确区分,很多公司的临床医药代表和商业医药代表在同一地区往往是同一个人担任,这有利于节省人员开支和差旅费用。对于外资企业、合资企业和部分大型上市医药企业,临床医药代表和商业医药代表有明确区分,其任职的资质和条件明显不同。临床医药代表的专业性要求很高,基本要求有医药学本科以上的专业背景、并经过严格的专业培训和年度化学术培训,要求能与具有硕士博士学历的临床医学专家进行有效沟通,最好具备药师或执业药师资质。商业医药代表的专业要求往往会低一些,要求具备一定的医药学知识和金融会计物流常识等。在药品流通和制药企业中,对两类医药代表的管理部门也往往不同,临床医药代表往往由市场部或推广部管理,商业医药代表则由商务部或销售部管理,其招聘、管理、培训、考核等均有很大差异。

2017 年 2 月 9 日,《国务院办公厅关于进一步改革完善药品生产流通使用政策的若干意见》(国办发〔2017〕13 号)文件正式发布。在意见中,针对医药代表管理有具体规定:"食品药品监管部门要加强对医药代表的管

---

① 傅鸿鹏. 从国际经验看药品流通"两票制". 2017 - 01 - 10. http://www.cn-healthcare.com/article/20170110/content-488707.html.

理,建立医药代表登记备案制度,备案信息及时公开。医药代表只能从事学术推广、技术咨询等活动,不得承担药品销售任务,其失信行为记入个人信用记录。"截止到目前,已经有河北、湖南、山西、贵州、宁夏、广东、广西、黑龙江、陕西、甘肃等省(自治区)在发布的《改革完善药品生产流通使用政策》中,对国务院医药代表管理备案制政策进行了响应。

2017年8月24日,上海市食品药品监督管理局公布《上海市医药代表登记管理试行办法(征求意见稿)》,成为全国第一个要求医药代表信息备案的医改省(自治区、直辖市)而备受业界关注。其变革之一是医药代表不再负责销售职能。医药代表工作内容为负责制订药品(重点是新药)的学术推广计划和方案,向医务人员传递药品相关信息,协助医务人员合理用药、收集、反馈药品临床使用情况、药品不良反应信息等。变革之二是医药代表的管理主体落在制药企业。医药代表登记的事项,包括医药代表姓名、性别、身份证号码、学历水平、从业年数、联系电话,以及所属药品生产企业的名称、工商注册地、法定代表人名称等事项。医药代表登记信息,除身份证号和联系电话外,其他可通过网站向社会公开。2017年8月15日,上海市卫计委发布《上海市医药购销领域商业贿赂不良记录管理规定》,规定分5章24条,分别从适用范围、医药购销领域商业贿赂、不良记录情形、禁止行为、部门及科室责任、举报管理、公布管理、涉事个人处理、管理人员处理等24个方面进行了规范,于2017年9月15日起开始执行。这是继上海市出台《医药代表备案登记办法》(征求意见稿)之后,对医药购销领域又一次进行系统性规范的文件。从两个文件制定的逻辑看,药监部门主管医药代表备案,卫生部门负责对医药购销领域商业贿赂不良记录进行监管,这是上海建立医药流通行业诚信自律氛围的重要举措,将为"两票制"的推行和公立医院的改革奠定坚实社会和舆论基础。自2017年7月11日~8月24日,上海市针对药品使用规范共下发9份文件。将9份文件统一研究会发现,上海市医药行业灰色区域治理措施已不同以往的"喊喊口号,举举手,再搞一阵风"的严打,而是从各个方向真刀真枪地袭来。卫计委、医保办会同食品药品监督管理局等多个部门,对药品回扣中涉及的机构、人员、场所、行为、过程进行充分调研,才连续出台了这9份文件,其治理药品回扣之决心可见一斑。9份文件分别出自人社、卫计、药监3个部门,除信息系统规范管理规定外全部为多部门联合发布,综合治理意图明显。其中,《关于加强医药产品回扣治理制度建设的意见》是9个文件之纲领,旨在形成有针对性、具体化、可操作、可追责的医药产品回扣治理制度体系。从药品进院遴选、合理使用、医药代表供应商接待、医生行为规范、信息系统管理几方面施压。《药事管理与药物治疗学委员会管理规定》从药品入院环节进行管控。《加强上海市医保定点医疗机构自费药品采购和使用管理》以自费药品全部网上交易并纳入医院药品进行管理为抓手,自费药品使用透明化。《医疗机构处方点评工作管理规定》使处方点评常规化,不规范处方、不适宜处方、超常处方均有标准,同时对医师进行从培训、批评到离岗培训等不同程度的惩戒。《医药代表登记管理试行办法》让生产企业为医药代表行为负责,企业代表必须在医药代表登记系统备案,同时以不良记录为惩戒。《医疗卫生机构接待医药生产企业管理规定》通过登记备案和接待预约方式,使医院与生产企业的沟通全部可查。同时定时间、定地点、定人员、有记录、两人以上的规定让小动作难以发挥。《医师医保、卫生联合约谈工作》通过异常医保结算数据监控等手段治理乱开药、滥用药和医师收受回扣,对违规者施以警告、通报批评、限制或取消处方权、离岗培训等处罚。《购销领域商业贿赂不良记录》规定医生收受5 000元回扣即解聘,同时科室负责人、行风管理部门负责人、医院负责人连带处罚。涉事医院有可能降级。贿赂企业2年内不得参加集采。《加强药品使用信息系统规范管理规定》将查询统计权限最小化,同时双因素认证管理运维人员登录。"灰色处方"统计难上加难。这9份文件见表6-9。

表6-9 上海市2017年7~8月规范药品使用文件统计

序号	文件名称	文号	发布日期	生效日期
1	关于进一步加强本市医保定点医疗机构自费药品采购和使用管理的通知	沪人社医〔2017〕263号	2017/7/11	/
2	关于开展本市定点医疗机构执业医师医保、卫生联合约谈工作的通知	沪人社医监〔2017〕274号	2017/7/17	/
3	关于加强医药产品回扣治理制度建设的意见	沪卫计医〔2017〕35号	2017/8/15	/
4	上海市医疗卫生机构接待医药生产企业管理规定	沪卫计规〔2017〕10号	2017/8/15	2017/9/15
5	上海市医药购销领域商业贿赂不良记录管理规定	沪卫计规〔2017〕11号	2017/8/15	2017/9/15

续表

序号	文件名称	文号	发布日期	生效日期
6	上海市加强药品使用信息系统规范管理规定	沪卫计规〔2017〕14号	2017/8/22	2017/9/25
7	上海市医疗机构处方点评工作管理规定	沪卫计规〔2017〕12号	2017/8/22	2017/9/25
8	上海市医疗机构药事管理与药物治疗学委员会管理规定	沪卫计规〔2017〕13号	2017/8/23	2017/9/25
9	上海市医药代表登记管理试行办法	药监局征求意见稿	2017/8/24	/

针对国务院对医药代表的管理要求,截至2017年10月,全国共有11个省(自治区、直辖市)出台医药代表管理制度,主要内容见表6-10。随着全国医药代表管理制度的陆续出台,相信医药行业诚信自律的环境会越来越好。

表6-10 医药代表管理制度统计

发布日期	国家及省（自治区、直辖市）	主要规定
2017/2/9	国务院	食品药品监管部门要加强对医药代表的管理,建立医药代表登记备案制度,备案信息及时公开。医药代表只能从事学术推广、技术咨询等活动,不得承担药品销售任务,其失信行为记入个人信用记录
2017/5/17	河北	省级食品药品监管部门要制定医药代表登记备案制度,加强对医药代表的管理,各设区的市食品药品监管部门负责进行备案,备案信息及时公开。医药代表只能从事学术推广、技术咨询等活动,不得承担药品销售任务,其失信行为记入个人信用记录
2017/5/17	海南	加强对医药代表的备案管理。根据国家食药药品监管总局和原卫生部出台的《医药代表登记备案管理办法》,及时完成全省药品生产、经营企业医药代表的登记备案工作,将相关信息上网公布,充分发动社会监督力量,让医务人员和公众对其合法身份和学术推广行为进行监督。医药代表不得承担药品销售任务,对违规销售药品的医药代表,相关部门要实时将其违规销售药品的行为记入个人信用记录

续表

发布日期	国家及省（自治区、直辖市）	主 要 规 定
2017/6/29	山西	加强对医药代表的管理,落实医药代表登记备案制度,备案信息及时公开。医药代表只能从事学术推广、技术咨询等活动,不得承担药品销售任务,其失信行为记入个人信用记录
2017/7/12	贵州	加强对医药代表的备案管理。出台贵州省医药代表登记备案管理实施办法,及时完成全省药品生产、经营企业医药代表的登记备案工作,将相关信息上网公布,充分发挥社会监督作用,让广大医务人员和公众对其合法身份和学术推广行为进行监督。医药代表不得承担药品销售任务,对违反规定的,依规处理并及时记入个人信用记录
2017/7/14	宁夏	探索建立《宁夏回族自治区医药代表登记备案制度》,加大对医疗代表的监督,及时公开备案信息。医药代表只能从事学术推广、技术咨询等活动,不得承担药品销售任务,其失信行为计入个人信用记录
2017/7/18	广东	建立医药代表登记备案制度。医药代表只能从事学术推广、技术咨询等活动,不得承担药品销售任务。依法依规整治药品流通领域突出问题
2017/7/27	广西	加强对医药代表的备案管理。2018年6月底前,出台我区医药代表登记备案管理办法,及时完成我区药品生产、流通企业医药代表的登记备案工作,备案信息及时公开。医药代表只能从事学术推广、技术咨询等活动,不得承担药品销售任务,其失信行为记入个人信用记录
2017/8/2	黑龙江	加强对医药代表的管理,建立医药代表登记备案制度,备案信息及时公开。医药代表只能从事学术推广、技术咨询等活动,不得承担药品销售任务;其失信行为记入个人信用记录
2017/8/8	陕西	加强对医药代表的规范化管理。省级食品药品监管部门负责建立医药代表登记备案制度,市级食品药品监管部门负责进行登记备案,备案信息及时公开。医药代表只能从事新药学术推广、技术咨询等活动,向临床医生介绍新药知识,听取新药临床使用中的意见,不得承担药品销售任务,其失信行为记入个人信用记录。医药代表误导医生使用药品和隐匿药品不良反应的,应依法严肃查处。发动社会力量,让医务人员和公众对医药代表的合法身份和学术推广行为进行监督

续表

发布日期	国家及省（自治区、直辖市）	主 要 规 定
2017/8/24	上海	医药代表不负责销售职能。医药代表负责制定药品（重点是新药）的学术推广计划和方案，向医务人员传递药品相关信息，协助医务人员合理用药，收集、反馈药品临床使用情况、药品不良反应信息等。医药代表的管理主体是制药企业。医药代表登记的事项，包括医药代表姓名、性别、身份证号码、学历水平、从业年数、联系电话，以及所属药品生产企业的名称、工商住所地、法定代表人名称等事项。医药代表登记信息，除身份证号与联系电话外，其他通过网站向社会公开
2017/9/4	甘肃	加强对医药代表的备案管理。建立"医药代表管理平台"，将全省药品生产、经营企业医药代表纳入平台登记备案，实行动态化管理，平台信息向社会公开查询，充分发动社会监督力量，让医务人员和公众对其合法身份和学术推广行为进行监督。医药代表不得承担药品销售任务，对违规销售药品的医药代表，相关部门要实时将其违规销售药品的行为记入个人信用记录

随着上海市医药推广和使用领域的规定全面出台，上海市医药流通与使用领域的诚信自律环境将日渐成效。相信其他省（自治区、直辖市）也会逐步向上海靠拢，制定更多的医药推广和使用领域的制度；同时，全国医药代表管理规范和制度的逐步出台和日渐完善，整个医药流通和使用领域的生态环境将真正发生转变，药品回扣、药价虚高、多环节开票等顽症将逐步由表及里得到根治，相关的从业人员也将得到甄别、筛选、沉淀、分流，"劣币驱逐良币"的效应将根本扭转，专业和高素质人士将回归医药行业，整个领域从业人员的专业化、诚信自律等素质将得到质的提升，有利于我国医药行业的长远稳健发展。

第七章
完善药品流通"两票制"对策和建议

一、药品流通"两票制"改革是整个医改的突破口

(一) 药品流通是药品全链条中的薄弱环节

在整个医改的大局中,医和药是核心。与庞大的国家医疗体系相比,无论是从人才素质、技术、资产规模还是从国民直接感受来说药的全产业链都处于弱势中。而在药的全产业链中,药品流通又是弱势中的弱势。

(1) 从以下统计数据可以看出,医务人员的数量远远多于药品从业人员,人员素质也远远高于药品从业人员,对国家的贡献更是远远大于药品行业。2016 年末,全国医疗卫生机构总数达 983 394 个,全国卫生人员总数达 1 117.3 万人;卫生技术人员学历结构为本科及以上占 32.2%,大专占 39.3%,中专占 26.5%,高中及以下占 2.0%;2016 年,全国卫生总费用达 46 344.9 亿元;2016 年,全国医疗卫生机构总诊疗人次达 79.3 亿人次[1];2016 年,药品流通市场对医疗机构销售额 7 673 亿元,占终端销售额的 71.0%;对零售终端和居民零售销售额 3 141 亿元,占终端销售额的 29.0%,合计 10 814 亿元;截至 2016 年 12 月 31 日,全国注册执业药师总数 342 109 人;2016 年全国药品流通直报企业纳税额为 73.49 亿元[2]。药品流通企业绝大多数的从业人员从事的是仓储、运输等工作,对人员的专业素质要求不高,固定资产中运输工具和仓储用房租赁占比很大。相对而言,药品的研发和生产特别是研发需要大量高素质的专业人员,而研发

---

[1] 中国医院、医生、护士有多少? 权威答案来了. 2017 - 09 - 15. https://www.sohu.com/a/192148447_758942.
[2] 商务部. 2016 年药品流通行业运行统计分析报告[Z]. 2017 - 6 - 16.

机构却是极少的。

(2) 医疗行业快速发展,快速与国外先进国家进行对接,人员素质需大幅提高,同时医疗开支也水涨船高,这些都对医保系统形成巨大压力。请看上海一家医疗机构在 2019 年的一个招聘启事。

上海 XX 医院招聘启事

需求科室:

放射科、肿瘤内科、血液内科、康复医学科、核医学科、血管外科、创伤外科等临床医技科室。

岗位要求:

(1) 长期从事医、教、研工作,在本专业领域有突出的临床能力和学术造诣,具有良好的科室管理经验和团队合作精神。

(2) 年龄原则上男性 50 周岁以下、女性 48 周岁及以下,博士学历,正高职称。特别优秀者年龄可放宽至 52 周岁。

(3) 近 3 年作为第一负责人主持省部级及以上科研课题 1 项以上或获得省部级科技进步奖 1 项以上。

(4) 近 3 年以第一或者通信作者发表本专业 SCI 收录学术论著 2 篇及以上。

(5) 获得中组部千人计划、万人计划,教育部长江学者,国家自然基金委员会杰出青年科学基金、国家优秀青年科学基金者,国家级科研成果奖主要完成人,条件可适当放宽。

福利待遇:

(1) 以学科带头人为核心,组建科室团队。

(2) 按引进学科带头人层次提供安家费 100 万~300 万元。

(3) 提供科研启动基金 30 万~50 万元。

(4) 政策范围内安排配偶工作,协助办理子女就学。

(5) 根据相关政策,办理上海市事业单位进编及上海市户口。

随着医疗机构的快速扩张,医联体、医共体的建设逐渐在全国铺开,GPO 采购的执行将大大强化医疗机构相对于药品生产与流通企业的强势地位。由于药品生产企业掌控着药品的源头,同时"两票制"的推行导致药价高开环节上推至药品生产企业,因此在与药品生产企业的博弈中药品流通企业仍处于弱势地位。

(二)"柿子要捡软的捏"

医改的本质是对医药全域进行利益的重新调整,"触动利益比触动灵魂还难",而利益调整的改革只是稍逊于革命的难度。因此,医改要想取得突破和最终的成功一定要找到医药全域中的薄弱环节作为突破口,而不能面面俱到、全面开花。药价问题是民众反映最强烈的舆论点。因此,药品流通作为医药全域中的"软柿子"被"两票制"成为一种必然,同时这样的改革也是符合药品流通的发展规律的。

药品流通"两票制"改革后,紧随其后的必然是对药品研发和生产进行整顿和改革。"药品质量和疗效一致性评价"的推进,2019年1月份"4+7"城市带量采购的执行和被跟随,深圳GPO的开拔,医保支付价和DRG收付费改革的执行都将药品的降价作为改革的核心。有人说中国医改的难点是对医疗机构的定性——公益还是非公益,不能确定,但个人认为核心是利益的触动。当药品的水分被充分挤干后,整个国家卫生费用的腾挪空间就会大大增加,医疗机构的改革将水到渠成,在不增加财政对医疗卫生领域扩大拨款的情况下,利益的调整——医疗机构薪酬制度的改革就可以顺利进行。当然这些改革都有一个重要前提,那就是随着中国快速的少子化与老龄化,劳动力总量的持续减少,按照当前的发展趋势,国家医疗保障系统将很快入不敷出,面临崩溃状态,在这样巨大的压力下,医改的整体进程必须加快,必须在与医保资金快速衰竭的竞赛中取得志在必得的胜利,这也是唯一的出路。因此,站在医改全局的高度看"两票制"改革,就很容易理解国家执行"两票制"的意志和决心了。

二、各省(自治区、直辖市)政策内容和执行的统一

(一)充分认识"两票制"的必要性、合理性和可行性

通过在公立医疗机构药品采购中推行"两票制"可以带动在全国整个药品流通中规范药品流通秩序、压缩流通环节、挤出药品流通环节水分、降低虚高药品价格、净化药品流通环境、打击"过票洗钱"、强化医药市场监督管理、让市场和竞争在药品流通中起到基础性作用,进而保障城乡居民用药安全、维护人民健康。同时实施"两票制",能够让我国的药品流通水平,在技术和软硬件等方面实现弯道超车,发挥后发优势,快速追赶先进发达国家的药品流通水平,甚至实现领先和超越。因而实施"两票制"是合理的,也是必要的,必须落到实处,以尽快见到成效。我国是单一制的社会主义中央集权国家,具有强大的贯彻执行能力,对涉及国计民生的药品流通体系进行政府行政干预,促进体系精简既是改善药品领域治理能力和治理体制的有效手段,又深得广大人民群众欢迎和支持,因此具有

完全的可行性。相比较众多发达国家对药品领域的严格管控，特别是对用于本国民众，需要本国财税支持的药品支出的严密调控，我国基于公立医院药品集中采购的"两票制"管理和要求算不上过度干预，而是在我国医疗卫生体制改革总体布局和"健康中国2030"远景规划下具有重要意义和价值的政策探索。从医疗卫生角度看，"两票制"结合公立医院改革，有助于快速破除以药补医机制，促使公立医院公益性回归；从药品供应角度看，"两票制"有助于建立富有效率和具有成本效果的流通体系，加快理顺药品价格，促使药品治病救人本质属性的回归；从产业发展角度看，"两票制"有利于快速调整已被扭曲的产业结构、组织体系和利益分配机制，摆脱积习已久的历史包袱，加快推动我国药品流通体系走向现代化。

（二）尽快出台国家版本的"两票制"执行细则

2016年12月26日，国务院医改办会同国家卫计委等8部门联合印发了《关于在公立医疗机构药品采购中推行"两票制"的实施意见（试行）的通知》（国医改办发〔2016〕4号）后，各省（自治区、直辖市）都纷纷出台了本地方版本的"两票制"执行文件，但是由于各地发展水平不一致，对国家版本的理解存在较大出入和一定差距，直接导致各个地方制定的"两票制"文件认定细则有所不同，检查标准也不一致，对国家版本的"两票制"的权威性造成了较大的影响。省（自治区、直辖市）级部门发布的"两票制"规则与国家版本相比，有差异，但不大。主要体现在3个方面：一是在"两票"的认定上普遍比国家版本的要求来得宽泛；二是在监管措施上没有比国家版本更严格；三是主要内容沿用国家版本，宏观性、原则性较强，缺乏可执行的细节。已经出台"两票制"的省（自治区、直辖市）需要在总结经验的基础上将试行版本尽快转化为正式版本，缩短试行期，并尽量参考其他省（自治区、直辖市）的政策，减少地方政策的差异性，从而使一些投机性企业没有政策空子可钻。药品是一种商品，具有全国的流动性。同一种药品，不同的药品生产企业，被不同的药品流通企业在全国流通和经营时面临不同的"两票制"政策，必然会放大各地"两票制"政策的差异性。有些企业一窝蜂地到西藏或海南进行注册或某些地方针对"两票制"出台一些优惠政策招商引资吸引医药经营企业前去注册和落户就是一个明证。因此，在各地广泛试点的基础上总结经验尽快出台国家版本的"两票制"执行细则并在全国统一执行是有重要意义的。

三、破除地方保护主义以形成全国性流通大市场

（一）构建若干辐射全国的骨干企业

1. 国家政策支持形成规模性配送企业　国务院于2016年12月27日发布《国务院关于印发"十三五"深化医药卫生体制改革规划的通知》（国发〔2016〕78号），明确提出"加大药品、耗材流通行业结构调整力度，引导供应能力均衡配置，加快构建药品流通全国统一开放、竞争有序的市场格局，破除地方保护，形成现代流通新体系。推动药品流通企业兼并重组，整合药品经营企业仓储资源和运输资源，加快发展药品现代物流，鼓励区域药品配送城乡一体化。""力争到2020年，基本建立药品出厂价格信息可追溯机制，形成1家年销售额超过5 000亿元的超大型药品流通企业，药品批发百强企业年销售额占批发市场总额的90%以上。"中华人民共和国商务部2016年12月26日发布《全国药品流通行业发展规划（2016—2020年）》（商秩发〔2016〕486号）对国家药品流通行业做了明确规划："2020年具体目标：培育形成一批网络覆盖全国、集约化和信息化程度较高的大型药品流通企业。药品批发百强企业年销售额占药品批发市场总额90%以上；药品零售百强企业年销售额占药品零售市场总额40%以上；药品零售连锁率达50%以上。"因此，在国家"营改增""两票制"等政策的指导下和相关产业政策的帮扶下，在市场力量的作用下，我国13亿人口的单一医药市场必将酝酿和产生几个能打破地方保护、布点遍布全国的大型高水平、高效率的医药流通企业。

2. 中国药品流通市场四大龙头初步形成　2016年，全国排名前4且已经基本布局于全国各地的企业是：中国医药集团总公司（总销售额2 988亿元），华润医药商业集团有限公司（总销售额1 146亿元），上海医药集团股份有限公司（总销售额1 138亿元），九州通医药集团股份有限公司（总销售616亿元）[①]。按照中国医药集团总公司近几年的快速发展态势，2020年其总销售额将超过5 000亿元，最高可达到6 000亿元的规模，将顺利达到国务院于2016年12月27日发布《国务院关于印发"十三五"深化医药卫生体制改革规划的通知》中的要求的"形成1家年销售额超过5 000亿元的超大型药品流通企业"。中国医药集团总公司物流（国药物流）中心上海分中心二期已于2016年建好，总投资4.65亿元（不含土

---

① 商务部.2016年药品流通行业运行统计分析报告[Z].2017-6-16.

地),总占地 42 599.06 m²,总建筑面积 59 557 m²,自动化仓储系统解决方案提供商是 KNAPP①,其设置的托盘位达到 11 544 个,其中普通高位叉车货架系统有 5 128 个托盘位,冷库高位叉车货架系统有 1 323 个托盘位;有轨巷道堆跺机 6 台,自动箱式输运系统一套,复核包装系统一套,箱式螺旋输运系统一套;OSR 货到人拣选系统,穿梭车 55 台,单进单出效率为 550 次/小时,拣选工位 4 个,每个工位拣选效率为 1 000 次/小时;往复式托盘提升系统一套;自动箱式分拣系统一套。国药物流正在建设的华东区物流中心设置在苏州,于 2017 年年底建成,总占地 64 256 m²,总建筑面积 36 606 m²,配置了 24 m 高架立体库,规模和自动化程度更高,整体水平处于国内领先地位。随着全国性医药物流企业的逐步发展和布局,药品物流供应链协同和计划性不断增强,物流一体化网络运营程度进一步提升,其中将包含网络集中采购、库存共享、多仓运作、转接力配送、跨区域配送等。"两票制"前,医药商业的流通业态,包括医院纯销、分销调拨、普药快批等,"两票制"下,传统的分销调拨业务将会受到巨大冲击,地市级公司,尤其是县级公司,能力所限,无法与成千上万家药品生产企业直接对接,或退出或并入较大平台型企业,同时有较大资金优势的商业企业,因上游企业更愿意与之合作,将会有更大的优势。随着物流专业化、社会化程度进一步提升,未来医药商业公司的业态模式将转变为配送公司+信息公司+融资公司的新模式,资本在其中将起到决定性作用。2018 年,瑞康医药、国药控股先后与民生银行、上海银行开展供应链金融合作;上药控股旗下的"上药云健康"加速打造基于电子处方的新零售平台;九州通在最新发布的未来 3 年集团战略中提出,构建医药全产业链的"FBBC"("F":FACTORY,即上游药品生产企业;首个"B":BUSINESS,即九州通;第二个"B":BUSINESS,即终端药店和诊所;"C":CUSTOMER,即消费者)平台体系,帮助上游厂商监测药品库存、销售情况,助力药店做好客户管理、增加客户黏性,最终抓住终端消费者需求,构建新的核心竞争力。

可以预料的是,随着"两票制"的推行,全国性医药商业的布局会更快,医药物流企业的转型和重组也将更快。华润集团 2017 年 10 月 25 日公告,包括旗下公司华润三九、华润双鹤两家公司在内的 14 个出资方,将

---

① KNAPP 公司是国际领先的仓储物流自动化系统解决方案提供商,公司分支机构遍布世界各地,总部位于奥地利的格拉茨(Graz),成立于 1952 年,专注于仓储自动化,特别是零拣物流系统的软硬件开发,是全球该行业拥有专利最多的公司之一,可为用户提供系统设计、硬件定制、系统安装、上线辅导和售后服务等一条龙服务。

共同投资设立华润医药产业投资基金合伙企业。该基金将主要从事中国医药行业企业股权投资,募集总金额为人民币 25 亿元。这 14 家出资方中出现了中国国有企业结构调整基金股份有限公司(国调基金)和中国国有资本风险投资基金股份有限公司(国风投基金)的身影,两者分别出资 6.25 亿元,合计占此基金总量的一半。国调基金成立于 2016 年 9 月 26 日,是国务院批准设立的"国家级"基金,总规模达人民币 3 500 亿元。国风投基金成立于 2016 年 8 月 18 日,由中国国新发起并控股。国风投基金总规模按 2 000 亿元设计,首期规模 1 000 亿元。这两个基金均有推动央企转型升级,或支持企业创新发展、促进国企国资改革等性质。华润医药隶属于华润的医药板块,是中国第二大医药制造商、第二大医药分销商,旗下拥有华润医药商业集团有限公司、华润三九、华润双鹤、东阿阿胶、华润紫竹药业有限公司、中国医药研究开发中心有限公司等企业。华润三九认为,本次参与设立该医药产业投资基金,有利于充分利用各方资源优势,结合专业投资团队管理经验,储备与公司战略方向相匹配的并购项目,丰富投资手段和工具,加快推进公司外延并购工作。很明显这是华润医药借助资本市场推行外延并购扩大规模,借力"两票制"和"营改增",追赶医药流通行业排头兵国药集团的有力步骤。作为各级地方政府要有全局性视野和长远性目光,逐步破除自我设限,融入全国一盘棋的大市场,顺应时代发展潮流和市场力量发展趋势,积极鼓励、接纳、优惠于那些到本地区布局的全国性大型医药商业企业,助其完善网络,做大做强。

3. "两票制"等医改政策助推大企业继续做大　随着促进新型城镇化与现代服务业协调发展的国家政策实施,药品流通行业将从消费主导的资源配置模式逐步转向资本市场主导的资源配置模式。在《全国药品流通行业发展规划(2016—2020 年)》的引领下,在"两票制"的硬性约束下,行业业态重组将持续加速,批零业务一体化发展将成为主流,全国性、区域性药品零售品牌企业将陆续上市重组。以互联网技术为基础的创新型流通企业将借助资本市场进一步发力。同时,药品流通行业也面临新模式、新业态、新技术的挑战,市场竞争将更加充分,企业管理能力和成本控制能力将受到严峻考验。药品流通企业必须及时寻找创新升级、做大做强的有效路径,"补短板、调结构",逐步由粗放型经营向集约化、质量效益创新型经营转变。分级诊疗、现代医院管理、全民医保、药品供应保障、综合监管等方面制度建设将是下一步深化医改的重要突破方向,仿制药质量和疗效一致性评价、药品流通"两票制"、家庭医生签约、医保付费方式改革、医保总额控制等各项政策举措,覆盖了从药品供给侧到需求侧的各个重要环节,将逐步打破现有药品流通价值链条,加快药品流通行业优胜劣汰。特别是"两票制"政策的实施,将大幅压缩药品流通环节,加速全行业洗牌过程,使信誉度高、规范性强、终端覆盖广、销售能力强的大型药品流通企业市场占有率迅速提升,行业集中度不断提高,并逐步倒逼药品零售、物流、电商行业加速集约化、信息化、标准化进程,最终实现行业格局的全面调整和态势重塑①。因此,除大型医药商业企业正借助"两票制"的东风布局全国,做大做强之际,中小型医药商业企业也必须要有紧迫感,要么加入大型企业的销售平台,成为其一个区域配送中心,要么转型为药品学术专业性推广机构,否则会在温水中逐步消亡。

(二)建构采购和交易平台,形成统一的价格体系

1. **目前招标政策导致市场碎片化** 为缓解我国医疗费用不断上涨的趋势,政府已在全国范围内建立起以政府为主导,各省(自治区、直辖市)为单位的网上药品集中采购模式。2015年2月,国务院出台《关于完善公立医院药品集中采购工作的指导意见》(国办发〔2015〕7号,简称7号文件),提出新一轮公立医院药品集采的指导意见;2015年6月,卫计委下发《关于落实完善公立医院药品集中采购工作的指导意见的通知》(国卫药政发〔2015〕70号,简称70号文件),落实7号文件意见,提出集采细则。7号文件和70号文件的出台为新一轮招标指明了指导方向,要求2015年内全面启动新一轮招标。在总体思路上,新的指导方案明确药品采购仍坚持以省(自治区、直辖市)为单位的网上药品集中采购方向,实行一个平台、上下联动、公开透明、分类采购,采取招生产企业、招采合一、量价挂钩、双信封制、全程监控等措施,加强药品采购全过程综合监管,切实保障药品质量和供应。由此可见,由卫计委(现为卫健委)主导的省(自治区、直辖市)级药品集中采购依然是未来一段时间内最主要的药品采购模式,同时提出了药品分为5类不同的方式进行采购的分类采购方法,即公开招标法、价格谈判法、直接采购法、定点生产法、麻醉和第一类精神药品的现行规定法,并延续双信封制的评审方法,商务标以价格作为依据,低价中标,对医院药款结算、供应配送管理、医院药品使用管理等提出了指导意见。在这种模式下各省(自治区、直辖市)形成了独立的医药市场,也就是说全国形成了30多个不同价格体系、不同招标体系、不同采购标准的

---

① 商务部. 2016年药品流通行业运行统计分析报告[Z]. 2017-6-16.

医药市场。新一轮药品集中采购方式的多元化带来了采购目录的多样化,进入各种采购目录成为部分品种参与药品集中采购的"前置条件",在原有的以省(自治区、直辖市)为单位的采购模式下,或明或暗的地市级/医联体"二次议价"越发普遍,整个医药市场从地域上逐步趋于碎片化。从价格层面来看,以往一次招标定全省(自治区、直辖市)价格的模式正在受到越来越多的挑战。省(自治区、直辖市)级招标确定产品在区域市场的准入机制及中标价格(上限),地市级通过议价谈判、带量采购等模式确定最终的采购价格的二元定价模式逐步形成,定价权逐步从省(自治区、直辖市)向地市级转移。而在集团采购组织(GPO)的采购模式下,医疗机构(及其代表)则直接拥有了药品采购的定价权,未来医保支付价的施行也将影响药品的采购价格。7号文件明确鼓励试点省(自治区、直辖市)和地市进行创新。从已公布招标方案的省(自治区、直辖市)来看,新的采购模式也层出不穷,全国集中招标呈现碎片化发展,如安徽省的医联体采购,上海市、深圳市试点 GPO 模式,重庆市、广州市结合分类采购继续深化药交所模式,江苏、浙江等省标完成后其各地级市试点市级谈判议价。可以预计,在本轮招标接下来的工作中,各地新的招标模式试点依然会持续不断。同时,2016 年 5 月 21 日卫计委公布了第 4 批 100 家公立医院改革试点城市名单,使得目前的试点市达到了 200 个,占全国 348 个地级城市的 57.5%。目前仅剩 138 个地级市(自治州、盟、地区)尚未成为医改试点城市。试点城市的成倍扩增将进一步加大了本轮招标的地区碎片化程度。70 号文件中规定,对通过招标、谈判、定点生产等方式形成的采购价格,医院不得另行组织议价。在此背景下,江苏、浙江等在省级招标入围的前提下开展市级价格谈判,这一思路转换规避了医疗机构单独"二次议价"。由试点城市情况来看,"省级入围,市级确标"的两轮压价模式将进一步被推开,根据价格联动机制,一市低价则全省低价。在这种情况下,市场的碎片化会日渐加剧,虽然对省(自治区、直辖市)内"两票制"的实施影响目前尚不大,但是对形成"两票制"的全国统一市场价格只会起反作用。2019 年初的"4+7"城市药品集中采购的招标结果对市场投下了一个巨大的"震撼弹",药品价格的网络被撕下了一个深深的裂口,与"两票制"结合后将产生更深远影响,其超低的销售价格、超大的运单量必然带来超低的配送费。第三方物流企业也虎视眈眈,国内药品流通市场必将掀起大的波浪,这反过来又助推了"两票制",甚至"一票制"的更快推进。2019 年 9 月 25 日,上海阳光医药采购网发布了《国家组织药品集中采购和使用试点全国扩围产生拟中选结果》,25个"4+7"试点药品扩围采购全部成功。与"4+7"相比,这次虽然采购品种没有变化,但覆盖面扩向了全国市场,中选企业也扩到45家,拟中选品种60个,整体价格水平比"4+7"降低了25%,可以预计"4+7"全面扩面、扩品种将成为今后药品市场主流。

同时目前这种按省域划分由省级政府出面组织进行招标,有很多不足之处。药品招标采购大多由各省(自治区、直辖市)的卫生部门及多部委参与,实际负责采购药品与付费的医疗机构并没有实质性地参与进去,也即真正的买家没有参与采购工作。各医药企业需要提供大量有关资质和药品信息,并且加盖各种企业的证明复印件,有时还需要原件,生产企业负责招标的人员带着公章,营业执照等原件飞赴各省(自治区、直辖市)招标办,不仅加大了企业的工作量,也造成了较大的资源浪费;各省(自治区、直辖市)需要投入大量的人力物力重复审核各企业提供的信息;同时,各省(自治区、直辖市)集中招标采购平台的标准不太一样,企业需要填报各种各样的申报信息,操作复杂,难免会出现差错而导致失去投标资格。我国暂时还没有出台专门规范药品评标环节的具体配套文件,各省(自治区、直辖市)在实际工作中自行制定评标规则、评分标准等细节,难免会有疏漏。另外,评标办法的制定者也是执行者,易发生商业贿赂等不良行为。供应商因不能够准确预估医院需要采购的药品数量,容易导致压货或者缺货现象,造成损失。药品集中采购名为招标,实为限价,二次议价严重。医疗机构为了获得低价药品,在省(自治区、直辖市)级招标采购的基础上进行二次议价,不断压低供应商利润空间,企业为保持利润,很有可能会偷工减料,影响药品质量。各种招标采购方式的百花齐放也集中释放了其种种不足,这种不足的展示既说明了我们目前对药品的流通市场价格形成机制的不断探索,不断完善,也说明了"两票制"改革的急迫性和现实性。

2. GPO模式逐步兴起 药品GPO自20世纪初在美国兴起,作为一种中介组织在市场竞争中将医院订单集成后再以大规模订单与供应商进行谈判,这样一来,与供应商洽谈时便有了更强的议价能力。1992年GPO涵盖了88%的美国医疗机构,至1994年仅27家医疗机构没有加入GPO,如今96%~98%的医院至少加入了一个GPO,平均每家医院是2~4个GPO的会员。在现有的2000多个GPO中,排名前7位的采购销售总量占整个美国医药集团的85%,最大的2家所占比重甚至达到60%[①]。

---

① 王帆,侯艳红. 医疗供应链中GPO作用分析[J]. 中国医药工业杂志,2016,5:660-665.

GPO 的出现减小了医疗机构采购中间环节的复杂性,提高了效率,承担着为上游扩大规模,为下游降低采购价格的重要作用。同时,由于医院是完全自愿加入某个 GPO 的,GPO 需要切实考虑成员医院的需求与利益,才能获得长期合作的机会,因此 GPO 又充当着促进各个利益方相互监督的角色。

美国与我国的药品集中采购程序基本类似,最大的差别在于美国通过市场中介机构进行采购,不同利益方相互制约,形成均衡价格,是制衡体系;而国内的采购中介角色由政府充当,以地域为界限,属于管制体系,政府直接参与控制采购的各个环节,缺乏相应的监督评价机制与市场竞争,有时不能兼顾多方权益。国内应逐步弱化政府在药品集中采购中的主导功能,保留省(自治区、直辖市)级招标平台,委托具有国家认定资质的第三方采购中介在省(自治区、直辖市)级招标平台上进行采购工作,同时应强化"两票制"推行中的政府监管职责,做到收放自如,最终建立起药品流通和价格形成一体化的管理体制的现代化。GPO 模式在我国具有可行性,上海和深圳的试行已经风生水起。我国以政府为主导、各省(自治区、直辖市)为单位的网上药品集中采购模式,虽然与 GPO 模式相比,一个是政府主导,一个是市场化的结果,有着本质的区别,但政府实际上充当了 GPO 的职责,这为 GPO 模式在我国的推行奠定了基础。2015 年 6 月 1 日起,药价放开,由市场机制主导药品价格,市场化的药品集中采购符合医药分家、精细化医院管理的大背景,是药品采购的必然趋势。从美国推行 GPO 的效果来看,在控制药品价格以及促进医药分开方面取得了很大的成效,对完善我国的药品采购政策有很大的借鉴意义。上海市发改委发布的《上海市 2015 年深化医药卫生体制改革工作要点》,明确指出借鉴国外集团采购组织的通行做法,选择医保目录中部分未实施集中招标的品种和自费药品,推进药品集团采购模式和医药分开改革,探索通过社会第三方药品 GPO,发挥市场优势,建立联合谈判机制,优化药品供应链,压缩药品采购价格虚高空间,降低药品供应总成本。2016 年 2 月,复旦大学附属华山医院、上海交通大学医学院附属仁济医院、上海市第一人民医院、上海中医药大学附属岳阳医院、上海市东方医院 5 家三甲医院和徐汇、普陀、杨浦、闵行、金山、崇明 6 个区所属的公立医疗机构共同组建成"上海公立医院医疗机构药品集团采购联盟",委托上海市医药卫生发展基金会下属的上海医健卫生事务服务中心作为非营利性社会第三方组织,开展药品集团采购相关事务性技术支持和服务工作,后续在条件成熟的区县进一步开展试点。深圳市卫计委公布了《深圳市公立医院药品集团采购药品质量层次划分规则(征求意见稿)》和《深圳市公立医院药品集团采购药品目录剂型整合规则(征求意见稿)》,深圳药品 GPO 迅速推进。深圳的 GPO 不是医疗机构联合组织,而是依法设立、能独立承担相应法律责任的药品经营企业,是经深圳市卫生行政部门组织市公立医院集团采购组织遴选委员会遴选确认,并受该市公立医院委托,开展药品集团采购供应的第三方组织,由深圳市政府和海王集团合建的公立医院药品管理平台"全药网"获选。2015 年,深圳全市药品采购总量规模 80 亿元,期望降低 20 亿元,预期集中采购降价幅度达到 30% 以上,其在质量分层分级标准制定中要求降价门槛,在保证质量前提下,保证 30% 以上的降价幅度。表 7-1 为上海市和深圳市的 GPO 模式对比。

表 7-1 上海市和深圳市的 GPO 模式对比

对比项目	上海市	深圳市
组织方式与性质	上海市医改办指导下的第三方非营利组织——上海医健卫生事务服务中心	一年一选,具备 GSP 证书与药品互联网供应平台,2016 年由政府参与的第三方组织"全药网"当选
收益管理	由关联机构上海市医药卫生发展基金会管理议价收益	GPO 组织获得超 30% 议价收益
药品价格降幅	结算价不高于中标价	与 2015 年省(自治区、直辖市)级平台上同量同规药品费用相比下降 30%
药品遴选	专家投票方式产生	不明确
与省(自治区、直辖市)级平台关系	以原省(自治区、直辖市)级中标药品为遴选范围,并依托省(自治区、直辖市)级平台进行交易	与省(自治区、直辖市)级招标同时进行并产生价格联动效应

3. **医联体助推"两票制"** 医疗联合体的形成和大量出现可以大大促进药品联合采购的进程,进而联手 GPO 等药品第三方电子商务交易平台,加快形成全国统一的药品价格和市场。国务院办公厅 2017 年 04 月 26 日发布《国务院办公厅关于推进医疗联合体建设和发展的指导意见》(国办发〔2017〕32 号),文件明确:"三级公立医院要全部参与并发挥引领作用,综合医改试点省(自治区、直辖市)每个地市以及分级诊疗试点城市至少建成一个有明显成效的医联体。""到 2020 年,在总结试点经验的基础上,全面推进医联体建设,形成较为完善的医联体政策体系。所有二级公立医院和政府办基层医疗卫生机构全部参与医联体。""医

联体内可建立医学影像中心、检查检验中心、消毒供应中心、后勤服务中心等,为医联体内各医疗机构提供一体化服务。在加强医疗质量控制的基础上,医联体内医疗机构间互认检查检验结果。探索建立医联体内统一的药品招标采购、管理平台,形成医联体内处方流动、药品共享与配送机制。"医联体有4种形式:在城市主要组建医疗集团,在县域主要组建医疗共同体,跨区域组建专科联盟,在边远贫困地区发展远程医疗协作网。在我国除了省(自治区、直辖市)级招标平台和上海市、深圳市的GPO之外,完全企业化运作的全国性第三方药品集中采购平台还有海虹医药电子商务网。海虹医药电子商务网是以网络作为前提,来给医疗机构以及医药企业予以信息与交易方面的服务,所构建起的一个第三方电子交易服务系统①。在政府的积极推动下医疗联合体从横向和纵向上将快速发展,再利用GPO等第三方交易服务商的平台,将使中国的医药市场快速赶上并超过发达国家的医药市场组织形式,促使"两票制"尽快在全国铺开。

4. 价格联动进程加速,全国药价一盘棋 70号文件提出加快推进各省(自治区、直辖市)药品集中采购平台规范化建设,确保2015年底前与国家药品供应保障综合管理信息平台(简称国家药管平台)对接联通、数据信息安全传输。省(自治区、直辖市)级药品采购机构要全面推进信息公开,定期公布医院药品采购价格、数量、付款时间及药品生产经营企业配送到位率、不良记录等情况,采集不同阶段药品采购价格以及周边地区药品价格等信息,为各类药品采购提供支持。新形势下,招标价格联动发展趋势明显,上下、左右联动多有体现,具体表现可分为省(自治区、直辖市)内价格联动、周边省(自治区、直辖市)价格联动以及全国联动。①省(自治区、直辖市)内价格联动:7号文件提出"在公立医院改革试点城市允许以市为单位在省(自治区、直辖市)级药品集中采购平台上自行采购,试点城市成交价格不得高于省(自治区、直辖市)级中标价格。试点城市成交价格明显低于省(自治区、直辖市)级中标价格的,省(自治区、直辖市)级中标价格应按试点城市成交价格进行调整,具体办法由各省(自治区、直辖市)制定",为各省(自治区、直辖市)进行"省(自治区、直辖市)内价格联动"提供了法律的依据和遵循的标准。以天津市为例,在其出台的《天津市人民政府关于推进公立医院综合改革试点工作的若干意见》中

---

① 郭元峰.SK医药公司药品采购电子商务模式研究[D].咸阳:西北农林科技大学,2013.

指出:"医疗机构可按照带量采购、量价挂钩原则,发挥招采合一、批量采购优势,依托天津市药品集中采购平台与供货企业议定价格。凡议定价格低于全市中标价格,则全市医疗机构按照议定价格采购;高于全市中标价格的,则按照全市中标价格执行。"②周边省(自治区、直辖市)价格联动:甘肃省选择陕西、宁夏、青海、新疆、四川、河南6省(自治区)联动,浙江省选择北京、山东、江苏、河南、湖南、上海6省(直辖市)联动,四川省则选择全国最低价格的5省联动。③全国价格联动:福建省、河北省、天津市等选择全国各省(自治区、直辖市)的价格作为联动。还是以天津市为例,《天津市人民政府关于推进公立医院综合改革试点工作的若干意见》中指出,将确定区别药品不同情况,细化分类采购,合理降低药价。发挥天津市药品集中采购平台的作用,采集全国各地最低中标价格,对全市中标价格实行周期性动态调整,以季度为周期,将价格调整为全国最低。相比省(自治区、直辖市)内价格联动,周边省(自治区、直辖市)价格联动和全国价格联动的省(自治区、直辖市)间价格联动对行业产生更大影响。截至2015年10月31日,国家药管平台与全国30个省(自治区、直辖市)(不含西藏自治区)的药品集中采购平台实现了信息数据互联互通、资源共享。国家药管平台与各省(自治区、直辖市)级平台联通后,在平台上采购药品的每一家公立医院的药品订单信息、药品配送信息、药品入库信息、药品结算信息将每日实时上传,国家可以及时了解公立医院采购药品的价格、数量、配送、入库、结算等情况,并可依据相关信息加强管理。各省(自治区、直辖市)通过医院用药情况收集药品短缺信息,并可随时上传到国家药管平台,以便管理部门及时掌握,采取措施确保供应。国家药管平台同时收集各省(自治区、直辖市)的药品采购目录信息、药品生产配送企业信息、药品招标项目、药品中标信息,可及时了解各省(自治区、直辖市)药品集中采购的组织工作与政策执行情况。最低价联动使得全国的价格更加透明,也使得企业再也不敢因为带量采购的"量"而变动价格,市场化的"量价挂钩"规则在这里完全的失效。新形势下高价投标降低中标概率,但同样低价投标受到联动机制影响,一个区域低价则影响周边区域(左右联动)价格,进而可能影响全省(自治区、直辖市)及全国低价(上下联动),在降价行为一体化的趋势下,任何单一区域的降价都需要考虑整体降价效应。在当前国情下国家药管平台成为联结各省(自治区、直辖市)级招标采购平台的信息总枢纽,既起到了各省(自治区、直辖市)级平台的"交换机"作用,又起到了对全国药品价格水平的监控作用。但是国家药管平台对全国药品价格一盘棋的统一形成只是间接作用,或是只是起到了药品价格的大数据库的作用,这与该平台是由政府建立和运行有关。建议国家药管平台在国家卫生行政部门的主导下与社会第三方电子商务交易商充分合作,借用政府和社会资本合作(public-private partnership,PPP)模式,建成一个覆盖全国的药品电子商务第三方提供商,各医疗机构和医联体利用其作为全国性的采购平台。相信在不远的将来必然可以产生全国统一的药品价格形成机制,形成一个全国性的药品大市场,按照"两票制"的模式扁平化高效运营。

(三)"两票制"下理想的全国药品流通模式

1. "两票制"改革前药品流通市场的弊端

(1)供应渠道层级过多:流通环节层层加价,流通成本过高,存在过票抬高药价的现象。时间成本很高,从药厂到医院往往需要5~6周。

(2)渠道库存居高不下:需求预测性差,供应链敏感度不高。生产企业出现虚假销售,大部分药品躺在渠道仓库,占用社会资源。

(3)渠道管控过严:不允许跨区域配送(终端医院配送),网络一体化运营程度低,供应链效率低。在现有体制下很难想象南京医药公司能将药品配送到位于上海的瑞金医院。

(4)物流集中度低:行业整体物流成本居高不下。

2. "两票制"改革与药品流通市场发展新趋势 相互促进、迭代发展,促进全国统一的医药物流市场的大联通、大共融、大发展。

(1)医药流通集中度大幅度提升。随着生产企业直接面对省(自治区、直辖市)级甚至地市级商业公司,管理难度会加大,生产企业更愿意选择与有实力的集团型公司合作,诸多中小型医药商业企业或退出(部分过票公司及代理公司被迫退出),或加入到集团性商业企业。

(2)供应链层级大幅度压缩,渠道趋于扁平化及一体化多仓运营。打破"分区销售,不允许跨区域配送"的限制,物流网络3层架构逐渐形成。分为:生产、进口及集团企业集采国家级分发中心(national distribution center,NDC);省(自治区、直辖市)级物流平台的区域分拨中心(regional distribution center,RDC),用作物流运输节点上,汇集货物,然后按照合理的运力再次分配;地市级(单个或者多个)的前端物流中心(front distribution center,FDC),负责以箱为单位出货及按店铺进行配送。各级网络功能定位更加明确,商品物流更加合理,随着集中度的提升,会逐渐降低物流成本。

(3) 供应链协同与计划。采取采购规划、管理和采购执行分离并与下游客户订单协同计划等措施,以加强供应链协同和计划性,工业、商业库存会前置,就近出入库,快速响应客户。

(4) 商业公司职能逐步转型。从关系维护、渠道拓展、政策争取、垫资、收款、物流配送逐步向营销服务、药事管理、健康服务、物流专业配送等转型。同时去中心化,进而形成平台化(B2B2C)。

(5) 高度信息化。整个医药供应链将通过高度信息化实现可视化、可追溯、可控、及时优化、辅助智能决策等。应用模式向模块化,平台化,行业化方向发展;通过平台集成模块化的子系统,实现企业内部信息互联,打破信息孤岛;功能上的进一步完善,如电子监管码互联、药品检验报告电子网络化、人力劳动管理、耗材管理、资产管理、绩效管理、计费管理、客户服务管理等;广泛利用移动互联网技术;智能化快速普及,如储位优化,配送线路优化,分拣优化,装载优化的运输管理系统(transport management system,TMS),库存分布优化的仓库管理系统(warehouse management system,WMS;包括虚拟仓库管理和即时库存管理等),分布式订单优化等;大数据广泛应用,可做到全过程透明可视,可控、可追溯。伴随着去中心化、互联网体验经济的冲击,以客户为中心的服务意识、理念将逐步加强,行业整体服务水平将得到明显提升。

(6) 社会化专业物流将迎来大发展。除中国医药集团、华润医药、上海医药等国内传统医药流通翘楚外,中邮、顺丰、中铁快运、京东、阿里、DHL、UPS 等社会化专业物流企业也将纷纷利用自己在物流专业、网络、技术等方面优势争取在医药物流市场上分一杯羹。在"两票制"下社会化专业物流公司为生产企业提供销售到多个商业的物流服务,甚至提供一体化多仓物流服务。一方面,可以弥补现有医药流通企业在资源、网络、能力上的不足,另一方面,中小药品物流商业企业需要专业的社会化物流服务。因此,社会化专业物流将迎来进入医药物流市场的历史最好时期。目前,顺丰就利用其网络、资源、资金及专业优势进入到二类疫苗的物流环节中。顺丰物流在江西省赣州市南康区申报的无人机飞行空域,已在2017 年得到了有关军队和民航部门的正式批复。同时,其与成都市双流区也就大型物流无人机总部基地项目签订了合作协议,不久之后,顺丰水陆两栖大型无人机也将完成科研试飞,将为顺丰物流的大发展插上翅膀。京东集团董事局主席兼首席执行官刘强东 2017 年 11 月 6 日在京东金融与红杉资本联合主办的首届"JDD-2017 京东金融全球数据探索者大会"上透露京东第一架重型无人机 2018 年春节后进行实际的上飞测试,未来京东重型无人机的货物运输量或将超过 20 万吨。目前,京东在全国范围内已经拥有了超过 500 家物流中心,在库管理的产品种类 2017 年第二季度末已经超过了 530 万种,用人进行仓库管理根本不现实,全部实现了无人仓管理。当前,京东有近一半以上的库存量单位(SKU)百分之百以人工智能的方式进行销售的预测和采购以及物流网络管理。在这种情况下,530 万个 SKU 的库存周转天数仅为 30 余天,京东下一步的目标是把这一数据控制在 20 天内。京东计划未来 3 年之内,其重型无人机可以飞 500~1 000 km,携带 1~2 t 的货物。在配送方面,京东也在推进无人化。京东的配送机器人正在中国人民大学、清华大学等高校测试,该企业计划短时间内实现北京市 100 所高校全部采用机器人送货,而不再是由人来配送[①]。2019 年初,"4+7"城市药品集中采购中标的 25 个品种都是大品种,随着中标结果不断向各省(自治区、直辖市)扩展,这种单一品种、单一剂型、数量巨大、回款有保障的配送式销售完全符合社会化专业物流公司(如顺丰、DHL 等)的"胃口",超低的配送费也将成为其向传统医药流通企业挑战的"利器"。

(7)"两票制"引发国内药品库存管理的变化新趋势。成品药库存将有两大集中:向大流通商仓库集中,向销售地市场集中。医药制造商物流仓储方式呈现两种变化趋势:一是通过供应商管理库存(vendor managed inventory,VMI)[②]方式管理销售地库存;二是在销售地或枢纽地设置异地成品仓库。公共化医药仓储呈现出三大客户的差异化需求:制造商,规模储存快速响应;大流通商,多库联动,适应不同业态;小流通商,低成本快响应。

3. "两票制"下理想的全国药品流通模型图　理想的全国药品流通"两票制"模型将以高速信息化基础上的快速网络互联和响应为灵魂,库

---

① 刘强东:京东将测试重型无人机,货物运输量未来或超 20 万吨. http://www. zaobao. com/realtime/china/story20171107—809136.
② VMI 是一种以用户和供应商双方都获得最低成本为目的,在一个共同的协议下由供应商管理库存,并不断监督协议执行情况和修正协议内容,使库存管理得到持续地改进的合作性策略。这种库存管理策略打破了传统的各自为政的库存管理模式。体现了供应链的集成化管理思想,适应市场变化的要求,是一种新的、有代表性的库存管理思想。目前 VMI 在分销链中的作用十分重要,因此便被越来越多的人重视。VMI 管理模式是从 QR(快速响应,quick response)和 ECR(有效客户响应,efficient customer response)基础上发展而来,其核心思想是供应商通过共享用户企业的当前库存和实际耗用数据,按照实际的消耗模型、消耗趋势和补货策略进行有实际根据的补货。由此,交易双方都变革了传统的独立预测模式,尽最大可能地减少由于独立预测的不确定性导致的商流、物流和信息流的浪费,降低了供应链的总成本。

第七章 完善药品流通"两票制"对策和建议

存将是以医药物流公司为核心的 VMI 模式管理,即药厂仓库—医药物流公司仓库—医院仓库即时库存分权共享,医药物流公司的库存将以 NDC 虚拟仓库为中枢的一体化多仓联动配送(图 7-1)。

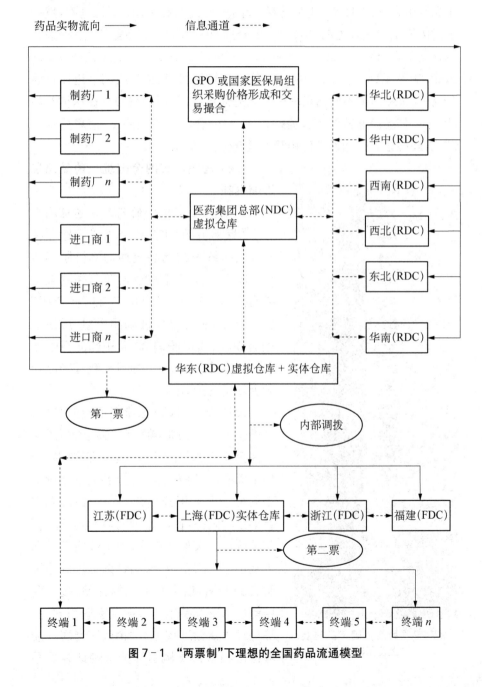

图 7-1 "两票制"下理想的全国药品流通模型

在图 7-1 中,经过 GPO 或国家医保局组织带量招标采购,形成交易数量、价格、配送和付款条件后,制药企业或药品进口企业供给上海某医院的药品信息及时进入医药配送集团总部的虚拟中央仓库(NDC),之后小品种进入华东(RDC)实体仓库,大品种进入华东(RDC)虚拟仓库,然后通过内部调拨进入上海(FDC)实体仓库,再销售到目标医院。目标医院的该品种实时库存变动信息会通过实时信息系统反馈到上海(FDC)实体仓库、华东(RDC)仓库、虚拟中央仓库(NDC)、制药企业或药品进口企业(根据层级和对象不同各自获得不同的信息反馈权限授权)。在这种理想状态下,药品流通做到了物流路程最简化、仓库分拣最简化、信息分享实时化,最终达到时间最短化和费用最低化。

(四)构建理想的全国统一药品信息追溯机制

1. 建立全国统一的药品信息追溯平台 "两票制"的实施和督查必须建立在全国具有统一的药品流通追溯机制和平台。国家食品药品监督管理总局原来强制推行的"药品电子身份证"即"药监码"监管制度,主要是保证药品质量,质量数据追溯、法律责任追究、问题药品召回和执法打假等。图 7-2 为目前我国药品包装上使用的药监码。

2016 年 6 月,阿里健康建设的开放、市场化的第三方追溯平台"码上放心"平台完全兼容原"中国药品电子监管码"的技术标准,同时为原中国药品电子监管网上的医疗机构和药品企业免费提供入驻新平台的服务,目前是国内最大的药品溯源系统。在未来 3 年内,阿里健康免去向入驻企业收取发码、流向查询等基础追溯服务的费用,仅会收取数据存储、接口调用等技术支撑费用。根据国家颁布的《药品经营质量管理规范》,"企业应当建立能够符合经营和质量管理要求的计算机系

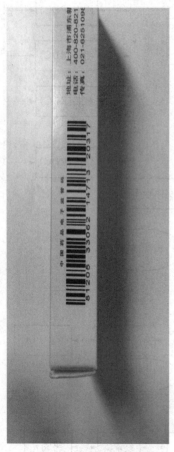

图 7-2　目前我国药品包装上使用的药监码

统,并满足药品追溯的要求",主体责任被划归到药企,而药企要么选择自建系统,要么选择与阿里健康这样的平台型企业合作。电子监管码能够反映企业的进销存数据,对于药品生产和流通企业来讲进销存数据是企业的核心商业机密,如果此数据掌握在商业公司手中,对企业之间的竞争实际上是有决定性作用的,因此有的企业反对药监码。"码上放心"系统由完全的商业化第三方阿里健康来运营,药品生产企业、流通企业和医疗机构可以参加,也可以不参加,由于参加也带不来很大的经济收益,因此有大量的企业选择不参加,医疗机构根本没有参加药品追溯系统。因此,医疗机构不能登录"码上放心"平台,不能对所采购的药品进行追溯。作为"两票制"实施和日常监管主体的医疗机构执行"两票制"就只能使用查看纸质材料的方法。因此,要在全国执行"两票制",建立一套全国统一的药品流通追溯机制需要在以下方面进行完善。

(1) 开放、市场化的第三方追溯平台应该有多家,而不是只有"码上放心"一家或只有"码上放心"一家独大。形成几家并立、均衡的竞争体系才能促使第三方追溯平台市场正常发展并不断完善和成熟。

(2) 药品生产、流通、使用全流程的参与单位包括药厂、医药流通商业公司和医疗机构都必须加入第三方追溯平台,至于加入哪一家应由其自主决定。

(3) 第三方追溯平台之间应签署类似不同银行间数据互换协议的协议,以确保数据的安全和有条件的共享。

(4) 只有解决了医疗机构接入第三方追溯平台费用成本的分摊,才能促使医疗机构执行和监控"两票制"成为现实。目前,绝大部分药品生产企业和流通经营企业已经加入了不同的第三方追溯平台,而绝大部分医疗机构既没有扫码设备,也没有接入第三方追溯平台。

(5) 2018年11月1日,国家药品食品监督管理总局官网发布了《关于药品信息化追溯体系建设的指导意见》(国药监药管〔2018〕35号),这是长春长生疫苗事件后国家在药品和疫苗领域建立产品信息化追溯体系的最新努力。意见提出由国家药品食品监督管理总局负责规划确立药品信息化追溯标准体系,统一药品追溯编码要求。统一标准、引入第三方是本意见的最大亮点,可谓一针见血,直指核心。但是追溯体系建设的成本问题、信息安全问题、参与各方的协调问题,甚至是沿用现有的药监码技术还是采用国际通用的GS-1标准问题等都没有涉及,因此建设过程仍将是"摸着石头过河",不可能一蹴而就。

2. 药品信息追溯体系应具有的理想特征

（1）确保相关信息的全面性。药品信息追溯系统应可以追溯以下信息：药品生产企业和流通企业及相关信息，包含企业名称、地址、联系电话等；药品上市许可持有人信息；该药品的批号、批产数量、有效期、规格、储藏条件等信息；处方该药品的医疗机构、医生的信息；该药品在医疗机构的处方审核和处方调剂等信息；持有该药品的患者的信息，包含姓名、电话、地址等。

（2）确保相关信息的安全性。药品的上述信息关系到相关机构和个人的隐私和经营管理等情报信息，必须确保其安全性。

（3）确保相关信息的可获得性。目前，医疗机构基本都建立起了患者实名制就诊和住院制度，其处方信息与其持有的手机号码相关联；通信部门都建立了手机号码实名制度，手机号码与个人的身份证号码和住址信息相关联；随着通信 5G 时代的到来，物联网将快速推进，在医疗机构处方的每一盒药品将在物联网上产生自己的唯一信息，并因区块链技术的推行而不可更改。作为患者，可以像现在扫二维码支付一样方便地可随时扫码，了解自己所服用的药品从研发到生产到处方的一切信息，这也将是患者的权利。作为医院，可以随时随地知道自己的医生所处方的药品在哪个患者手上，再也不用担心处方调配错误的药品难以召回的问题了。药品生产和流通企业也可以顺利解决药品的流向不明问题，窜货难题迎刃而解，大大有利于营销和质量管理。作为付费方的国家医保局对医保资金的套用、挪用和滥用也有了跟踪和监管应对之策。而一旦药品信息追溯系统与国家药管平台结合，整个国家的药品市场监管体系将真正建立起来。

四、总结经验以形成统一的"两票制"管理制度

（一）以市场为手段，加大法律规范

纵观发达国家药品流通形成"两票制"的过程，莫不是在市场经济的竞争氛围下通过市场的力量，用市场的手段达致高效的"两票制"结果。药品本身就是商品，其价格的发现和形成，涉药企业的设立和重组也是建立在市场价值规律的基础之上的。我国近年关于执行"两票制"的文件俱是政策指导性文件，各省（自治区、直辖市）根据国家总的指导性文件分别根据本地区具体情况制定本地区的"两票制"执行文件，这样做起到了较好的宏观调控作用，但由于药品是一个实实在在的商品，每天都在大量流

通和使用,每一笔都牵扯到实实在在的经济利益。用一套大而宽泛的指导政策去指导和调整具体而细微的药品经济活动显然是不充足的。因此,需要将市场能解决的价格形成和价值发现交给市场去做,将需要刚性强制约束的"两票制"的要求交给相应的法律去规范。建议将"两票制"的刚性约束部分引入到国家 GSP 规定上去,"两票制"的监督检查与 GSP 监督检查结合起来,可以统一执法,规范执法,同时增加"两票制"监督检查的权威性和有效性。

(二)总结试点经验,完备制度体系,缩短试运行时间

"两票制"从概念的提出到全国的普遍推行已经经过了近 10 年的时间,由于市场惯性和巨大既得利益的阻挠,一路走得磕磕绊绊,直到 2016 年初国家才下定决心全面在公立医院的药品采购中执行"两票制"。从目前统计来看全国各省(自治区、直辖市)的"两票制"政策均已出台,即使算上过渡期,在 2018 年年初全国大部分市场就已经正式执行"两票制"。由于各地试运行的时间长度不同,进度也各不相同,从全国范围来看各地的协调性不强,当前需要缩短试运行时间,统一试点结束进程。各省(自治区、直辖市)需要尽快总结试点经验,不断完善"两票制"监督检查的细节,形成完备规范的"两票制"可执行可监控的细则。在各省(自治区、直辖市)"两票制"细则的基础上国家尽快形成统一可执行可监控的国家级"两票制"实施细则,全国统一执行,统一执法尺度,形成全国一盘棋的"两票制"实施氛围,让部分有投机心态的商家无法再像以前一样这个省(自治区、直辖市)因"两票制"原因不能开展业务可以到还没有执行"两票制"的其他省(自治区、直辖市)继续发展销售。不执行"两票制"的地域越来越小,政策的笼子越扎越紧,商家等待、观望、投机的心态彻底放弃后才能真正执行"两票制"。做到执行真的"两票制",真的执行"两票制"。

五、"两票制"监管部门形成监管合力

(一)以药品监督管理部门为核心,多部门综合执法

"两票制"的推行重在执行,关键在监督检查。负责对"两票制"的运行监督检查的政府相关部门主要由药监局、中医药管理局、税务局、国家卫健委、国家医保局等部门,其中的核心是药监局、卫健委和医保局。因为"两票制"的推行过程中具体执行的是负责药品生产的药厂,负责药品供应流通的医药公司和使用药品的医疗机构,药监局对药厂监督检查有国家的 GMP 规定,对医药公司监督检查有国家的 GSP 规定,对医疗机构监督检查有 GLP 和其他管理制度,因此药监局在"两票制"的监督检查中处于核心地位并有法可据。"两票制"最终的所有票据都集中在医疗机构审核,因此卫健委的作用至关重要,没有医疗机构的配合,"两票制"无法推行。现在在医疗费用上,特别是药品的医保支付价、医疗机构的总费用、药品采购付款上,医保局是一言九鼎,因此"两票制"的真正到位执行和监管还需要医保局发挥充分作用。由于医保局是国家"两票制"政策推出后新成立的权重部门,因此建议医保局应该就"两票制"的监管制订出切实可行的方案并督促和协同市场监管部门和医疗机构严格执行。由于全国普遍执行"营改增",同时"两票制"中焦点就是两张发票的核实,税务部门的配合甚至信息的联网也是必要的。"两票制"牵扯的单位和票据非常多,不可能逐一核查,因此相关监督检查部门主要是抽查为主,相关多部门的协同执法很重要。

表 7-2 为药品生产、流通和使用单位相关的"两票制"执行事项及其相关的执法监督检查机构。

表 7-2 "两票制"监管事项及其相应机构

	"两票制"事项	直接执行部门	监管部门
生产企业	1. 开具增值税发票	财务部门	税务局
	2. 开具随货同行单,项目要填写齐全	仓储部门	药监局
	3. 发票的购、销方名称应当与随货同行单、付款流向一致、金额一致	财务部门,仓储部门	税务局,药监局
	4. 药品购销中发生的发票及相关票据,应当按照有关规定保存	财务部门	税务局
	5. 生产企业可以参加集中招标采购投标,执行"两票制"作为必备条件,出具执行"两票制"承诺书	销售部门或市场部	药监局,药品集中招标采购中心,医保局
流通企业	1. 开具增值税发票	财务部门	税务局
	2. 开具随货同行单,项目要填写齐全	仓储部门	药监局
	3. 发票的购、销方名称应当与随货同行单、付款流向一致、金额一致	财务部门,仓储部门	税务局,药监局
	4. 应主动向生产企业索要发票,发票必须由药品生产企业开具	采购部门	药监局
	5. 到货验收时,应验明发票、供货方随货同行单与实际购进药品的品种、规格、数量等,核对一致并建立购进药品验收记录,做到票、货、账相符	仓储部门	药监局

续表

	"两票制"事项	直接执行部门	监管部门
	6. 药品购销中发生的发票及相关票据,应当按照有关规定保存	财务部门	税务局
	7. 流通企业不能参加集中招标采购投标。执行"两票制"作为向医疗机构供货的必备条件,出具执行"两票制"承诺书	销售部门或市场部	药监局,药品集中招标采购中心,医保局
医疗机构	1. 药品验收入库时,必须验明票、货、账三者一致方可入库、使用	药剂科	卫健委,医保局
	2. 要向配送药品的流通企业索要、验证发票	药剂科	卫健委,医保局
	3. 要求流通企业出具加盖印章的由生产企业提供的进货发票复印件,两张发票的药品流通企业名称、药品批号等相关内容互相印证,且作为公立医疗机构支付药品货款凭证,纳入财务档案管理。每个药品品种的进货发票复印件至少提供一次	药剂科,财务科	卫健委,医保局
	4. 鼓励有条件的地区使用电子发票,通过信息化手段验证"两票制"	信息科,财务科	卫健委,医保局

(二) 多部门执法制度化

对公立医疗机构在执行"两票制"过程中是否合规进行抽查时以医疗机构药剂科的采购行为为出发点,向上逐级追溯到供应药品的医药商业公司和相应的生产厂家。由于药品流通和供应系统的小批量、多批次、多品种、高频率、远距离等特点,医疗机构与医药公司和制药企业可能在省(自治区、直辖市)域内广泛分散,甚至在国内广泛分散,因此对"两票制"的核查在不借助网络追溯系统的情况下难度相当大。在过渡期和正式执行"两票制"的初期通过网络平台对药品的追溯和对票据的追溯实现的可能性很小。因此考虑到"两票制"已经在全国全面推开执行的实际情况,建议如下:

(1) 监督检查之前药监局牵头多部门制定抽查的实施细则和工作制度,统一执行,而不必一事一议,遇到抽检时临时组织、临机协调。

(2) 根据前期的调研和试行的经验制定违规处罚的办法,做到处罚的尺度一致。

(3) 由于"两票制"牵扯到的单位多,情况复杂,在执行过程中一些变通的办法是否合规可以做出统一安排。如对招标机构招标和医疗机构采购时出具执行"两票制"的承诺书的格式可以进行统一化,也可以要求具备统一的要素后自行开具。又如生产厂家和医药公司开具的发票的复印件要加盖开具单位的红章,实践中可能为公章、合同专用章或业务专用章,也可以是"两票制"承诺专用章,具体要求可以明确化,免得企业搞不清楚来回奔波。再如紧急情况下无法用红章,拍摄发票原件的照片通过短信和微信或邮件传递是否合规等。

(4)"两票制"违规黑名单的制定、公示和除名的标准和流程要公开,审核要公正,结果要公示。

六、夯实"两票制"运行的基础保障

(一)引进优秀的跨行业人才

在当前行业竞争日趋激烈的环境下,药品生产、流通和使用机构应不断地提升人力资源管理水平,重视人才培养与员工职业规划,加强团队建设,构建知识型、创新型、综合型人才成长的文化氛围,重点培养跨界复合型人才及各类专业人才,同时预先培养或积极引入具有医、药、物流及信息、管理专业背景的综合性人才,为可持续发展打好基础,力争每一步都符合国家对"两票制"的要求。"两票制"监管机构也应针对"两票制"监管过程中出现的实际情况对相关人员进行培训,可以从药品生产、流通和使用单位或社会引进专业人员,对"两票制"监督检查流程及制度等进行梳理和专业规划设计。

(二)购置和升级软硬件基础设施

1. 药品流通企业应购置和升级软硬件基础设施　随着医改新政的相继出台和行业信息化建设的快速发展,药品流通企业应逐步运用全局供应链思维,利用物联网、区块链等技术,建设供应链一体化管理平台,打通物流、资金流和信息流的隔阂,同时向供应链上下游提供市场开发、价格谈判、在线支付、金融支持等增值服务及综合解决方案,借用云存储、云计算、大数据等技术挖掘数据的价值,辅助企业及终端客户的经营决策,从根本上解决信息孤岛问题,从而提升物流运作效率,降低运营成本。如国药物流创建"赛飞"供应链管理云平台,通过运营服务体系、物流服务体系和数据服务体系实现需求预测、分布式入库与出库策略及自动补货等功能。同时,药品流通企业将与顺丰、中国邮政等第三方物流企业合作推动医药物流资源的重新组合,促进供应链优化升级,提高医药配送效率。药品流通企业应依托互联网打造开放共享、合作共赢、高效便捷的智慧物流生态体系,构建信息化、数据化、标准化、开放化、平台协同化的医药物流信息互联网共享体系,向卓越的医药供应链服务商转型。面对复杂多变的市场环境,加强行业基础数据建设将带动行业人流、物流、资金流、信息流资源的充分融合,有效提升企业核心竞争力,为药品流通行业的健康有序发展提供有力支持。药品流通企业应与行业主管部门、协会建立合作关系,统一药品流通编码规则,制定电子数据交互规范,建设行业主数据库,打造综合性行业管理平台,提升企业与供应链上下游之间的信息交互效率,减少行业社会资源的重复投入。同时深度挖掘数据信息价值,构建数据化运营体系,着力经营打造品牌效应,创造可观的社会价值[①]。升级后的软硬件基础设施也将为"两票制"的推行和监督检查助一臂之力。

2. **药品生产企业应升级软、硬件基础设施** 根据国家药监局的要求,为满足药品追溯和召回等全流程全寿命质量管理需要,全国绝大部分药品生产企业都加入了原国家药监码管理系统,都具备药监码生成、赋码、打印、输入和扫码系统,包括固定和手持设备及相应的计算机系统和设备等。国家药监码管理系统转换为阿里健康"码上放心"系统后有部分生产企业没有加入该系统。根据"两票制"实施要求、生产销售企业查处窜货需要和市场销售管理等的需要,生产企业都需要购置并升级软硬件基础设施并加入第三方药品追溯系统,确保与企业仓储管理系统相联通,经过相关不同授权可以访问并了解相应合作流通企业的即时库存。

3. **医疗机构应升级软、硬件基础设施** 目前,大部分医疗机构都具有院内综合信息管理系统和远程医疗服务系统,但是绝大部分都没有接入第三方药品追溯系统,更没有与税务局发票系统相联通,现时医疗机构执行"两票制"都采用手工纸质方法,数据采集困难,档案查询困难,核查比对困难。因此,医疗机构应升级软、硬件基础设施,积极对接药品追溯系统和税务发票管理系统,积极执行国家关于"两票制"的相关规定。如果医疗机构能加入药品溯源系统并开放一定的权限,通过端口与院内综合信息管理系统相连通,则药品生产与流通企业还可以了解医疗机构的即时库存,利于确保药品供应。

(三) 建立良好的行业诚信守诺体系

良好的医药商业运行体系离不开良好的行业诚信守诺体系,这从发

---

① 商务部. 2016 年药品流通行业运行统计分析报告[Z]. 2017-6-16.

达国家"两票制"的自然形成可明显看到。我国正处于建立行业诚信守诺体系的关键时期,药品制造行业从业人员黑名单制、医药代表黑名单制、医疗行业从业人员禁入和处罚机制正在建设之中,相信随着制度的日益完善和精神文化教育的日益进步我国的医药卫生行业的诚信守诺氛围必将加快形成,为"两票制"的运行提供深厚的土壤,为我国医疗体制的综合改革成功保驾护航。目前,民航、铁路、金融、司法等部门都制定了一些黑名单制度并顺利执行,效果显著。2018年5月1日,国家发展改革委、民航局等部门联合发布《关于在一定期限内适当限制特定严重失信人乘坐民用航空器推动社会信用体系建设的意见》并正式实施,同日国家发展改革委、最高人民法院、中国铁路总公司等8部门联合发布《关于在一定期限内适当限制特定严重失信人乘坐火车推动社会信用体系建设的意见》并正式实施。国家公共信用信息中心正在全国推行"一旦失信,处处受限"。参考消息网2019年2月24日报道,中国惩戒失信行为效果显著。目前,如果在中国没有缴纳罚款,就难以购买机票和高铁票。根据一项将改善公共行为的制度,2018年为惩处未缴税和未缴纳罚款等违反"社会信用"行为,中国有关部门限制购买机票1746万人次,限制购买高铁动车票547万人次。国家公共信用信息中心称,2018年因"社会信用"问题受到处罚的违法行为包括虚假广告和违反药品安全规定等,有29万人次被禁止担任高级管理职务或公司法定代表人。自启动这种"联合惩治"制度以来,已有351万人"主动履行法定义务",其中包括37人总共支付1.5亿元的滞纳金或罚没款[①]。因此,我们期待在医药行业加快"失信惩戒"的执行,奠定行业诚信守诺体系的基石。

[①] 参考消息.美媒:中国惩戒失信行为效果显著,失信者寸步难行.2019-2-24. http://news.sina.com.cn/c/2019-02-24/doc-ihqfskcp8071426.shtml.

第八章
从"两票制"到《我不是药神》
——医改之长路漫漫

当前"两票制"正在各省（自治区、直辖市）全面推行，但媒体报道并不多见。2018年7月上映的纪实性电影《我不是药神》突然火遍大江南北，开映3天票房就已经突破了10亿元大关，各大媒体再一次将注意力聚焦到医药卫生体制改革上来，各类评论和深度报道如火如荼地展开，赚足了眼球，也顺便向社会普及了一下我们的邻国——同样是人口大国，经济水平尚不及我们的印度——医药生产研发的现实情况。

自2018年3月"两会"后国务院机构改革推进以来，组建了国家市场监督管理总局，作为国务院直属机构，同时组建国家药品监督管理局，由国家市场监督管理总局管理；将人力资源和社会保障部的城镇职工和城镇居民基本医疗保险、生育保险职责，国家卫计委的新型农村合作医疗职责，国家发改委的药品和医疗服务价格管理职责，民政部的医疗救助职责整合，组建国家医疗保障局，作为国务院直属机构。这些高层机构改革直接动摇了"国医改办发〔2016〕4号文件"和"国办发〔2017〕13号文件"这两个"两票制"推行的法律依据的组织基础，以至于民间开始流传"两票制"的执行将不了了之等传言。现在看来2018年4月和6月国务院两次召开常务会议，部署抗癌药品进口事宜及李克强总理对《我不是药神》电影热映和热议的批示都充分说明了国家对"两票制"的推行等医改措施的实施仍持续加力，绝不会止步不前，结合2019年初的"4+7"城市药品集中采购结果来看，"两票制"的推行会更加雷厉风行，各种观望和拖延并不会带来意外之喜，早日改弦更张是明智的出路。

对《我不是药神》这部电影引发的热议中，大家关心和争论的焦点集中在4个方面：第一，印度医药市场是什么情况？第二，美国等发达国家医药市场是什么情况？第三，中国医药市场是什么情况？第四，药品价格是怎么制定的？针对大家的不解与疑惑，笔者根据自己从业经历对这几个问题进行了深入的思考，并立足于我国的现状指出目前针对高价抗癌药品的应对思路和方法。通过深入分析和仔细研究，我们会发现中国的医改之路将是漫长的不断完善的过程，没有办法通过顶层设计和运动式的改革一蹴而就，因为全世界几乎所有国家都在进行医改，都在结合自己的历史和现实国情进行探索，谁也没有找到一劳永逸解决问题的好办法，这需要我们所有人的耐心、信心、决心与行动，更是我们所有中国医药人的历史使命。

一、问题一：印度医药市场是什么情况

20世纪50~60年代，一直沿用严苛的英国专利法的印度曾一度出现医药市场被跨国医药企业独霸的格局，其药价之高也闻名于世。此时的印度，殖民地宗主国英国撤出，国家刚获独立不久，经济萧条，民生凋敝，满目疮痍，缺医少药，因为买不起昂贵的专利药而无法保证国民基本医疗和国家安全。

为了抑制强势的欧美药企，保障国民基本健康，鼓励本土企业的发展，印度1970年颁布了新的《专利法》，其中第92条规定，在"国家出现紧急状态时""极端紧急的情况下"或"公共非商业性使用"的情况下，印度专利局局长可以根据中央政府发布的通知自行颁发强制许可。该条款要求印度政府告知公众此类极端情况。此后，任何利害关系人均可申请强制许可。印度专利局局长可根据其认为适当的条款和条件授予申请人专利强制许可。1970年的《专利法》不仅对实施强制许可进行了规定，更是为印度药企仿制药物提供了最早的、也最宽松的法律依据。该《专利法》将药物专利分为产品专利和方法专利，规定药品、食品及农业化学品等产品本身不能授予专利，只对上述产品的生产过程授予专利，印度政府允许本国制药企业，在未获得专利权人同意的情况下，可以仿制药品的化学成分，改变制药工艺，生产与原研药安全性和效力、质量、作用以及适应证等相同的仿制药。1979年印度政府还颁布了《药物价格控制法令》，严重打击了在印度的跨国药企的市场份额。

1995年，印度加入世界贸易组织（WTO），欧美等国对印度施压，之后签订了《与贸易有关的知识产权协定》（TRIPS）。TRIPS要求加强知识产

权的国际保护,这迫使印度政府两度在 WTO 的监管下对专利法进行修改,为 1995 年以后欧美的创新化合物提供专利保护。但印度的发展中国家身份为其正式执行 TRIPS 预留了 10 年的时间,TRIPS 生效时间顺延到 2005 年。这为印度药品的仿制留有很大的余地。1970～2005 年,30 多年的国内政策和国际宽限支持,印度制药产业完成了大宗原料药、特色原料药、仿制药、非专利药、专利新药的产业升级路线。利用自身的低成本优势,即几乎为零的研发成本、超低的生产线建设成本和劳动力成本,印度制药产业实现了快速升级。2005 年后大型制药企业更是完成了国际化运营的过程,如今印度已拥有世界顶尖的仿制药企业,2017 年全球七大仿制药公司中,印度就占了两席。印度的仿制药并未停留在低端仿制中,而是占据了高端仿制药的高地,仿制了大量乙型肝炎、丙型肝炎、肝癌、肺癌、肠癌、乳腺癌等很多传染病或重大疾病的治疗药物。

为了让印度人民能享受到平价药,印度的专利法允许药品实施强制许可。当发生"公众对于该专利发明的合理需求未得到满足",或者"公众不能以合理的可支付价格获取该专利发明"等情况时,印度药厂在本土可以强行仿制尚在专利保护期的新药,并且可以出口到无相关生产能力的地区和国家。尽管中国、老挝、孟加拉国等不发达国家根据 WHO 的有关规定,也都适用这种专利的强制许可权,然而只有印度在仿制药生产上全球领先。印度的"强仿"是基于本国法律的仿制,而非国际公约的"强仿"。早在 2005 年,国际公约已经允许各成员国在特定的前提下启动药品强制许可。几十年来,我国从未下达过一个指令,而印度曾有过一个强仿案例。2012 年 3 月 9 日,印度专利局向本地仿制药企业 Natco 公司签发了该国首个强制许可,针对的是德国拜耳公司(Bayer)抗癌药"多吉美"(英文商品名 Nexavar)。虽然德国 Bayer 公司对此表示抗议,但来自仿制药的竞争,使该药在印度的价格显著降低至每月 175 美元,降幅接近 97%。印度政府决定,该公司向 Bayer 公司支付该药品净销售额的 6% 作为专利使用费。2012 年之后,有多家印度本国企业申请强制许可,比如仿制罗氏(Roche)乳腺癌重磅药物赫赛汀(Herceptin)、百时美施贵宝(BMS)白血病药物 Sprycel 等,但印度专利局均以药企没有提供确凿的证据为由,驳回了强制许可的申请。2009 年,为了进一步支持本国的药品制造业,印度启用新的《专利法》,其中规定经美国 FDA 批准上市的药品,在印度上市时无需再做临床试验,这意味着印度药企做出的对美国上市药品仿制药,只要经印度药物管理局检测认定两种产品成分一致,该药品就能在印度合法上市。

在这种宽松的本土医药监管下,印度仿制药迎来了春天。印度制药公司如兰伯西(Ranbaxy)、美吉斯(Matrix)、太阳制药公司(Sun Pharmaceutical)、阿拉宾度(Aurobindo Pharma)、鲁宾(Lupin)、瑞迪博士实验室(Reddys Laboratories)、西普拉(Cipla)等从海外大量聘请高素质的科学家和研发人员,同时从欧洲各国、美国、日本等发达国家引进尖端的研发设备和物资。它们通过仿制欧美药企在医药市场上已经投放的成熟药品制剂,利用本土廉价的人力和生产资源,生产出价格低廉、疗效好、市场需求大的药品,又以其远远低于原产品的价格迅速占据巨大的市场份额。

据 Bloomberg 报道,2016 年印度仿制药国外销量为 164 亿美元,原研药和医疗产品出口量为 116 亿美元,也就是说印度的仿制药出口量比其药物(主要是原研药和医疗产品出口量)总量还多 48 亿美元。印度是世界上最大的仿制药出口国,生产了全球 20% 的仿制药,并使制药业成为印度经济的支柱之一。目前,印度药品出口到 200 多个国家,疫苗和生物制药产品出口到 150 个国家。印度的仿制药 60% 以上出口到欧美日等发达国家,其中美国市场上的仿制药品近 40% 来自印度,印度被誉为"世界药房"[①]。就像中国成为"世界工厂",但药品除外。印度能成为"世界药房"主要有两方面的原因:一是政府政策的支持;二是印度医药公司研发能力强。此外,仿制药的发展带动了印度医疗旅游业的发展,根据印度著名商会 CII 最近公布的白皮书,预计到 2020 年,印度医疗旅游市场价值将会达到 80 亿美元,医疗旅游业已经成为印度的重要产业。

在印度制药行业快速发展的过程中,中国制药行业也发挥了一定的推动作用,但这个作用有一点悲剧色彩。印度出口的是药物制剂,也就是我们讲的药品,中国在其中提供了大量的活性药物成分(active pharmaceutical ingredient,API),是化工合成的原料。可以这样通俗地表达为:印度从中国进口的化工原料做成药品出口到欧美国家和中国。笔者曾经工作过的 Matrix(厦门)制药公司生产的抗艾滋病药物原料齐多夫定、奈韦拉平、司坦夫定、拉米夫定、茚地那韦、利托那韦等就曾大量低价出口到印度母公司 Matrix 制药,而合成齐多夫定等产品的必需原料 β

---

① 王莉.印度医药企业的国际化模式及启示——以兰伯西实验室有限公司为例[J].对外经贸实务,2010,(7):77-79.

胸苷因为污染太大而在中国沿海一个省份的化工园区内生产。生产奈韦拉平时必需高温高压的加氢工艺导致位于厦门的工厂曾发生爆炸,多人重伤甚至终身残疾。可以说国际制药企业将危险程度最高、污染最大、利润最低的原料药生产放在了中国,利润比较高的仿制药制剂生产放在了印度,而利润率超高的原研药研发核心部分和生产放在了欧美国家。除了政府宽松的政策支持外,印度制药企业强劲的研发能力和严格的GMP管理和生产能力也令人印象深刻。笔者曾与几十位印度来华的制药技术专家共事了几年,深深地感受到了印度本土制药技术的精湛和专家忘我工作的专业精神。印度制药企业的技术除了自我研发之外大力借助欧美技术,大量引进欧美技术人才和尖端检测研发生产设备,同时大量收购欧美现有制药企业,或与其合资合作,直接渗透欧美高端市场,在全球配置资源,包括在中国生产低价高污染原料,印度制药企业的国际化程度远远高于中国。在制药企业内部生产管理上严格按照GMP要求运作,包括工艺流程和数据记录等。我的印度同事曾开玩笑地告诉我,车间里的中国工人非常聪明,以至于他们能将标准操作流程(standard operating procedure,SOP)自行修改后变通执行,而他们本国的印度工人只知道严格按照SOP执行,不知道变通。真是"聪明反被聪明误"啊。

印度制药行业的快速发展严重威胁到欧美国家制药行业的利益。自从印度的专利法不对药用化合物分子本身进行保护后欧美国家就对印度施加极大的压力。一方面,欧美积极支持发展自身的仿制药生产,另一方面,想尽办法施压印度政府和制药企业。美国Mylan制药公司就是位于美国本土的世界第二大的仿制药生产企业,曾收购了印度的Matrix制药公司,之后Matrix制药公司的股票在印度股市退市。Mylan制药公司在纳斯达克股市上市交易,其股票价格近几年来总趋势一直在上涨之中。印度加入WTO后在欧美的压力下其专利法也做了相应的修改,满足了欧美制药企业的一定要求。同时利用质量等问题借机大力压制印度制药企业。印度的南新公司(Ranbaxy)成立于1961年,经过50多年的发展,从一家小型印度药企华丽转变为世界著名的药业巨头,业务覆盖原料药、非品牌仿制药、品牌仿制药和生物技术产品等。最辉煌时,Ranbaxy公司覆盖了全球25个主要药品市场中的23个,在8个国家设有工厂,在46个国家设有营销机构,产品销往125个国家和地区。它的辉煌立足于印度,成就于美国市场。从2005年起美国成为Ranbaxy最大的销售市场,占该公司全球市场份额的28%,以英国和德国为核心的欧洲市场占17%,新兴的金砖四国(巴西、俄罗斯、印度和中国)市场占 29%。2013 年 5 月由于其产品的质量问题被美国 FDA 以创纪录的罚款(5 亿美金)处罚,2014 年 1 月被赶出美国市场,2014 年 4 月印度 Sun Pharmaceutical 公司为拯救印度制药而收购了它,最终 Ranbaxy 公司消亡[①]。2015 年 1 月,美国 FDA 因质量问题禁止印度兰伯西药厂生产的超过 700 种药物进入美国市场,这已是其旗下第 4 家遭到禁止的分公司。2017 年,因杂质测试与降解测试失败,569 000 瓶来自印度瑞迪博士实验室(Dr Reddy's laboratory)的主治消化性溃疡的法莫替丁片被强制从美国市场撤回。

面对欧美市场的强势打压,印度一方面严格监管国内制药企业,另一方面提供强大的政策支撑,保护和扶持本国的制药行业。2017 年 8 月,印度联邦药品管理局(DoP)发布了一项新的《药品政策草案》,旨在保障国民基本用药的权利,同时为制药行业提供长期、稳定的政策环境,以提高其本土药品的生产能力和质量。为了鼓励研发,改善印度医药行业重仿制和轻创新的严重倾斜状况,该政策指出,印度政府会对制药行业研发的特定药品和医疗服务给予 0~5% 的优惠税率。除非发证机关另有认证,所有通过新型给药系统(novel drug delivery system,NDDS)的药品都将被视为新药,这大大鼓励了印度药企开发原研药的积极性。该政策还规定,政府应确保所有生产单位采用 WHO 的 GMP 和 GLP。除了一些只在国内市场上供应产品且不打算出口产品的小型企业只需遵守当地的 GMP 要求,其他所有出口的药品均需遵守 WHO 的 GMP 规范。

因此,印度制药行业的整体水平之所以能够在 30 年前落后于中国 20 年的情况下于 30 年后又领先中国 20 年的重要法宝是:首先,印度政府在不同的国内时期制定不同的医药政策,敢于面对欧美的强势压力,排除欧美医药企业利益诱惑和干扰,坚持立足于本国国情、本国人民和本国企业。其次,印度国内制药企业前期没有强制实施 GMP 制度,企业可以将宝贵的资金和精力放在提升和更新技术水平和研发能力上,不搞低水平的重复。最后,印度制药企业敢于走出去,直面竞争,同时面向全球利用资源,做到最优配置,始终以技术为导向进行发展。

因此,在一定程度上来说,能够救民于苦难的"药神"不可能是某个人、某个小群体,也不可能是某个经济组织,而是一个国家及其政策。

---

① 曾经印度第一兰伯西消亡给中国制药的启示:质量是企业的生命[EB/OL]. 2016 – 08 – 03. http://www.sohu.com/a/108882862_126503.

二、问题二：美国等发达国家医药市场是什么情况

美国是全世界药品价格最高、药品消费最高、药品创新最多、医药科技最发达的国家，因而绝大部分美国本国民众享受到了医药高科技的益处，却没有明显感受到看病难、看病贵的难处。

一直以来，美国在医疗卫生领域的投入都位居世界前列。那么，美国到底在医疗卫生上花了多少钱？《美国医学会杂志》上发表的一项研究给出了一系列震惊的数字。来自美国西雅图健康指标和评估研究所（Institute for Health Metrics and Evaluation）的 Joseph L. Dieleman 博士团队分析了20世纪90年代中期以来美国医疗卫生支出的变化。他们从2015年全球疾病负担研究和健康指标和评估研究所给出的2013年美国疾病支出项目中收集并分析了155个健康状况和不同类型的医疗照护项目。在调整通货膨胀的影响后，Dieleman 博士发现，1996～2013年，美国医疗卫生支出飙升了9 000亿美元，使得2013年当年，美国医疗卫生支出总额达到了2.1万亿美元。研究人员还指出，2015年这一数字已经超过了3.2万亿美元，美国2015年GDP为16万亿美元，相当于美国经济总量的20%[①]。可以看到，美国人在医疗上的花费比任何其他国家都多，而且还在呈持续增长的趋势。为了弄清医疗卫生支出为何增加，研究人员分析了5个影响因素，包括人口规模、人口老龄化、疾病流行率或发病率、医疗服务利用率和医疗服务价格。结果显示，老龄化人口增加、肥胖率上升和越来越昂贵的医疗服务成本是造成全国医疗卫生支出整体上升的重要原因。其中药品价格的飞速上涨是其中一个主要原因。

美国已经成为高价药的天堂。美国卫生及公共服务部下设美国计划与评估助理部长办公室（Office of The Assistant Secretary for Planning and Evaluation，ASPE）在2016年发布关于美国处方药花费趋势的报告。ASPE 发现，美国处方药的支出正在快速上升，预计增长速度将超过整体医疗支出的增长速度。2015年，美国的处方药支出约为4 570亿美元，占整体个人医疗保健服务的16.7%，然而20世纪90年代，这一比重仅为7%。根据艾美仕市场研究公司（IMS Health Incorporated，IMS Health；是全球领先的为医药健康产业提供专业信息和战略咨询服务的公司）的

[①] 美国医疗卫生支出飙升至3.2万亿，占经济总量18%. 2017-11-15. http://www.sohu.com/a/204335585_452205.

数据，预计到 2020 年美国在处方药上的开销将达到 6 400 亿美元。更让人触目惊心的是，《华尔街日报》对 30 种处方药的价格进行长期观察后发现，在 2010~2014 年，药物价格的涨幅是美国通货膨胀率的 8 倍之多。据《华尔街日报》报道，全球最大的制药公司辉瑞制药最近对旗下 40% 的处方药上调价格，而这已经是该企业今年发起的第二轮提价。Avonex，一种可延缓多发性硬化症的药物，在过去 10 年中，每年价格涨幅为 16%。预充式肾上腺素笔 EpiPen，自 2007 年以来价格已经上涨了 450%。2013 年，在美国以零售价购买治疗慢性病的处方药，人均花费超过 11 000 美元，几乎是美国平均社会保障退休福利（15 526 美元）的 3/4，是医保受益人收入中位数（23 500 美元）的一半，超过同期美国家庭收入中位数（52 250 美元）的 1/5，以上数据来源美国退休人员协会（American Association of Retired Persons，AARP）的统计。ASPE 在报告中表示，导致处方药支出上涨的原因很多，其中有 30% 是因为药方中更倾向于高价药品以及药品价格本身上涨所致。据《纽约时报》早前报道，虽然一些药价的上涨是由于药品短缺造成，但还有一个重要原因是药企的商业策略，即收购一些早已存在但被大众忽视的药品，再将其变成高价的"特殊药物"。2016 年，图灵制药前任首席执行官马丁·施克雷利成了"全美最令人憎恶的人"。这源于他将一种鲜为人知但极其重要的药物在一夜之间提价 55 倍，从原先每片 13.50 美元直接上调至 750 美元。这种药叫做达拉匹林（daraprim），是由葛兰素史克公司最先研制，主要针对弓形虫感染的患者，以及艾滋病、癌症患者等免疫系统受损的群体，也可以用于治疗疟疾。在 2010 年葛兰素史克将达拉匹林在美国市场的营销权出售给 CorePharma 之前，那时的达拉匹林每片只要 1 美元，随后 CorePharma 将价格上调至每片 13.5 美元。后来经由一系列的交易，图灵制药在 2015 年 8 月掌握了达拉匹林的营销权，疯狂的提价行动就此展开。虽然达拉匹林的专利权在几十年前就已到期，但是因为它采用的销售方式是管制发售（controlled distribution），这意味着制药公司很难得到研制仿制药所需的样品，可以说施克雷利发起的涨价直接扼住了这些患者们的咽喉。达拉匹林并非唯一的案例。环丝氨酸（cycloserine）是一种用于治疗多重抗药性肺结核的药物，最初的价格是 30 片 500 美元，但在被 Rodelis Therapeutics 收购销售权后，该药直接涨价 20 倍，每 30 片售价涨至 10 800 美元。吉利德（Gilead）科学公司的净收入，从 2012 年的不到 26 亿美元，2013 年小幅上升至 30.7 亿美元，在 2014 年飙升至 121 亿美元。该

第八章 从"两票制"到《我不是药神》——医改之长路漫漫

公司能够像变魔术般地实现利润膨胀,源于在 2012 年完成对 Pharmasett〔丙型肝炎治疗药物索非布韦(sovaldi)的研发公司〕的收购,在完成收购后,吉利德随后上调了该药的价格。

全世界绝大部分的化学药品(我们常说的西药)的原始研发公司都在欧美国家,因此这些药品的原始定价权也掌控在这些国家手中,除非一些药品如青霉素、阿司匹林、维生素 C、复方磺胺甲噁唑等非常"老"的药品,发展中国家已经可以大规模生产。那么,为什么欧美国家不仅现在研发的新药价格越来越贵,而且部分"老药"价格也不断上调呢?这其中当然有部分原因是因为成本的上升,但不全是。关于药品定价与成本的关系下面章节会有分析。

进入新世纪以来,世界经济的版图发生了翻天覆地的变化,经济全球化,政治多极化越来越明显,广大发展中国家通过追赶战略意图弯道超车快速逼近发达国家的发展水平,特别是亚洲国家的发展更令欧美国家心慌。2017 年,新兴市场国家和发展中国家对世界经济增长的贡献率已经达到 80%。按汇率法计算,这些国家的经济总量占世界的比重接近 40%。保持现在的发展速度,10 年后将接近世界总量一半。新兴市场国家和发展中国家群体性崛起势不可当,人工智能、大数据、量子信息、生物技术等新一轮科技革命和产业变革正在积聚力量,催生大量新产业、新业态、新模式,给全球发展和人类生产生活带来翻天覆地的变化,这些重大机遇,将推动新兴市场国家和发展中国家实现跨越式发展。因此,欧美国家原来持有的医药科技优势将日益被削弱。面对这种局面,他们自然不会善罢甘休,提高药价,剪新兴市场国家和发展中国家医疗健康投资的"羊毛"就成为必然。

新兴市场长期以来都被视为制药业的"乐土",麦肯锡曾在 2017 年表示,预计在未来 10 年里,新兴市场的前 20 大市场的制药收入仍可能实现翻番增长。庞大的人口、日益繁荣的经济、寿命的延长,这些因素都让新兴市场吸引着全球制药企业。医药生物技术行业是欧美国家相对中国为数不多的尚有较大比较优势的行业之一。目前,在中国绝大部分三甲医院高端的医疗设备几乎都是从欧美高价进口的,销售量排前的高价药品也绝大多数都是来自欧美的进口原研药或大包装进口国内分装的。新兴市场国家和发展中国家的经济发展后民众的收入普遍得到了提高,其后这些增加的收入对于普通民众来讲首先会投入到自身的医疗健康中去,投入到对更高医疗技术和更新更好药品的追求上去。药品和医疗器械价格提高后,新兴市场国家和发展中国家对医疗健康的大笔投入就被转移支付到了欧美发达国家,变成了这些国家的税收和企业的利润,反过来又通过各种渠道补贴给欧美国家本国的民众健康保险福利中去,因此欧美本国的大部分民众并没有"看病贵、药价高"的直观感受。表8-1为全球典型国家2015年企业社会保险缴费比例,从一个侧面反映了一些欧美国家企业在医疗上担负的成本。美国政府财政支出的很大一部分是用于公民的医疗开支,而高利润又确保了这些企业可以高投入研发费用,研制生产更新更好疗效的药品,以此形成良性循环。面对频频被"剪羊毛"的局面,新兴市场国家和发展中国家当然是不甘心的,面对欧美国家以自由贸易、专利、知识产权、反对国有企业补贴等各种借口施加的巨大压力,不同的发展中国家会有不同的反应。

表8-1 全球部分国家2015年企业社会保险缴费比例①(单位:%)

国家	养老	医疗和生育	失业	工伤	合计
智利	1.15	0	2.4	0.95	4.5
美国	6.2	1.45	0.6	0	8.25
澳大利亚	9.5	0	0	0	9.5
韩国	4.5	3.19	0.9~1.5	0.6	9.19~9.79
英国	11.9	1.9	含在养老费中	含在养老费中	13.8
日本	8.737	5	0.85	0.25~8.9	14.8~23.4
新加坡	16	0	0	0	16
德国	9.45	8.325	1.5	1.3	20.575
埃及	17	4	3	2	26
瑞典	15.73	12.48	2.91	0.3	31.42
平均值	10.017	3.635	1.408	0.644	16.256
中国	20	6.5	2	0.75	29.25

在新兴市场中,印度和中国都拥有较高的市场增长率以及占据较大的市场份额。为了控制药价,印度政府颁布了药品价格管制法案(Drugs Prices Control Order,DPCO),在该法案下,药物在印度的售价受到监管机构的控制。2013年,印度监管机构将有权限制价格的基本药物清单扩大了5倍。已成为世界第二大医药消费市场的中国,在2017年8月曾

---

① Social Security Programs Throughout the World(2015),国泰君安证券研究.

公开中国药品医保准入的首次国家谈判结果。药品医保目录准入谈判是国际上比较常见的做法,在我国却是首次以"国家的名义",由国家卫计委等部门出面与制药公司谈判降低药价。据新华社报道,经过漫长的谈判过程后,有36种药品谈判成功,以大幅降价的方式进入了医保目录。与2016年平均零售价相比,谈判药品的价格平均降幅达44%,最高降幅达70%。国家贯彻以民为本的思想,以国家的力量出面与欧美药企巨头进行谈判,在现阶段的中国来说可能是唯一的办法。因此,并没有什么真正的药神,但国家出面可以缔造制度与规则,从而为本国民众争取到疗效更好、更便宜的医药保障,从这个意义上说国家可以成为民众的"药神"。

三、问题三:中国医药市场是什么情况

《我不是药神》中化名格列宁的格列卫,是白血病患者们的救命药,自诞生之日起就自带专利。2015年,瑞士产的原版格列卫,100 mg×60片,一盒定价23 500元,根据不同的适应证,够用2周至2个月不等。在中国,由于独特的关税、定价和销售制度,它的价格更加惊人。即便是在邻国印度,原厂格列卫的价格也在1万元人民币左右。但对印度人而言,原版药价格高昂并不十分要紧,因为印度实行了一套独特的制度来保证仿制药的生产,使得印度成为世界公认的仿制药第一大国。同时从印度、土耳其、孟加拉、以色列购买的仿制药,正源源不断流入中国。同一种药品,国内正版"原研药"的价格,常常是印度仿制药价格的10倍以上。印度低药价不仅造福本国人民,也造福了难以负担高药价的外国人,印度仿制药出口已逐步产业化。

仿制药,为什么印度行,中国不行?主要原因有几个。

首先,中国受欧美国家施加的压力比印度更大,利益攸关性更大。中国经济发展水平比印度高,消费能力强,市场比印度大,加入WTO比印度也要早一些,因此欧美国家对中国在知识产权方面施加的压力就大得多,中国在启动"强仿"时顾虑很多。印度为仿制药提供的法律制度性支持,中国法律制度并非没有提供。与印度一样,中国也经历过长期没有专利相关法律、法规的年代,以及有专利法但几乎没有执行的年代。1985年,第一版专利法根本没有保护药品。直到1992年,为了入世谈判,中国出台了一系列过渡性法规。2001年加入WTO后,中国才有了规范的药品专利法规,在药品专利保护方面基本与欧美国家专利保护要求接轨,药

物活性成分(API)纳入了保护。但是,在中国的专利法中也有出于公共安全的考虑可以在适当的情况下启动药品专利的"强仿"条文,2006年1月,中国还专门通过了《涉及公共健康问题的专利实施强制许可办法》。在专利制度方面,中国的专利法和宽松的专利管理已经尽力了,就在2018年,国务院还出台了"20号意见",放宽了专利限制,鼓励强制许可。按理说,中国可以拥有跟印度一样强大的"药品专利强制许可"谈判能力。但由于各方利益难以平衡,这项规定在中国专利法颁布30年以来,一次都没有被实践过。在2005年禽流感肆虐的时期,中国也没有批准广州白云山制药公司对"救命药"达菲的强制许可请求,而是通过谈判,让Roche公司把达菲的生产授权给了其他两家企业。一方面,对知识产权的保护包括各行业的知识产权保护,而不是仅仅限于药品的知识产权保护。2017年,我国国内专利的申请数量已经位居世界第一[①],虽然在医药产业上我们处于弱势,但我国其他行业正在强势崛起,可以说总体上按照欧美的专利法严格对知识产权进行保护更符合目前甚至以后中国的综合利益。因此,目前国家对"药品专利强制许可"的谈判是趋向于严格的,获批的可能性只会越来越小。另一方面,欧美药企甚至国家层面的压力和公关力度也很大。笔者曾代表Matrix(厦门)制药公司在5年内参加过二三十个省(自治区、直辖市)的艾滋病药品政府采购招标谈判,与各省(自治区、直辖市)和国家级的疾病预防控制中心、卫生行政部门、财政部门等政府部门沟通,可以明显感受到外资大型医药企业的影响力。

2015年,卫计委出台了《关于印发中国癌症防治三年行动计划(2015—2017年)的通知》,其中提到:"建立和完善新药创制体系,加强药品知识产权保护,支持研制开发一批具有我国自主知识产权的创新药,做好专利到期药物的生产和上市准备,促进药品价格下降,提高药品的可及性。"探索通过利用专利实施强制许可制度提高药物可及性的可行性,国内尚不能仿制的,通过建立谈判机制,降低采购价格,加快国内相关药品上市速度。分析这段论述,中国对于抗癌药品的策略表露无遗。"加强药品知识产权保护,支持研制开发一批具有我国自主知识产权的创新药。"说明对我国抗癌新药的研发能力是比较有信心的,也从另外一个方面说明了对医药领域特别是生物医药方面与国外的差距的认识是很不足的。

---

① 新华社. 我国发明专利申请量连续七年位居世界第一[EB/OL]. 2018 - 02 - 17. https://baijiahao.baidu.com/s?id=1592640295487283047&wfr=spider&for=pc.

第八章 从"两票制"到《我不是药神》——医改之长路漫漫

面对差距既不能妄自菲薄,更不能盲目自信。30年前当基因研究等生物技术风云突起的时候我们与国外基本处于同一条起跑线上,今天我们能说我们仍处于同一水平吗?市场换不来真正先进的技术,但有可能换来欧美企业的技术和市场垄断,今天中国的芯片产业就是明证。笔者的大学同学有人这几年一直在国内欧美知名医药企业研发中心工作,几年下来居然不知道自己参与研发的药品的理化性质,甚至名字都不知道,只知道代号。利用中国充足的病人资源做各种临床研究,然而揭盲工作全部在国外总部核心部门进行。因此,一些外企在国内设立的研发总部、研究中心究竟能转移多少核心技术都是未知数。"探索通过利用专利实施强制许可制度提高药物可及性的可行性"说明"强仿"仍然处于探索阶段,真正实行仍是遥不可知。"国内尚不能仿制的,通过建立谈判机制,降低采购价格,加快国内相关药品上市速度。"说明了我们的专利到期药品的仿制能力是严重低下的,唯一的方法是政府谈判采购。

其次,中国对原研药品的仿制能力低下和艰难。想要做仿制药,专利甚至可以完全不是问题——最近的10年刚好是仿制药的黄金时间,因为"专利断崖"来了。药品专利的保护也有一定期限,2013~2020年,全球每年专利到期品种平均超过200个,其中不乏明星品种。2014年,全球有326个原研药的专利到期[①],都可以合法仿制。因此,中国难以造出廉价的仿制药给患者使用,并不能完全算到专利制度头上。据中国医药工业信息中心统计数据,目前我国4 000多家制药企业中,90%以上是仿制药生产企业,虽然中国化学药品批号95%以上都给了仿制药,但从品类、疗效到价格,中国的仿制药都毫无优势可言。2016年2月6日,国务院办公厅发布《国务院办公厅关于开展仿制药质量和疗效一致性评价的意见》(国办发〔2016〕8号),文件规定:"化学药品新注册分类实施前批准上市的仿制药,凡未按照与原研药品质量和疗效一致原则审批的,均须开展一致性评价。"国家基本药物目录(2012年版)中2007年10月1日前批准上市的化学药品仿制药口服固体制剂,应在2018年底前完成一致性评价,其中需开展临床有效性试验和存在特殊情形的品种,应在2021年底前完成一致性评价;逾期未完成的,不予再注册。这个文件以另一种形式承认了中国批准的绝大部分仿制药品在质量和疗效方面是没有办法与原研药品

---

① 《我不是药神》背后:中国仿制药的"血泪史"与当今资本版图. 2018-07-06. https://www.sohu.com/a/239578280_115708.

相比的。按照美国仿制药质量和疗效必须达到原研药的水平的标准，中国这几十年批准的绝大部分仿制药都不达标，也因此不能像印度产的药品一样大量出口了。十几年前 Matrix（厦门）制药公司曾出口到巴基斯坦一批复方磺胺甲噁唑片剂，完全按照巴方的标准生产，所有的标签和包装根本看不出是在中国生产的痕迹。

在中国做新药难，做仿制药也难。做药难，首先就难在药企能力的不足。如果你要做一种仿制药，除了把"原研药"研究透，还要寻找合适的中间体、原料药，以及药品辅料。而这些东西，大多数是由全国 4 000 余家中小型药企生产的。这些企业规模上不去，融资能力和研发能力也上不去。至今中国生产和出口量最大的原料药，还是低端老四样：维生素、食品添加剂、甜味剂和抗生素。这些"大路货"占据产能，同时带来原料药生产利润低下、高端品种依赖进口的问题，形成恶性循环。相比于美国 FDA 要求仿制药的辅料达到和药品相同的标准，中国的药品辅料生产和使用基本上没有规范。虽然早在 2006 年中国就出台过《药用辅料生产质量管理规范》（药辅 GMP 标准），但这个标准是非强制的，疏于管理、无人监督。当原料齐备，仿制药终于可以研发制造了，这时候需要解决的核心难题就来了：怎么确定仿制药和原研的药物效果一样？仿制药不是"假药"，做仿制药和开发新药一样，都需要规范的研发、生产、审评。光把药品的"活性物质"照样造出来还不够，还需要保证"一致性"——药理上一样，对人体的作用也一样。要审评"一致性"，首先得确定用来参照的原研药物是什么，专业名词叫"参比制剂"。要仿制阿莫西林，就得从全世界那么多品牌的阿莫西林里选择一种，才能有标准。中国报备参比制剂的正式制度长期缺席。即便报备了，也有可能不能获得原研药企业的支持，甚至因为原研药退市而完全买不到。国内还出现过某品种的参比制剂公布太晚，导致 43 家企业集体"抄错对象"的惨案。因为审评制度和标准上的缺失，长期以来，国产仿制药安全而低效，参比制剂混乱、晶形和剂型随便、辅料业余、疗效无把关，除了肯定含有宣称的成分，其他一切都是不确定的。2008 年后，中国多次抽查了当时市面上合格的国产仿制药，与原研药进行"体外溶出曲线"的对比，发现几乎所有的国产仿制药都和原研药相去甚远。2013 年，中国终于出台了仿制药一致性评价制度，溶出曲线已经纳入了评价"药学一致性"的重要指标。其后还要审评仿制药的"生物等效性"，还需要通过临床试验这一大难关。根据规定，中国的临床实验只能在获得批准的、数量有限、排期紧缺的"临床试验基地"进行。这些基地大

第八章 从"两票制"到《我不是药神》——医改之长路漫漫

多同时又是三甲医院,仿制药难以搞出科研成果,这些基地的冷淡态度也就可想而知。一个仿制药要在中国走通这个正规流程,还需要大量的成本。因此,在中国因为企业规模小,研发能力弱研发不了符合规定的仿制药。即使能仿制,但生产出的仿制药的成本也很高。比如吉非替尼(易瑞沙,iressa),由阿斯利康(AstraZeneca)公司研发,是用于非小细胞肺癌的靶向药物。2016 年,国家药品价格谈判之后,原版 250 mg×10 片的零售价是 2 358 元。易瑞沙在中国的专利已经在 2016 年 4 月到期,随后大批国资企业开始仿制。2017 年 2 月,齐鲁药业的首仿品种"伊瑞可"获批上市,同样规格的产品价格是 1 850 元。如果去代购印度版的仿制易瑞沙,价格约为 211 元[1]。

最后,在中国药品销售很难,体现在销售渠道多层化、销售费用高、政府谈判降价难、医疗保障水平低。销售渠道的多层化弊端国家正在破解,主要就是执行"两票制",这是本书论述的重点。至于销售费用,则是远远大于药品研发费用。据 2018 年 07 月 23 日《新浪财经》报道,由于我国医疗行业的种种弊端,沪深两市医疗行业上市公司销售费用一直居高不下。《新浪财经》统计发现,290 家医疗保健类上市公司,2017 年销售费用高达 1 772 亿元,沪深两市有 14 家医疗保健类上市公司,销售费用营业总收入占比超过 50%。而这 290 家公司同期的研发费用仅为 319 亿元,不足销售费用的 1/5。相关资料显示,2017 年 Roche 公司制药研发费用达 115 亿美元,国内 290 家医药企业 2017 年全部研发费用不足罗氏一半。而同样在 2017 年,默沙东(MSD)公司研发投入 99.82 亿美元,诺华(Novartis)公司研发投入 89.7 亿美元。2017 年沪、深两市 290 家医疗保健类上市公司中,销售费用占同期营业总收入比重超过 50%的有 14 家。其中海特生物、舒泰神、龙津药业超过 60%,分别为 66.09%、65.95%和 60.05%[2]。

中国人要想用上价格优惠的原研药最好的途径是国家药品价格谈判,即由政府出面,要原研药企压低售价。由于我们国家的经济发展水平、人口规模、患者规模和国家体制都决定了我们在政府价格谈判上具有一定的优势。截至 2017 年,累计谈判成功药物共有 39 种,基本上降价幅度都在 50%以上。以谈判最成功的替诺福韦为例,这是一种由(Gilead)

---

[1] 徐子铭. 药企能力不足,中国难以造出廉价仿制药. 2018 - 07 - 05. http://baijiahao.baidu.com/s?id=1605072673067961100&wfr=spider&for=pc.
[2] 医疗保健行业销售费用 1 772 亿元,研发投入 319 亿元. 2018 - 07 - 24. https://baijiahao.baidu.com/s?id=1606862540245362293&wfr=spider&for=pc.

公司开发的乙型肝炎一线用药,进入中国时的价格是 300 mg×30 片(1 月的量)1 500 元,2016 年,替诺福韦的专利有效性被几家中国企业起诉,经过几轮复杂的"拉锯",法院判决替诺福韦所有专利无效,大批国产仿制药挤进"战场"。同年,原研替诺福韦参与了国家价格谈判,直接降价 67%,变成 499 元,仅略高于印度版本。2018 年 6 月 29 日,湖北省公立医院药品(耗材)供应保障平台发布公告称,为响应国家税改政策,根据企业申请,下调辉瑞(Pfizer)公司 15 个品种和 20 个品规药品挂网价格,降幅 3.4%~10.2%。2018 年 7 月 4 日,北京医药集中采购服务中心发布提醒,Pfizer 和西安杨森等公司已通过北京市药品阳光采购自主降价功能,其中不乏抗癌药物。以克唑替尼(赛可瑞)为例,该药主要用于治疗非小细胞肺癌,于 2011 年 8 月获得美国食品药品监督管理局优先审批上市。原挂网价 5.34 万元的克唑替尼(250 mg 规格),每盒将降价 2 078 元,降价幅度为 3.9%。截至目前,湖北、甘肃、北京、四川、山东等多个省(直辖市)已开始对抗癌药价格进行调整,四川省是首个公布关于抗癌药专项谈判的省份,该谈判已于 2018 年 7 月 13 日启动。但价格谈判的难度是很大的,降价幅度也不会很大,除非国内可以生产或者国家强令准备强仿。笔者 2008 年代表 Matrix(厦门)制药公司参加云南省卫生厅组织的艾滋病药品政府采购招标邀请谈判时,参加谈判的某外资制药企业在谈到依非韦伦(efavirenz,一种抗艾滋病病毒的特效药物)的价格时坚决不降价,最后在卫生厅谈判人员苦口婆心的劝导下,经过近 1 个小时的反复讨价还价才勉强每粒降了不到 0.1 元,降价幅度约为 1.5%,而当时云南省应该是中国各省(自治区、直辖市)中采购该药的大户。为什么外资药企如此牛气呢?因为当时国内治疗艾滋病的鸡尾酒疗法所需要的一线药物如齐多夫定、司坦夫定、奈韦拉平等已经有国产药品可以供应,但对于已经产生耐药性的患者急需二线药物供应,作为疗效最好的二线药物依非韦伦,国内尚不能生产,因此只能被别人掐住喉咙,坐地起价。在独家垄断面前,要享用高价药就必须接受它开出的高价,因此即使有政府谈判,高价药的消费者也只能是有钱的富人,想要普及到普通患者,只能依靠医疗保险了。

中国医疗保险制度已经出台比较长的时间了,但报销水平仍然不高,这决定于我们国家的发展水平。1998 年开展城镇职工医保,2000 年推出第一版医保目录,2003 年启动新农合,2007 年推出城镇居民医保,2009 年实现全民医保。影片中的高价药格列卫于 2009 年第三版医保目录期间进入了 4 个省份的医保,随后陆续进入 18 个省份的医保,在 2017 年第四版医保目录中进入国家医保,可实现 75% 的报销。而在省级招标的作用下,原研药的价格已经由刚上市的 23 500 元/盒(1 个月用量)降至 10 000 元/盒。2013 年,诺华化合物专利到期后,格列卫在中国的合法仿制药上市,价格约为原研价格的 10%,现在价格约为 1 000 元/盒,格列卫不再如刚上市那般一药难求,在制度的推动下走向亲民。但诺华格列卫 β 晶型的在华专利权到期时间为 2018 年,胃肠道间质瘤适应证的专利保护权到期时间为 2021 年。财政部公布的 103 个抗癌制剂清单中,已有 82 种被纳入医保目录(2017 年版)和 36 个谈判品种,这些品种也将成为抗癌药专项集中采购的重点。在剩余的 21 个非医保品种中,有 17 个为独家品种(13 个为外企独家,4 个为国产独家)①,这些或将是以后准入谈判的重点。这些天价抗癌药经过谈判有望进入医保目录,患者显然能从中受益。但是我国发展中国家的国情决定了医保报销高价原研药的水平不可能高,范围也不可能广。虽然在医保制度下患者从医院购买少部分高价抗癌药的自付部分大幅度降低了,但剩下的绝大部分药品费用是由国家医保系统支付的,而医保系统的资金是由其他医保参与者和国家财政拨款形成的,这里面的羊毛国家肯定不会允许欧美外资企业随意剪割,因为我们的医保体系毕竟还是要保证对近 14 亿人的低水平广覆盖。同时作为欧美外资药品企业参加政府谈判降低药价也绝不是发了善心要救济中国的癌症患者,而是在国家权力的强迫下为了能够进入国家医保目录和各省(自治区、直辖市)医保目录,扩大用量,达到以价换量的目的才不得不降价。降价的目的是为了占领更大的市场,攫取更大的利益而已。2017 年 7 月,Roche 公司药物赫赛汀被纳入国家医保目录,该药为乳腺癌治疗一线用药,目前没有同成分、同功效的替代品,全国范围内对赫赛汀的用药需求也在短期内出现了激增。2018 年 3 月开始,全国多地医院开始出现赫赛汀缺货。Roche 公司方面称,已经向中国国家药品监督管理局申请,将供应中国市场的赫赛汀由现有生产基地转向更高产能的生产基地,以便解决用药荒的问题。

面对中国仿制药的研发和生产难题,欧美企业是不会放过"剪羊毛"的好机会的。除了通过谈判降低价格进入医保以价换量之外,通过《我不

---

① 多省份下调抗癌药价格,目录外药物最高降幅或达 50%. 2018 - 07 - 24. http://www.sohu.com/a/242941782_118392.

是药神》等引发的民间舆论压迫中国政府有关部门大幅降低欧美药企进入中国市场的门槛,进一步占领更高的市场份额,挤压中国药品研发生产企业的生存和发展空间。2017年10月,中国政府废除了一项规定,该规定要求各公司产品在进入中国市场前必须在中国重复所有药物试验,以检验其是否合适中国人的体质。这一举动是更广泛改革的一部分,是一个改变游戏规则的举动,因为它意味着大型制药公司可以与美国同时在中国推出重磅产品。2018年5月,中国取消了对28种进口药的关税,并延长了专利保护令。据2018年8月6日参考消息网报道,AstraZeneca制药公司正在与位于旧金山的珐博进(FibroGen)公司共同研发治疗贫血症的新药Roxadustat,这两家公司正在新系统下进行试验。国家食品药品监督管理局将对其进行了优先审批:在每项试验结束后结果将被共享和评估。相比之下,这两家公司在2019年上半年全部试验结束后才能向美国FDA提出申请。AstraZeneca制药公司的卢多维奇·赫尔夫戈特说:"这是具有里程碑意义的重大事件。世界品牌、全球大厂生产的药品将首次在中国获得授权批准。"中国为了提高医保覆盖率,2017年100多种药品被新纳入医保,其中包括AstraZeneca公司的心脏药物Brilinta,以及Roche控股公司的赫赛汀和葛兰素史克(Gsk)公司的Vired等。FibroGen公司中国业务副总裁克里斯·钟说:"我们没有预料到中国市场的迅速扩张。"据健康数据公司昆泰(Iqvia Holdings)公司的研究人员预测,到2021年,中国的药品市场将增长30%,达到1700亿美元。报道称,以生产糖尿病治疗药而出名的日本武田制药公司计划未来5年在中国进行7次推广活动,比其他任何地方都要多。武田制药的首席执行官克里斯托夫·韦伯说:"我们的中期目标是在发展初期阶段就进入中国。"中国约14亿人口正在成为全球制药公司的主要目标。中国人可享受的医疗保险比以往任何时候都多,而且还有很多人正在自掏腰包为那些医疗保险还没覆盖的西方疗法买单。可以预料如果不加控制很快中国医疗保险的基金库会趋向于枯竭,之后也会像推迟退休年龄一样减少医保报销比例或增加医保报销难度,或者减少基建等投资支出而将有限的财政支出倾斜于医保费用。希望我国政府的医药政策能继续完善并保持一定的定力,譬如"两票制"既然出台了就要坚持下去直到政策取得预期的效果,达到既定的目的。

四、问题四:药品价格是怎么制定的

医药圈子里流传一个段子:"一颗药的成本只要 5 美分,但为什么要卖 500 美元? 因为那是第二颗,第一颗的成本是 50 亿美元。"言下之意,药价之昂贵,在于其巨大的研发成本①。研发一种新药,本身需要的时间就在 10 年以上,研发的成本平均大概在 25 亿美元之上,并且风险很高②。

伊马替尼(格列卫),从发现靶点到获批上市,耗费了约 50 年,制药企业 Novartis 的投资超过 50 亿美元,成就了数位美国科学院院士,还催生了不少医学上的重大发现③。

这些全球巨头医药公司的研发就是"烧钱"。一款新药平均要砸几十亿美元的开发经费。所以,新药上市了,不但要赚药物开发的钱,还要赚过去失败项目烧掉的经费,更要为下一个药物开发预留经费。定价高可想而知。如果定价连成本都覆盖不了,任何一直做亏本生意的药企肯定会倒闭。

在电影《我不是药神》热播后关于药品价格高企原因的报道铺天盖地,无论是在网上还是平面或电视媒体上原因似乎都指向了药品高昂的研发成本和巨大的研发风险。再看下面两个表格,表 8 - 2 和表 8 - 3 似乎可以得出高研发投入与高药品价格具有极强的相关性。

表 8 - 2　全球研发投入前十药企 2015 和 2016 年研发投入与销售收入对比

序列	企业	研发投入(亿美元)		2016 年销售收入(亿美元)	2016 年研发费用/收入占比
		2016 年	2015 年		
1	罗氏(Roche)	114.1	92	500	22%
2	默沙东(MSD)	101	67	398	25%
3	诺华(Novartis)	89	90.8	485	18%
4	辉瑞(Pfizer)	79	77	528	15%
5	强生(Johnson)	91(医药)	68(医药)	719	13%

---

① 救命药的第一颗,价值 50 亿美元. 2018 - 07 - 09. http://www.sohu.com/a/240046263_100203941.
② 百家号."药神"热映背后,如何让患者吃得起进口药? 2018 - 7 - 16. https://baijiahao.baidu.com/s? id=1606106195585463336&wfr=spider&for=pc.
③ 我们都不是药神:"格列宁"原型"格列卫",制药投资超过 50 亿美元,耗时约 50 年. 2018 - 07 - 10. http://www.sohu.com/a/240355699_618347.

续表

序列	企业	研发投入(亿美元)		2016年销售收入(亿美元)	2016年研发费用/收入占比
		2016年	2015年		
6	阿斯利康(AstraZeneca)	59	60	196	30%
7	赛诺菲(Sanofi)	54.2	53.3	354	15.3%
8	礼来(Lilly)	52.4	48	212	25%
9	吉利德(Gilead)	51	30	299	17%
10	百时美施贵宝(BMS)	49.4	59.2	194	25%

表8-3 部分欧美原研药品进入中国市场的价格

序号	药品名称	规格	生产厂家	适应证	中国价格(元)
1	赫赛汀	440 mg	罗氏(Roche)	乳腺癌	24 500
2	爱必妥	100 mg/50 ml	默克(Merck)	结直肠癌	4 698
3	多吉美	200 mg/60 s	拜耳(Bayer)	肾细胞癌,肝癌	24 267
4	万珂	3.5 mg	美国杨森(Janssen)	骨髓瘤	13 635
5	力比泰	0.5 g	礼来(Lilly)	胸膜瘤	13 397
6	格列卫	0.1 g/120 s	诺华(Novartis)	慢性粒细胞白血病	25 500

那么药品的研发成本到底有多高呢？欧美药品开发商提供的研发费用是真实的吗？可以被质疑吗？药品的价格究竟又是如何确定下来的呢？下面通过梳理格列卫的研发过程来揭开所谓50年研发时间和50亿美元研发成本的秘密，进而揭开欧美药企药品定价的神秘面纱。

1956年，Peter Nowell从海军退役，回到了故乡费城。在那里，他加入了宾夕法尼亚大学病理系，主攻白血病和淋巴瘤的研究。

1959年，Peter Nowell发现"费城染色体"，这项研究于1960年在Science上发表，整个癌症研究领域为之震动！费城染色体的发现是白血病研究领域的一个重要突破。

1973年，芝加哥大学的Janet Rowley教授在彼得的发现基础上，发现费城染色体之所以短，是因为发生了染色体的易位——人类的9号染色体与22号染色体发生了一部分的交换，让22号染色体短了一截。

第八章 从"两票制"到《我不是药神》——医改之长路漫漫

1983年,美国国立癌症研究所(NCI)与Erasmus大学的学者们发现,9号染色体上的*Abl*基因,恰好与22号染色体上的*BCR*基因连到了一起,产生了一条*BCR-Abl*融合基因。这条融合基因编码了一种奇特的酪氨酸激酶。它不受其他分子的控制,一直处于活跃状态,导致不受控的细胞分裂,引起癌症。当研究人员们将融合基因导入小鼠的体内后,小鼠果然出现了致命的白血病症状。这个发现最终证实,*BCR*与*Abl*两条基因的融合,是此类白血病的根本原因①。

从1956年Peter Nowell加入了宾夕法尼亚大学病理系到1973年芝加哥大学的Janet Rowley教授发现费城染色体短的原因,再到1983年NCI与Erasmus大学的学者们发现此类白血病的根本原因,时间经过了28年,研究工作主要在4个研究机构即宾夕法尼亚大学、芝加哥大学、NCI、Erasmus大学展开。这28年的研究主要是基础医学和生物学、病理学的研究,其研究经费主要来自于国家拨款、私人和私营企业及各种基金会对大学的捐款,用于科研和教学,主要是培养年轻人才,这是国家和社会对基础学科的投入,也是对医学教育的投入,推动的是整个医药学的进步和国民教育水平。这与某个制药公司的单一产品的成本有关系吗?再说这28年基础研究的成本或者这几个研究者得到的研究经费到底有多少呢?确切的数字笔者并没有查询到,但在中国真正的科研工作者心里应该是有数的。因此这28年的时间和发生的费用是不能算作格列卫的研发时间和研发费用成本的,更不能列入其定价成本而要患者分摊。

1984年,汽巴-嘉基(Ciba-Geigy)制药公司的科学家们启动了一系列寻找蛋白激酶抑制剂的项目。公司当时同意资助这个项目,但由于之前在肿瘤领域受挫,公司并不愿意在这种看似风险极大的项目上投入过多的资金和精力。激酶抑制剂只能在悄无声息的情况下进行,当时也并没有引起多少人的注意。Lydon和Matter在Ciba-Geigy公司进行激酶抑制剂研究的80年代中后期,已经有很多实验室报道了多种化合物能够产生激酶抑制作用。Lydon和Matter最大

---

① Jerry Pharmcube. 格列卫传奇:磨难,坚韧,浴火重生. http://www.sohu.com/a/239816300_313170.

的困境并不是来源于科学研究,而是当时公司对于该研究项目的态度。慢性粒细胞白血病(CML)的研究对于制药公司来说也很难产生足够的吸引力。问题在于CML的发病率并不高,美国每年的新发患者数量只有5 000人,全球总体的发病率只有大约1/10万。在当时来说,这样的患者群体很难对制药公司产生吸引力,治疗更常见的癌种的药物会带来更大的利润。

1990年,在一个针对蛋白激酶C(PKC)的项目中,研究人员们发现一种2-苯氨基嘧啶(2-phenylamino-pyrimidine)的衍生物展现出了成药的潜力,能同时抑制丝氨酸/苏氨酸激酶与酪氨酸激酶。在这个化合物的基础上,研究人员们做了一系列的合成尝试,不断优化这一分子的特性:在嘧啶的3号位上添加的吡啶基团能增加其在细胞内的活性;苯环上添加的苯甲酰胺基团能增强对酪氨酸激酶的抑制能力;苯胺基苯环6号位的修饰进一步增强了对酪氨酸激酶的抑制;N-甲基哌嗪的侧链添加则极大地改善了这个分子的溶解度,使得口服用药成为可能。经过一系列的设计与修饰,这款分子彰显出了极高的特异性抑制能力。只要细胞表达BCR-Abl蛋白,其生长就会被这款分子抑制。研究人员相信是时候将它推进到下一阶段了。这款分子的代号是CGP57148B,后来有了一个更为响亮的名字——伊马替尼(imatinib)。

1993年,Ciba-Geigy处于领先地位的激酶抑制剂项目并不是Abl激酶抑制剂,而是另一款药物。尽管Lydon始终相信Abl激酶抑制剂治疗CML的潜力,但CML的低发病率,有限的市场空间仍然不会让公司的管理层产生什么兴趣。Lydon一直要求对伊马替尼进行进一步的研究,同样焦急等待着的,还有Druker。何时进行毒理学评价?何时提交新药临床试验申请(Investigational New Drug Application,IND)(相对于新药上市许可申请:New Drug Application,NDA)?何时药物才能够进入临床研究?焦急等待中的Druker决定进行另一种策略,以证明伊马替尼治疗CML的潜力:将伊马替尼与患者的骨髓细胞混合,并检测伊马替尼是否能够抑制CML细胞。这项研究的成功至少证明了伊马替尼能够有效地杀死人的CML细胞,而对正常人体细胞没有很大影响。有了这项研究,Lydon以及Matter就有了更加有力的证据说服管理层推进伊马替尼的临床前研究。

第八章 从"两票制"到《我不是药神》——医改之长路漫漫

1995年,公司最终同意进行伊马替尼的临床前的研究。1996年的7月,他们终于拿到了第一批毒理学实验的结果。结果发现,以静脉形式接受给药的犬会在导管末端出现血凝块。该研究的失败让公司内部对于伊马替尼的信心大减。但Matter认为,如果静脉注射不成功,那么口服制剂是否能够避免毒性的产生呢?Matter告诉Druker公司之所以决定做注射剂,是因为他们错误地预计伊马替尼做成口服制剂无法有效吸收。然而如果做成口服制剂,毒理学评价又得从头开始。

1996年,Ciba-Geigy制药公司与山德士(Sandoz)制药公司合并为Novartis(诺华制药公司,简称诺华)。当诺华成立的时候,之前的很多研究项目都面临着被中止的困境。当时的诺华是不会有兴趣去开发一种市场空间不大,而且存在毒性问题的药物,更不会试图去将其推向临床研究。Lydon屡次受挫,在诺华成立之后他便辞职了。但毒理学研究仍在持续,很长一段时间内,Druker都没有从诺华那边得到什么消息。最终,消息从诺华传来,仍然是坏消息。600 mg剂量的伊马替尼能够引起犬的肝衰竭。在大鼠的研究中,更低剂量的药物也同样能够引起肝损伤。这一次出现的毒性问题同样引起了不小的震动。但Druker相信,是给药方式存在问题,而且应用的剂量比临床中应该使用的剂量要高得多。但诺华却不这么认为。就在此时,第七项毒理学实验开始了,在猴子的实验中,他们并没有发现毒性问题。与此同时,Druker直接与FDA取得了联系,告诉他们诺华已经有了足够的安全性数据提供给FDA进行审查。而FDA也认为他们已经有了足够的安全性数据。但当Druker把消息告诉诺华的高管之后,他们仍然不为所动。如果他们连FDA的建议都不采纳,还能有什么办法说服他们进行临床实验呢?Lydon当时给Druker提供了一个建议。跟诺华的高管协商,如果不愿意进行临床试验的话,可以将该项目出售。由于已经有了非常充足的前期数据,这个项目对于很多制药公司来说是非常有吸引力。Lydon也对Druker说:"他自己成立的公司很愿意收购这个项目。卖掉也总比将伊马替尼束之高阁来的好。"最终,诺华还是同意了尝试进行临床试验[①]。

---

① Jerry Pharmcube. 格列卫传奇:磨难,坚韧,浴火重生. http://www.sohu.com/a/239816300_313170.

从 1984~1998 年共 15 年是属于伊马替尼（格列卫）真正的研发时间，但是在这 15 年中其研发并没有得到公司的重视，也就是其研发的资金和人员的配备并不多，只是企业研发人员的日常工作而已，这样的研发成本是极低的。进行化合物结构设计和筛选、少量动物实验、外加几个研发人员的工资能有多高的成本呢？

1998 年 6 月，伊马替尼迎来了历史性的一天——它终于进入了人体试验阶段。在这项 1 期临床试验中，研究人员们的主要目的是寻找最大耐受剂量，探索这款药物的安全性。研究招募了一群经过治疗，但病情依旧严重的患者，并让他们接受每日伊马替尼的口服疗法。研究表明该药物不但耐受良好，而且有着堪称奇迹般的疗效：接受 300 mg 剂量的 54 名患者中，有 53 名出现了血液学上的完全缓解（complete hematologic responses，CHR）。这一可喜的结果，迅速将伊马替尼带往了 2 期临床试验。1999 年启动的 2 期临床试验再次验证了 1 期试验中观察到的积极疗效。更为可喜的是，这些疗效看来相当持久：在治疗的一年半后，患者的无进展生存率依然达到了 89.2%。2001 年，基于其出色的治疗效果，美国 FDA 在 2 期临床试验后，就加速批准这款新药问世，治疗慢性粒细胞性白血病。而这款药物的产品名，就是我们所熟知的格列卫①。

从 1998 年到 2001 年格列卫上市经过了 4 年时间，从新药研发的角度看，这 4 年才是真正烧钱的时间段，经过人体试验、1 期临床、2 期临床，因为病例的稀缺性，其临床试验的成本可能会比其他常见病的成本要高一些，但 FDA 最后是加速批准了该药。因此从头到尾格列卫满打满算的研发时间也不过 19 年，何来 50 年之说呢？所以说国内的报道动不动就说"研发一个新药至少 10 年，至少 25 亿美元"从何而来？有何根据？是欧美药企的误导，还是国内没有任何质疑的以讹传讹？笔者曾做了 5 年的新药研究，了解在中国做新药研发需要的时间和金钱成本，即使把国内的研发成本的单位直接换成美元，恐怕也不会比 1 亿美元高多少。如果说发明或发现一个完全新型的活性化合物其时间成本和金钱成本更高的

---

① Jerry Pharmcube. 格列卫传奇：磨难，坚韧，浴火重生. http://www.sohu.com/a/239816300_313170.

第八章 从"两票制"到《我不是药神》——医改之长路漫漫

话,也绝对到不了50亿美元,当然如果把医学教育的投入也算进去的话可能就不止50亿美元了,或许500亿美元都不够。况且舆论界把新药的定义搞清楚了吗?其分类搞清楚了吗?很多me-too、me-better药物和改变剂型和用药途径的药品也是新药。创新药物应该可以分为突破性创新药物和持续性创新药物,持续性创新药物如me-too、me-better药物、改变剂型和用药途径的新药我们可以计算出其研发成本,那些依靠单个人的"灵光一现"突破性创新的药物又该如何计算成本呢,如果不能计算而为了定高药价就可以随意编造吗?当然如果没有"灵光一现"的神来之助,即使花上100亿美元,100年时间也创造不出一个创新性新药,创新性新药靠金钱、人海战术是堆积不出来的。我们可以看一看中国本土发明的两个突破性创新性新药的例子。

青蒿素是从复合花序植物黄花蒿茎叶中提取的有过氧基团的倍半萜内酯药物,由中国药学家屠呦呦在1971年发现。2015年诺贝尔生理学或医学被授予美国、日本和中国的3位科学家,美国科学家William C. Campbell、日本科学家大村智和中国科学家屠呦呦分享了此次诺贝尔生理学或医学奖。屠呦呦因创制新型抗疟药——青蒿素和双氢青蒿素——的贡献获奖,青蒿素被誉为"拯救2亿人"的发现。中国政府于1967年5月23日在北京成立5·23抗疟计划办公室,统一领导《5·23抗疟计划》的实施,其全称为中国疟疾研究协作项,代号为"523",集中全国医药科研力量研发治疗疟疾的新药。1977和1979年,青蒿素的研究成果在中国《科学通报》与《化学学报》上发表,同年青蒿素的分子式被美国《化学文摘》收录。1981年3月3~6日,"523"计划举行最后一次小组会议,5月该会议纪要下发,"523"计划结束[①]。整个工作持续了15年,全国大量的医药科技人员参与其中。中国中医研究院的屠呦呦研究员在研究中国医药历史文献东晋葛洪的《肘后备急方》时,看到其中将青蒿"绞汁"用药,从而得到启发产生灵感,改用低沸点的乙醚提取,保护了青蒿素的化学结构不被熬煮的高温破坏。这一创新火花的瞬间迸发宣告了不同于原有抗疟药乙氨嘧啶、氯喹、伯氨喹的全新化学结构的特效高效抗疟药的问世,在疟疾的治疗史上取得了划时代的突破。其后又开发了蒿甲醚,并开发了其他疾病的治疗。

---

① 青蒿素. https://baike.baidu.com/item/%E9%9D%92%E8%92%BF%E7%B4%A0/1961334.

盐酸关附甲素系中国药科大学刘静涵教授从我国传统中药关白附（黄花乌头的块根）中分离得到的具有抗心律失常活性的 C20 二萜生物碱。刘静涵教授主持研究的盐酸关附甲素及其注射液于 2005 年 8 月获得国家西药一类新药证书（国药证字 H20051128/9）和生产批件（国药准字 H20051679/80）[①]。该成果倾注了刘静涵教授 20 多年的心血，在笔者 1990 年考入中国药科大学时，就听闻刘静涵教授已经专心研究该药 10 年有余。1980 年，刘静涵教授从关白附中分离并鉴定了关附甲素的结构，是我国在抗心律失常领域第一个自行研制并具有知识产权的一类新药。从分离并鉴定其结构，到最终完成三期临床上市，刘静涵为之倾注了 25 年的心血。该药的研究曾获国家医药管理局"七五"国家重点科学技术项目、"九五"国家科技部"1035"工程"项目资助、"十五"重大科技专项"创新药物和中药现代化"的资助等。中国科学院上海药物研究所和一些制药企业参与了该药的研发和产业化。

青蒿素的发现在全球抗击疟疾进程中发挥了重要作用，尤其是在疟疾重灾区非洲，青蒿素已经拯救了上百万生命。根据 WHO 的统计数据，自 2000 年起，撒哈拉以南非洲地区约 2.4 亿人口受益于青蒿素联合疗法，约 150 万人因该疗法避免了疟疾导致的死亡，其社会效益不知要超过格列卫多少倍。那么青蒿素及其衍生物的制剂价格高吗，其制剂的价格是按照研发的成本来制定的吗，其研发的成本又是多少呢，迄今为止其总销售额又是多少呢？笔者在中国药科大学读书和做科研的时候曾到图书馆查阅过当时全国协作研究青蒿素的文献资料，可谓是汗牛充栋，尽管纸质已经发黄，全国数不清的单位和研究人员的名字出现在上面。这 15 年时间，无数人的心血值多少钱呢？在定价时考虑过其研发成本吗？网上可以查到的有云南昆药集团的复方蒿甲醚（12 片）是 169 元人民币，其他则没有答案。吉林敖东洮南药业股份有限公司生产的盐酸关附甲素注射液，商品名达芬齐芯，规格为 2 ml∶100 mg，每盒报价 42 元，用于治疗阵发性室上性心动过速型心律失常。这样的价格包含了 25 年来刘静涵、中国药科大学、中国科学院上海药物研究所、制药企业和国家各种基金的投入成本吗？只能说中国企业或者大部分发展中国家研发的药品都是"良心"定价，既不掠夺本国人民，更不掠夺外国民众。但格列卫国内现价约为 11 000 元人民币，迄今为止其全球总销售额约为 530 亿美元，早已远远

[①] 刘静涵. 25 年做一件事. http://blog.sina.com.cn/s/blog_47782e8d010006dk.html.

第八章 从"两票制"到《我不是药神》——医改之长路漫漫

收回所谓的 50 亿美元成本,当然现在又有说法是格列卫的高价是因为还要摊分以后有关药品的研发成本。还要摊分未来的未知研发成本?欲壑难填啊!真是"欲卖高价,何患无辞"!

国际上对药品的定价有两种方法,分别是成本定价法和市场定价法。

成本定价法的基本公式是:药品价格=原料成本+辅料成本+包材成本+制造成本+财务成本+销售成本+税务成本+企业利润。原料成本、辅料成本、包材成本这 3 个成本全社会不同制药企业基本是一致的,市场上可以查得到的;制造成本和财务成本每个企业的差别是比较大的,如果企业的贷款比较多,需要支付的利息很高,那么财务成本会很高;另外医药企业基本都是高新技术企业,其研发的成本的摊销则可能在较短的时间内,如 5 年内,如果在摊销时间内产量很大则具体摊销到每一盒药品上则很少;制造成本还与人工、水电费用相关;销售成本也是一个变量比较大的成本,但物价部门在审定药价时往往不会允许销售费用在总成本中占比太高。笔者在近 30 年的从业经历中多次主持公司新药的定价事宜,深知定价的繁杂不易和利害关系。税务成本基本是根据国家规定固定比例的,企业利润的部分也不会太高,占比基本与市面上现有药品的利润持平,不然价格管理部门也不会审核同意。国内绝大部分的仿制药企业都是按照这种方法进行药品价格核定的,仿制药的定价基本在全球都是按照成本定价法进行的。

市场定价法多用于创新药的定价。主要采用参比的方法,参比的对象可以是价格,可以是患者的收入,也可以是疗效。比如价格参比法,根据市场上已有的同类药品的价格参比决定。例如,市场上治疗某一疾病目前最好的药品的价格为 1 000 元,现在研发的新药治疗此种疾病疗效比之高 30%,或者达到同样疗效需要的时间减少 30%,或者不良反应少了 30%,那么该种新药的定价可以为 1 500~2 000 元。收入参比法是根据治疗对象的经济承受能力来决定价格的。比如某类患者的收入水平是 100 万,如果治愈则 100 万换来了原来的健康,那么该药的定价则为完全治愈需要的药品的价格则为 100 万,价格是由市场对价格承受能力决定的,与研发费用没有多大的关系。目前,肿瘤免疫疗法已经成为了抗癌领域的一大热点,其中最具代表性的 CAR-T 细胞疗法也因为能够有效治疗恶性血液肿瘤而名声大噪。2017 年,诺华首个推出了有望根治弥漫性大 B 细胞淋巴瘤的 CAR-T 疗法,售价是 37 万美元一个疗程,包括住院费等杂费后,一次治疗的费用有望超过 50 万美元,合人民币 350 万元。疗效参比法参比的对照物可以是某药品的价格，也可以是某手术的价格，反正比的是治疗的结果，比如治疗丙型肝炎新药的定价，会参考肝移植手术的整体费用，并在此基础上打一定折扣。丙型肝炎治疗药品 28 片装的索磷布韦片，国内定价每瓶 19 660 元，患者服用一个疗程需要花费近 6 万元；丙通沙在中国的定价还未公布，在英国，12 周的治疗价格约 5.1 万美元，美国则是 7.4 万美元，合计人民币分别为 35 万和 52 万元。

欧美制药企业为原研药制定很高的价格，常常用高投入的研发费用作为支持依据，这样可以在舆论宣传上站在理论和道义的制高点；另外，很重要的一点是研发费用往往无法追溯查证，自己关起门来说自己的研发成本很高别人也没有办法去一一质疑，再加上欧美大国把持着国际舆论，发展中国家又能如之奈何。用市场定价法产生的药品价格向公众宣导时宣传为根据成本定价具有一定的蛊惑性和煽动性。但这两种定价方法本身并无方法上的优劣，也无须进行道德上的评价，只能说面对威胁生命的疾病，作为患者的个人只能根据个人的经济情况进行选择，"姜太公钓鱼，愿者上钩"，但是作为具有公共管理职能的国家则需对自己国民的健康负有一定的责任，要为这个国家未来的发展包括医药行业的发展争取利益，谋篇布局，进行长远规划。

面对高高在上的药品价格，特别是欧美企业研发的高价抗癌药品，再看看国内居高不下的癌症发病率和日日处于水深火热之中的癌症患者及其家属，我们有什么办法呢？有人说为什么不向印度学习呢？印度的一些做法确实值得我们学习，但不能模仿，因为国情不同，时代也不同了，有些时机错过了就永远也找不回来了。解决办法要从政府和个人两个层面来寻找。从政府层面来说主要是制定合理又合用的政策，促进国内抗癌药品的可及性和经济性，但这需要一个过程。制定政策的高层级领导人不能只是专家，还必须是政治家，所谓的政治家是指除了专业之外更要心系基层百姓，造福普通百姓，而不能仅仅只考虑某一些小众的利益集团，要有人民立场，能把民众的健康和幸福置于各种利益的纠缠之上。他们的品德一定是第一位的，必须首先要正直，公正无私，要有宏观和长远眼光。这几年药监局系统一直是巨震不断，自国家药监局局长郑筱萸被执行死刑开始，药监局一直都在反腐的漩涡之中。根据统计，自 2016 年 6 月到 2018 年 6 月两年之中"落马"、宣判的药监官员，就多达40人①。2018年8月16日,因长春长生疫苗案中央要求毕井泉(市场监管总局党组书记、副局长,2015年2月至2018年3月任原食品药品监管总局局长)引咎辞职;要求焦红(国家药监局局长)作出深刻检查;中央纪委国家监委对吴浈(原食品药品监管总局副局长、原卫计委副主任,分管药化注册管理、药化监管和审核检验等工作)进行立案审查调查。2019年2月26日,原国家食品药品监督管理总局副局长吴浈涉嫌滥用职权、受贿一案,由国家监察委员会调查终结,移送检察机关审查起诉,最高人民检察院依法以涉嫌滥用职权罪、受贿罪对吴浈作出逮捕决定。在豫剧《七品芝麻官》中有一句台词:"当官不为民做主,不如回家卖红薯",可惜的是有的药监局官员现在连"卖红薯"都没有机会了。面对高价药品,从个人层面就是要想办法解决现实的问题,寻求国外原研或仿制的抗癌药品的代购,这能解决癌症患者当下的困难,当然这个代购必须是合法的,代购的药品也要保证必须是真的才行。

五、解决办法一:挑战欧美既有专利

挑战欧美既有专利是最快捷的方法,但也是技术难度很大的方法。专利制度方面,中国的专利保护已与国际接轨,但2017年在药品领域提出了系列新改革方案:建立上市药品目录集,探索建立药品专利链接制度,开展药品专利期限补偿制度试点,进一步完善专利挑战相关机制等。

Gilead公司的索磷布韦在美国获批上市后,购买1片需要花费1 000美元,2013年国际非营利组织"I-MAK"与另一个NGO组织"DNP+"在印度挑战索磷布韦的专利。2014年I-MAK在中国挑战索磷布韦的前药专利申请,认为索磷布韦的氨基磷酸酯前药,只是在原来化合物基础上进行了改进,并无创造性。2015年5月,国家知识产权局驳回了Gilead公司对上述专利的申请。此后索磷布韦的制备方法、晶型专利申请相继被驳回。2016年2月3日,国家知识产权局以"权利要求不具备专利法第22条第3款规定的创造性"为由,驳回了名称为"核苷氨基磷酸酯"的专利申请,2017年3月13日,复审委员会维持驳回决定。2018年6月19日,无国界医生组织(MSF)向国家知识产权局提交了维帕他韦的专利无效申请。2017年底,MSF还挑战了索磷布韦/维帕他韦组合物的在华专利;

---

① 反腐形势严峻,40余名药监官员相继落马. 2018-07-28. http://www.sohu.com/a/243886801_564023.

MSF发起的专利无效申请,试图穿透丙型肝炎药在中国的专利保护层,让更多的中国药企放心仿制,并廉价出售①。

国家层面可以鼓励专业人士成立非营利组织,利用个人专长来挑战欧美专利,保护民族医药产业,让老百姓用上廉价药。

六、解决办法二:直接强仿

强制许可,就是一国政府在未取得专利权人同意的情况下,允许第三方生产专利产品或使用专利方法的法律制度。在国际上,关于实施药品强制许可曾经斗争了很多年,并最终达成共识。由于1994年签署的《与贸易有关的知识产权协议》(TRIPS协议)过于强调药品专利保护、专利独占权,导致专利药品的高价格,严重影响了发展中国家对公共健康药品的获得。此后WTO各成员一直致力于寻求专利保护和公共健康之间新的平衡。2001年,《TRIPS与公共健康多哈宣言》肯定了各成方国有权在国家出现紧急状况时使用强制许可,通过药物强仿获得低成本的仿制药品;各国有权认定何种情况构成"国家处于紧急状态或其他极端紧急的情况",诸如艾滋病、疟疾等传染病造成的公众健康危机,即构成这种"紧急状态"。2005年通过的《TRIPS协议修订议定书》(TRIPS议定书)首次对TRIPS协议修订,并进一步规定,发展中成员和最不发达成员可以在国内因艾滋病、疟疾、肺结核和其他流行疾病而发生公共健康危机时,在未经专利持有人许可的情况下,在国内实施专利强制许可制度,生产、使用、销售或从其他实施强制许可制度的成员方进口有关治疗上述疾病的专利药品。这不仅能大大降低相关专利药品的市场价格,而且有利于更迅速和有效地控制、缓解公共健康危机,也为发展中国家实施强制许可仿制药品扫清了法律障碍。各个国家可以自己来定义本国是否处于公共健康危机中,强仿必须要获得国家强制许可令才能实施。2018年4月,国务院出台《国务院办公厅关于改革完善仿制药供应保障及使用政策的意见》,该意见释放了我国将适时启动药品强制许可的信号。在当前的环境下,适时启动药品强制许可,将提升我国药品可及性,缩小和发达国家制药产业的差距,也可以提升我国在全球制药领域的话语权。

2017年,马来西亚在与Gilead公司进行药价谈判失败后,对索磷布

---

① 周静.吉利德公司索非布韦药物的中国专利分析.2017-06-09.http://www.fx361.com/page/2017/0609/1888113.shtml.

韦启用了药品专利强制许可制度,后来 Gilead 公司将其纳入了自愿销售许可的范围。全世界丙型肝炎疾病负担排名第三的埃及,拒绝所有关于丙型肝炎药物专利的申请,有便宜的仿制药。最新获批在华上市的丙通沙,目前已有印度、埃及等 13 家药厂获得了 Gilead 的自愿许可,可以向许可协议商定范围内的国家和地区输送价格可负担的仿制药,但中国药企无一入选自愿许可之列。目前我国无一例专利强制许可的案例,这与我国一些现实情况和更深的考虑有关。药品专利强制许可与专利保护顶层设计的理念不是很契合,虽然有法可依,但用起来要极其慎重。

美国于当地时间 2018 年 7 月 6 日 00:01(北京时间 6 日 12:01)起对价值 340 亿美元的中国商品加征 25% 的进口关税。作为反击,中国也于同日对同等规模的美国产品加征 25% 的进口关税,世纪之贸易战正式开打。美国发动这场贸易战,理由之一是所谓中国"知识产权保护不力",但真实情况完全相反。根据统计从 2001 年起,中国对外支付知识产权费年均增长 17%,2017 年达到 286 亿美元。2017 年,中国发明专利申请量达 138.2 万件,连续 7 年居世界首位,申请者中近 10% 为外国单位和个人;国外来华发明专利申请量达 13.6 万件,较 2001 年 3.3 万件的申请量增长了 3 倍。2018 年 7 月 10 日,联合国世界知识产权组织、美国康奈尔大学、欧洲工商管理学院在纽约联合发布 2018 年全球创新指数,中国位居第 17,首次进入前 20 名。中国较 2017 年上升 5 名,超过了加拿大、挪威和澳大利亚等发达经济体[1],这充分说明了中国正在走类似美国已经走过的创新之路,这条路必须实行严格的专利保护才能继续更好地走下去。随着经济环境与科研投入的不断增长,未来在生产领域大量专利都将来自中国。我们将会成为保护知识产权最积极的国家。因此,对某些欧美专利抗癌药品能否启动强行仿制,需要根据国家利益长远最大化来进行综合判断。如果一款法律条文从来没有启动过,那么它的威慑力就会随着时间的推移而减弱,甚至被认为不存在。因此笔者建议国家在合适的时机启动一次药品强制仿制,这可以增加国家医保局在政府谈判时的谈判筹码,能更有效地降低原研进口药品的价格,但短时间内启动一次强制仿制就足够了,此武器不可多用,否则对我国创新战略会产生不良影响。

---

[1] 中国国务院新闻办公室.《中国与世界贸易组织》白皮书.2018-6-28.

七、解决办法三：政府谈判

政府谈判是由政府有关部门出面，代表中国政府与有关药品生产企业进行谈判，谈判的主要议题是药品的降价幅度与药品能否纳入中国医疗保险报销目录及报销的比例。对谈判双方来说本质都是以量换价，对欧美药企来说最主要的是一定幅度的降价能纳入药品报销目录，从而占领更大的中国市场份额，进而获取更高的总利润，同时中国患者的用药成本也将通过医保的统筹机制而转给全社会承担。但目前在欧美药企独家专利生产的药品中国患者的需求程度大于这些企业降价的意愿，因为即使不降价由于中国庞大的人口基数还是会有绝对数很大的一批中高收入患者会使用进口的高价药品，因此谈判的难度不小，降价的幅度很难扩大。

统观世界各国，药品的研发能力越强则谈判降价的可能性越大，降价幅度也会越大，或者威胁使用强仿来迫使对方同意协议生产或委托授权生产。欧美等西方发达国家在药品研发能力方面也不是铁板一块，其中美国最强，被视为标准，其他如欧洲等国家也是通过谈判的方法取得一定的降价幅度。全球信息提供商 IHS Markit 曾对经由 FDA 在 2012 年至 2014 年间批准，且在欧洲五大国家（德国、英国、西班牙、意大利和法国）及美国均可买到的 30 种创新药物做了价格研究，欧洲的药品价格明显低于美国。在欧洲 5 国中，平均价格指数最高的德国仅达到 35，然而在美国，这一数据高达 100。2013 年，经济政策和研究中心（Center for Economic Policy and Research，CEPR）的一份报告发现，美国在处方药上的人均花费远高于其他富裕国家。举例来讲，如果美国每花费 1 美元在处方药上，那么加拿大的花费仅为 72 美分，日本为 57.2 美分，荷兰为 49.8 美分，而丹麦仅仅只花了 35 美分。该研究还指出，其他国家在处方药上花费如此少的原因是他们的政府会与制药企业谈判价格。IHS Markit 进一步对药品价格的变化趋势进行研究，时间跨度为药品发布之日至 2017 年 1 月。在研究的样本中，仅在美国观察到价格上涨现象，其余欧洲 5 国的样本药价均呈下降。其中德国拥有最大的降幅，达到 17.8%，而对比美国，样本药价涨幅为 23%。在法国和德国，很大一部分创新药物都受到降价的影响，法国有 12 例，德国有 23 例，而降价与这些药物加入该国的医保清单息息相关[①]。因

---

① 东方财富网，百家号.《我不是药神》刷屏背后：美国竟是高价药的天堂. 2018-7-18. http://baijiahao.baidu.com/s?id=1605400007661586367&wfr=spider&for=pc.

此,可以说在面对发展中国家时欧美制药企业是团结一致利用舆论和专利维持高药价,剪除发展中国家的"羊毛",在其内部也存在美国剪除其他国家"羊毛"的现象。

在当前形势下,"以夷制夷",走欧美之路,按欧美的游戏规则进行交涉,通过谈判降低药价是比较可行的方法。2018年6月29日,湖北省公立医院药品(耗材)供应保障平台发布公告称,为响应国家税改政策,根据企业申请,下调Pfizer公司15个品种和20个品规药品挂网价格,降幅3.4%~10.2%。2018年7月4日,北京医药集中采购服务中心发布提醒,Pfizer和西安杨森等公司已通过北京市药品阳光采购自主降价功能,其中不乏抗癌药物。以克唑替尼(赛可瑞)为例,该药主要用于治疗非小细胞肺癌,于2011年8月获得美国FDA优先审批上市,原挂网价5.34万元的克唑替尼(250 mg规格),每盒将降价2 078元,降价幅度为3.9%。财政部此前公布的103个抗癌制剂清单中,已有82种被纳入医保目录(2017年版)和36个谈判品种,这些品种也将成为抗癌药专项集中采购的重点。在剩余的21个非医保品种中,有17个为独家品种(13个为外企独家,4个为国产独家),这些或将是本次准入谈判的重点。咨询公司Latitude Health预测,这轮国家意志主导的"操作",有望使得国家医保目录内的进口抗癌药物价格可能会降低10%,目录外进口抗癌药物可能会降价高达50%,这也是它们被纳入国家医保目录的前提条件。国家医疗保障局相关人士介绍,2018年纳入抗癌药专项谈判的药品,覆盖了非小细胞肺癌、结直肠癌、肾细胞癌、黑色素瘤、慢性粒细胞白血病、淋巴癌、多发性骨髓瘤等多个癌种。但是,这些药品大部分都还处于独家专利药保护期限内,谈判难度非常大。同时2018年以来,国家为了推动药品降价,两度对抗癌药降税。不过,尽管降价持续推进,由于欧美药企本身降价幅度并不大,再加上国内医保谈判程序、招标采购合同期限、采购流程等的限制,老百姓可能还不会明显感受到药价的变化。

政府谈判最新的进展就是国家医保局组织的"4+7"城市带量集中采购谈判了。2018年11月,《国家组织药品集中采购试点方案》正式通过,涉及31个指定规格的采购品种。根据上海市三轮带量采购的经验,国家以北京、天津、上海、重庆4个直辖市和沈阳、大连、厦门、广州、深圳、成都、西安等11个城市的公立医疗机构为集中采购主体,组成采购联盟,委托上海市医药集中招标采购事务管理所,承担具体集中采购工作,对阿托伐他汀钙、氯吡格雷等31个产品进行集中带量采购。2018年12月7日公布初步结果,31个试点通用名药品25个中选,其中包括23种国产药品,2种国外药品,成功率81%。本轮带量采购药品与试点城市2017年同种药品最低采购价相比,拟中选价平均降幅52%,最高降幅96%,降价效果明显。随后连续2天市场做出了激烈的反应,A股医药板块市值蒸发超过2 300亿元,港股医疗板块市值蒸发约1 500亿人民币(扣除两地同时上市医药股),两市直接损失超过3 800亿元。可以说这是继"两票制""质量和疗效一致性评价"政策出台之后对中国医药市场最大的一次重击,真正地击痛了迷梦中的部分医药人,也叫醒了沉睡在温柔乡已久的部分医药人。通过这次"4+7"城市集中带量采购及其后续的各省(自治区、直辖市)的跟随,药品的价格将越来越亲民了,优质药品也越来越与国际接轨了。浙江京新的瑞舒伐他汀片(0.78元/片),接近于美国市场仿制药的最低价(0.09美元/片),浙江华海的盐酸帕罗西汀片(1.67元/片)接近浙江华海在美国的售价(0.13美元/片),浙江京新的苯磺酸氨氯地平片(0.15元/片)接近美国仿制药的最低售价(0.01美元/片)。另有9个产品中选价格已低于美国市场的价格,浙江华海的厄贝沙坦片(0.2元/片)低于浙江华海在美国的售价(0.06美元/片),浙江华海的利培酮片(0.17元/片)低于浙江华海在美国的售价(0.22美元/片),浙江华海的赖诺普利片(0.23元/片)低于浙江华海在美国的售价(0.08美元/片),成都倍特的头孢呋辛酯片(0.51元/片)低于美国仿制药的最低售价(0.47美元/片),成都倍特的替诺福韦片(0.59元/片)低于美国仿制药的最低售价(2.2美元/片),正大天晴的恩替卡韦分散片(0.62元/片)低于美国仿制药的最低售价(1.81美元/片),施贵宝的福辛普利片(0.84元/片)低于美国仿制药的最低售价(0.22美元/片),扬子江的依那普利片(0.56元/片)低于美国仿制药的最低售价(0.51美元/片),江苏豪森的伊马替尼片(10.4元/片)低于美国仿制药的最低售价(3.07美元/片)。在中国出现了与美国"专利悬崖"相似的"一致性评价"悬崖。在美国,原研药专利到期后,销售额会迅速下滑,俗称专利悬崖。Sanofi公司的波立维(硫酸氢氯吡格雷片)在美国的销售额从70亿美元下降到专利到期后的100多万美元只用了2年时间(2011~2013年)。氯吡格雷仿制药2017年美国销售额1.3亿美元,是波立维销售额的100倍。立普妥(阿托伐他汀钙片)是Pfizer公司研发生产的最畅销的血脂调节处方药,保持有多个销售记录。在2011年美国专利到期后,销售额从95.8亿美元大幅下降到2017年的19.2亿美元,仅

第八章 从"两票制"到《我不是药神》——医改之长路漫漫

为顶峰销量的1/6[①]。2019年1月17日国务院办公厅发布《国家组织药品集中采购和使用试点方案》(国办发〔2019〕2号),将"4+7"城市集体带量采购的辉煌成果进一步固化、扩大,明确宣告了国家对药品的进一步提质降价的改革大思路。此时看不懂国家大局的或者故意装作看不懂的企业仍在强撑,或试图负隅顽抗,与降价大趋势背道而驰。而真正看穿大势的企业已经以此为契机,抢占圈占大市场,中国药品市场近年最大的变局已经开始。2019年1月14日,陕西省公共资源交易中心发布公告称,根据企业申请,正大天晴将其生产的甲磺酸伊马替尼胶囊挂网限价由872.19元/盒调整为586.39元/盒,降价幅度达到33%。经过调整,正大天晴的价格比豪森"4+7"带量采购中标价格623.82元还低6%。2019年1月16日,陕西省公共资源交易中心再发公告,在正大天晴大幅降价后,石药欧意紧紧跟随,主动将甲磺酸伊马替尼片在陕西的中标价下调,降价幅度达到26%。2019年1月17日,辽宁省公布32个抗癌药品价格调整的通知,称近日收到包括齐鲁制药、正大天晴、武汉人福、江苏恒瑞等在内的8家企业的28个国产抗癌药主动降价的申请,以及4个国产抗癌药降价并恢复挂网的申请。基于企业申请,将对这32个抗癌药进行价格调整。从价格调整幅度来看,齐鲁制药的注射用培美曲塞二钠(0.1 g、0.2 g)降幅最大,达30%;其次,南京正大天晴制药有限公司的注射用盐酸吉西他滨(1.0 g)降价幅度为15%。随着"4+7"配套政策的出台,不仅各个大企业纷纷跟进,其他省份和城市也必将在此"鲶鱼"效应的刺激下或主动或被动汇入此番降价的大潮。站在目前时点来看,由政策推动的、大企业主动应战的制药业大洗牌已经开始,上海于2019年3月20日正式开始执行"4+7"城市采购计划,暴风雨即将来临,2019年或是制药业大洗牌的元年。正如上海医药集团总裁左敏说的,"在这样大变革的时代,70%~80%的制药企业是活不下去的。"[②]

据2019年1月7日新浪网报道,广州药品集团采购平台已经印发的《关于做好广州医疗机构药品集团采购首批医保集团谈判准备工作的通知》(以下简称《通知》)明确,对于符合医保谈判采购的药品,由医保经办机构组织开展集团谈判。《通知》要求,根据广州GPO工作实施安排及进

[①] 郭新峰.《"4+7"城市集中采购》系列文章之3:10大影响与4大趋势. https://mp. weixin. qq. com.

[②] 汇聚南药. 药监局"内部打架"的背后,及制药业大洗牌来了. 2019-1-20. https://mp. weixin. qq. com/s.

展情况,结合药品属性、市场需求等情况,纳入首批集团谈判范围的药品为上年度采购金额前 20 名的药品①。这标志着继"4+7"城市集中带量采购之后,以 GPO 带量采购为模式的又一轮通过政府主导谈判的药品降价即将上演。这也充分说明了在中国市场以政府部门(医保局为买方利益代表者)为主导的政府谈判将发挥越来越大的作用。

2019 年 9 月 25 日上海阳光医药采购网公布了《国家组织药品集中采购和使用试点全国扩围产生拟中选结果》,25 个"4+7"试点药品扩围采购全部成功,与去年"4+7"城市采购价格相比,平均又大幅降价 25%。2019 年外资药企的中标概率大大提高。2018 年只有 AstraZeneca 与中美史克两家跨国企业中标,2019 年有 7 家外资药企进入拟中标名单,其中 5 家为原研药厂商,2 家为仿制药企业。刚刚进入中国市场的印度仿制药企业瑞迪博士实验室在本次集采中中标了奥氮平片(10 mg * 20 片)。诺华集团旗下的山德士生产的首个通过我国仿制药一致性评价的进口仿制药瑞舒伐他汀钙片(10 mg * 30 片)也在这次集采中中标。外资药企为了市场这次也是拼了全力的,多个品种的价格与仿制药企的价格不相上下。如 Sanofi 公司对厄贝沙坦氢氯噻嗪片的报价为 1.08 元/片,与正大天晴 1.02 元/片的价格十分接近。氯吡格雷片 Sanofi 公司的中标价(17.81 元)甚至低于乐普药业的仿制品价(20.85 元)。

八、解决办法四:加快"质量和疗效一致性评价"进程,切实提高仿制药质量

截至 2017 年底,我国有 4 376 家原料药和制剂生产企业,其中 90%以上都是仿制药企业,近 17 万个药品批号中,95%以上都是仿制药。但是我国家批准的这些仿制药在国外特别是欧美国家是不被认可的,因为其质量和疗效达不到其原来被仿制的原研药的标准。我国《药品注册管理办法》规定,仿制药应当与被仿制药具有同样的活性成分、给药途径、剂型、规格和相同的治疗作用,已有多家企业生产的品种,应当参照有关技术指导原则选择被仿制药进行对照研究,这也就意味着,仿制药的比照研究对象不是必须以原研药为参照,只有首仿药(即第一个仿制药)要参照原研药,但首仿药也达不到原研药的质量和疗效。一般而言,首仿只能做

---

① 新一轮大降价来了! 广州公布首批 GPO 谈判名单全是大品种. http://med.sina.com/article_detail_103_2_58664.html.

到原研药的 80%,二仿只能做到首仿的 80%……如此一来,仿制药的质量和疗效就会一代不如一代。标准低,研制生产门槛就低,申报量就大,重复率就特别严重,然后市场就白热化竞争。又由于公立医疗体制改革不到位,医疗机构回扣成风,激烈的市场竞争没有倒逼制药企业提高产品质量,反而导致劣币驱逐良币,重研发高质量高成本的国产仿制药反而节节败退,最后市场就剩下了高价高质的原研药和高价低质的仿制药。所以我国当务之急是提高仿制药的质量,加快开展质量和疗效一致性评价,让那些已经审核批准生产的药品,除药理毒理等之外的药剂学药效学研究按照原研的标准再做一遍,通过多条体外溶出曲线和体内血药浓度曲线的研究。重点抓生物等效性研究,达到原研药的内在质量和疗效的一致性。

2016 年 2 月,国务院办公厅发布的《关于开展仿制药质量和疗效一致性评价的意见》指出,《基本药物目录》(2012 年版)中,2007 年 10 月 1 日前批准上市的化学药品仿制药、口服固体制剂共 289 个品种,应在 2018 年底前完成一致性评价。对仿制药开展一致性评价,是国际惯例。历史上,美国、日本等国家也都经历了同样的过程,日本用了十几年的时间推进仿制药一致性评价工作。据国家药监局的公告,截止 2018 年 7 月 26 日,有 57 个品种的口服制剂通过仿制药质量和疗效一致性评价,距离 2018 年年底还有不到 5 个月的时间,一致性评价工作任重道远,要想全部完成 289 个品种的一致性评价,几乎是不可能完成的任务。这让笔者想起了近 20 年前的 GMP 认证。当时为了提高药品生产质量,提高药品生产进入门槛,减少药品生产企业数量,全国"一刀切"规定在某一个时间点之后凡是没有通过 GMP 认证的制药企业一律不得继续生产药品。最后全国五六千家制药企业,每家至少花费四五千万元人民币,最后利用各种途径大多都通过了 GMP 审核,当然当时也规定凡通过 GMP 认证的企业的产品在医疗机构招标采购中享受优质优价。结果是全国制药行业当时大约在厂房设备等 GMP 硬件上的总投资超过 2 000 亿元[①],这些绝大部分是银行贷款,经过这一轮的血洗,在接下来的 10 年内中国制药行业背上了沉重的负担,再也没有能力投入大量真金白银到真正的研究开发上去,只能将销售作为重点扩大,尽快回笼资金偿还银行贷款。同时绝大部

---

① 新版 GMP 与旧版 GMP 差异. 2016 - 9 - 10. https://wenku.baidu.com/view/b5c93e4e960590c69fc376dd.html.

分仿制药企业将质量不高的仿制药申报了比较高的价格,以满足归还银行贷款和支付临床销售费用的需要,所以仔细研究沪、深两市上市的制药企业年报可以发现其毛利率很高但净利润率很低。因此当外界疯传药厂赚取高额黑心利润的时候,中国的制药行业只能打碎牙齿合着心中滴出的鲜血吞进肚去,无法申辩。一致性评价是一定要做的,但因为要按照原研药的标准再做一遍药剂学药效学研究,需要大量的时间、技术和费用,据估计一个品种需要800万~1 000万元,如果一个药厂需要做5个品种,就需要5 000万元人民币的投入。除了时间和金钱之外,处方工艺等的技术欠缺怎么办,这是最难解决的关键核心难题,单靠钱解决不了,因为钱买不来核心技术和关键工艺。因此,一致性评价如何推进、如何引导、如何考核、如何审评是需要集思广益慎重研究的,正确的事要有正确的做法,否则也是在做错事。仿制药质量和疗效的一致性评价千万不要再走GMP强制认证的老路,否则又将是中国制药行业的一次灾难。可喜可贺的是,国家药品监督管理局从善如流,积极响应基层实事求是的科学呼声,于大限即将临近的2018年12月28日发布《关于仿制药质量和疗效一致性评价有关事项的公告》,规定对已经纳入国家基本药物目录的仿制药品种,不再统一设置一致性评价时限要求。化学仿制药应在首家品种通过一致性评价后3年内完成一致性评价。逾期未完成的,经申请认定后,可予适当延期。此次合理调整相关工作时限和要求,将充分发挥市场机制作用,激发企业开展一致性评价的积极性。同时能够让企业可以从从容容地进行基础性的处方和制剂工艺的研究,而不是为避开最后通牒式的时限要求而囫囵吞枣地赶进度或干脆放弃。

除了对部分已经生产的仿制药进行一致性评价之外,对正在研发和申报的仿制药一开始就要按照原研药的标准进行要求,同时有研发实力的企业可以对289个国家规定品种之外的品种进行一致性研究和品质提升,以提高企业的竞争力,造福中国百姓。2018年7月5日,江苏豪森医药集团收到CFDA核准签发的伊马替尼(商品名:昕维)的《药品补充申请批件》,率先成为该药品首家通过仿制药质量和疗效一致性评价的企业。昕维是被称为"抗癌神药"的格列卫在中国的首仿药,通过一致性评价,意味着昕维在质量与疗效上与瑞士诺华制药的原研药格列卫相比肩,也将在招标定价方面享受到与原研药相等的政策红利。2013年4月2日,格列卫专利在华失效。随后首仿药昕维上市,2014年,正大天晴药业集团伊马替尼胶囊上市,商品名为格尼可。2015年,石药集团伊马替尼片

第八章 从"两票制"到《我不是药神》——医改之长路漫漫

上市,商品名诺利宁。目前,从各省药招平台价格看,3 种国产格列卫仿制药价格差不多是诺华格列卫的一半甚至更低,以 0.1 g×60 片规格的北京招标价格为例,江苏豪森的昕维价格为 1 160 元/盒,正大天晴的格尼可价格为 872 元/盒,石药的诺利宁价格为 949 元/盒。提升仿制药品质,还需要一揽子的"药方"。2018 年 4 月,国务院出台《国务院办公厅关于改革完善仿制药供应保障及使用政策的意见》,鼓励仿制临床必需、疗效确切、供应短缺的药品,鼓励仿制重大传染病防治和罕见病治疗所需药品、处置突发公共卫生事件所需药品、儿童使用药品以及专利到期前 1 年尚没有提出注册申请的药品。

对待"一致性评价"还需要更多的"大棒和胡萝卜"方能快速推进。2019 年 2 月 20 日,黑龙江省药品集中采购网发布《关于暂停未通过仿制药质量和疗效一致性评价企业药品网上交易资格的公告》,包括阿莫西林胶囊(0.25 g)、草酸艾司西酞普兰片(10 mg)、恩替卡韦分散片(0.5 mg)、恩替卡韦胶囊(0.5 mg)等 4 个品规在内的药品由于通过一致性评价生产企业达到 3 家,因此暂停以上品规中未通过仿制药质量和疗效一致性评价生产企业在黑龙江省药品集中采购平台的交易资格。受此影响,将有 64 家企业被暂停挂网资格。这已经是黑龙江省第二次暂停未过一致性评价药品的生产企业的挂网资格。从国家层面的鼓励政策来看,在招标方面,对于通过仿制药一致性评价的品种,同品种药品通过一致性评价达到 3 家以上的,在药品集中采购等方面不再选用未通过一致性评价品种。据药智数据统计,截至 2019 年 3 月 1 日共有 12 个品规已集齐 3 家,其中苯磺酸氨氯地平片过评企业已达 6 家,瑞舒伐他汀钙片、富马酸替诺福韦二吡呋酯片、恩替卡韦分散片、恩替卡韦胶囊、蒙脱石散、头孢呋辛酯片、阿莫西林胶囊 7 个品种过评数量有 4 家。截至 2019 年 3 月 1 日,已有广东、辽宁、湖南、江西、浙江、黑龙江等多个省份发文,明确表示对未通过一致性评的产品不予采购。此外,江西、黑龙江、广西、江苏等省也相继公布暂停未过评药品的挂网资格,其药品品规数总计超过 50 个。

在草原上要想让鹿跑得更快,最好的办法是保持一定数量的狼群。提高仿制药质量的根本措施还是要开放一定的市场,让印度、美国、以色列等仿制药强国药企的仿制药进入中国市场,通过质量更好、疗效更优、价格更低的进口仿制药的"鲶鱼效应"打破目前国内仿制药企业竞争的胶着状态。目前,世界最大的仿制药企业是服务全球 70 亿人的仿制药龙头——以色列的梯瓦(Teva)制药,排名第 2 位的是美国的 Mylan 制药。

印度的公司也很多,他们的共同特点是其仿制药大都符合美国 FDA 的仿制药标准,产品覆盖上百个国家的市场,而且正在向创新药市场渗透。笔者曾经服务的厦门 Matrix 制药公司被美国的 Mylan 制药曲线收购后管理经营发生了很大的变化,曾亲身体会了美国 Mylan 制药强大的仿制药研发和全球布局的经营管理能力,引进这样的"狼"从长远看对中国医药市场绝对是好事。

九、解决办法五:加快创新药的研发与引进

如果有一天中国医药工业的新药研发创新能力和技术水平达到和超过了欧美国家,我们面临的问题将迎刃而解。2018 年,中金公司的研究报告指出,以上市前研发和新药上市数来衡量,中国目前处于第三梯队,对全球创新的贡献大约为 2%,与第一梯队的美国和第二梯队的国家(日韩和西欧)仍有很大差距。据中国医药保健品进出口商会统计,2018 年第一季度,中国对美国化药制剂出口额 0.9 亿美元,其中恒瑞医药、华海药业、南通联亚、人福医药、齐鲁制药等 5 家位居出口前列,占制剂总出口额的 67%。[①] 2018 年 6 月,美国《医药经理人》杂志公布 2018 年全球制药企业排名前 50,中国药企无一上榜,值得一提的是,美国、日本仍是全球制药巨头最多的国家,前十强中美国占据 6 席。中国与"创新药大国""世界医药强国"还有很大距离。为了追赶,一方面我们需要及时将欧美发达国家批准的优质创新药引进国内,特别是新分子构型的原创药品;另一方面国家必须在制度设计和创新引导上扶持国内的研发型药企做大做强,利用国家的力量与欧美巨型药企进行竞争。最近几年各方面的政策也在马不停蹄的有序出台,积极构建政策支持环境和创新平台。

2015 年 7 月开始进行临床试验数据核查,净化药物研发环境;2015 年 11 月推出上市许可人持有制度(MAH),将研发与制造分离,为创新松绑;2016 年 2 月推出优先审评审批政策,加快临床急需药品的可及性;2016 年 3 月进行化药注册分类改革,以疗效为标准定义创新药;2017 年 6 月加入人用药物注册技术要求国际协调会议(International Conference on Harmonization of Technical Requirements for Registration of Pharmaceuticals for Human Use,ICH;由美国、日本和欧盟三方的政府药品注册部门和制

[①] 我国制剂国际化,2018 年 Q1,对美出口过 9 000 万美元. 2018 - 08 - 14. http://www.sohu.com/a/247071150_729399.

药行业在 1990 年发起），国内国外新药有望同步上市，打开创新药全球发展空间；2017 年版医保目录调整和医保目录价格谈判，医保全力支持创新药放量；2017 年 10 月 8 日中共中央办公厅和国务院办公厅发布《关于深化审评审批制度改革鼓励药品医疗器械创新的意见》，顶层文件指明医药行业发展最大方向；2018 年 3 月，组建国家医疗保障局，作为国务院直属机构，为药品上市后的医保对接、支付方案做好准备工作；2018 年 4 月国务院办公厅发布《关于改革完善仿制药供应保障及使用政策的意见》，促进仿制药研发；2018 年 7 月，国家药品监督管理局发布《接受药品境外临床试验数据的技术指导原则》。该《指导原则》所涉及的境外临床试验数据，包括但不限于申请人通过药品的境内外同步研发在境外获得的创新药临床试验数据。在境外开展仿制药研发，具备完整可评价的生物等效性数据的，也可用于在中国的药品注册申报，这将改善中国癌症患者此前长时期无望用上最新药物的困境，全球新药有望加速在国内上市。2018 年 8 月 8 日，国家药品评审中心发布《关于征求境外已上市临床急需新药名单意见的通知》。为加快境外已上市临床急需新药进入我国，国家药品监督管理局、国家卫生与健康委员会组织有关专家，对近年来美国、欧盟或日本批准上市新药进行了梳理，遴选出了 Alectinib Hydrochloride 等 48 个境外已上市临床急需新药名单。该名单重点考虑近年来美国、欧盟或日本批准上市但我国尚未上市的用于罕见病治疗的新药，以及用于防治严重危及生命或严重影响生活质量的疾病，且尚无有效治疗手段或具有明显临床优势的新药。纳入境外已上市临床急需新药名单的药品，尚未进行申报的或正在我国开展临床试验的，经申请人研究认为不存在人种差异的，均可提交或补交境外取得的全部研究资料和不存在人种差异的支持性材料，直接提出上市申请，国家药品监督管理局将按照优先审评审批程序，加快审评审批。2018 年 8 月 8 日，安进宣布 Repatha（依洛尤单抗，evolocumab，中文商品名瑞百安）正式获得国家药品监督管理局的批准，用于治疗成人或 12 岁以上青少年纯合子型家族性高胆固醇血症（HoFH）。Repatha 成为首个在中国上市的 PCSK9（前蛋白转化酶枯草溶菌素 9）型降脂药，是他汀类药物之后最可靠的降脂药。作为首个在中国获批的 PCSK9 抑制剂，瑞百安为纯合子型家族性高胆固醇血症这一罕见疾病的患者带来生命的希望。2018 年 8 月 15 日罗氏宣布，国家药品监督管理局正式批准了罗氏安圣莎（阿来替尼）的进口注册申请，用于治疗间变性淋巴瘤激酶（anaplastic lymphoma kinase，ALK）阳性的局部晚期或转移性非小细胞肺癌(NSCLC),为中国 ALK 阳性非小细胞肺癌患者提供了新的治疗选择。阿来替尼分别于 2017 年 11 月和 12 月才在美国与欧盟获批一线治疗 ALK 阳性 NSCLC,可以说是在中国上市"时滞"最短的一个欧美新药,几乎实现了海外新药在中国与欧盟的同步上市,具有标志性意义,而以往进口抗癌药在国内获批上市,一般要比欧美的上市时间延后 5～6 年。

在国家政策的帮扶和引导下,在药品研制企业的努力下,最近几年国内创新药物,特别是一类新药取得了较大的进展。

表 8-4 为最近几年国内一类小分子化学药上市统计。

表 8-4 2002 年至今国内上市的"中国 1 类"小分子化学药

通用名	商品名	适应证	研发公司	上市时间
海姆泊芬	复美达	鲜红斑痣,年龄相关性黄斑变性	上海复旦张江生物医药	2016.9
苹果酸萘诺沙星	太捷信	皮肤细菌性感染,社区获得性肺炎	太景生物科技,俄罗斯 R-Pharm,浙江医药	2016.5
西达本胺	爱谱沙	外围 T 细胞淋巴瘤	微芯生物	2014.12
甲磺酸阿帕替尼	艾坦	转移性胃癌	江苏恒瑞	2014.10
吗啉硝唑	迈灵达	盆腔炎,阑尾炎,敏感厌氧菌感染	江苏豪森医药	2014.2
阿利沙坦酯	信立坦	高血压,原发性高血压	上海艾力斯,信立泰	2013.10
艾拉莫德	艾得辛	类风湿关节炎	先声药业,大正富山,卫材	2011.8
盐酸埃克替尼	凯美纳	非小细胞肺癌	贝达药业	2011.6
艾瑞昔布	恒扬	骨关节炎	江苏恒瑞	2011.5
盐酸安妥沙星	优朋	急性膀胱炎,慢性支气管炎急性发作,多发性毛囊炎,急性肾盂肾炎	安徽环球	2009.4
爱普拉唑	壹丽安	十二指肠溃疡	丽珠制药厂	2007.12
三苯双脒	力卓	钩虫感染,蛔虫感染	山东新华制药	2004.4
丁苯酞	恩必普	缺血性脑卒中	石药集团欧意药业	2002.9

数据来源:药渡数据

2018 年 6 月 13 日,歌礼生物科技(杭州)有限公司宣布,其开发的抗

第八章 从"两票制"到《我不是药神》——医改之长路漫漫

丙型肝炎1类创新药戈诺卫获得国家药品监督管理局批准上市,2018年6月27日,中国工程院院士、浙江大学附属第一医院教授李兰娟,开出了第一张戈诺卫处方。① 国家药品监督管理局药品审评中心的数据显示,纳入优先审评审批的29批目录中,有14个丙型肝炎直接抗病毒小分子(direct-acting antiviral agent,DAA)药物品种正申请获批上市,包括11个国产品种。虽然这些所谓的创新一类新药大多数还是跟着全球欧美大药企做跟随创新,大多是me-too、me-better,而不是重磅药,但任何事物都有一个成长过程。当初日本的制药企业不也是从me-too开始一步一步地深入到创新的骨髓中去,最后攀上了创新药品的顶峰的吗?因此我们对国产创新药不应该失望,对普通百姓来讲需要的只是有限的等待时间,应该对国家、政府和药品研发企业抱有信心。

十、解决办法六:大力发展中医药

提起中医药,那些在西医药理论体系培养成长的一些所谓的精英人士近年来对其全盘否定,欲将其彻底丢进历史的垃圾堆,这真是可悲、可气且不可忍。用西医药的方法和技术研究中医药,还没有开始就已经偏离了方向。有人否定中医药,是因为眼光短浅到只看到目前的几十年,"风物长宜放眼量",切勿偏激,历史总是在按照自己的逻辑在不紧不慢地前进,不会受任何极端思想的影响。中华民族几千年来最伟大的地方就是善于学习和融合外来一切优秀的思想和文化为我所用并发扬光大。佛教从异域他国印度传入中国,在中国得以生根发芽,发扬光大,成为中国本土三大哲学思想,反而在印度彻底根断还需从中国和东南亚国家重新引入。作为东方文明的代表,中国举国上下学习英语,在最重要的高考中英语与汉语同等重要,你能想象欧美国家有这样的胸襟来学习东方文化吗?马克思主义原本是西方哲学的一个组成部分,但被中国共产党人接受和中国化,进而成为我们建设社会主义新中国的理论指导核心,推动中国站起来、富起来和进一步强起来。东方华夏文明源流几千年,传播数万里,覆盖近20亿人口,其先进性岂是极少数人可以随意否定的?最近,我们与美国在打贸易战,这是国运的竞争,中国必胜,为什么?因为中国现在是东西方兼容,汲取的是全世界全部的优秀文化和先进的科学技术,而

---

① 重磅!中国首个本土原研抗丙肝创新药获批上市. 2018-06-13. http://www.sohu.com/a/235474728_749427.

美国死守自己的已有知识体系，盲目自大。所以中国人一定要对自己的文化有自信，对中医药有自信。中医药是一个完整的体系，是一种先进的文化，纵使目前用西医药不能解释其内容，谁敢断定50年、200年、500年后不会东风压倒西风，中医药获得主要的话语权呢？中西医药必将是在互学互鉴中更快地发展，更快地融合，最终圆融为一体，固化为世界医药学的最强基因，服务于全世界的人民，为人类命运共同体的建设添砖加瓦，铸就辉煌。

发展中医药一定不能落到西医药的窠臼中去，东施效颦，中药西制、中药注射剂的教训不可谓不深刻，任何企图用拿来主义的省事之法妄想不费吹灰之力就可以在中医药的创新上做出成果的投机取巧都是不可能成功的。西医药要把疾病治好，中医药也要把疾病治疗好，目的一样，但方法和途径可能不同。在研究的过程中可以用西医药来验证中医药的结果，也可以用中医药来验证西医药的结果，视野要开阔，研究方法也可以借鉴，但决不能搞简单的"拿来主义"。一定要按照中医药的轨迹、中医药的理论方法等内在规律去研究中医药，西医药亦然。在国内中医院和西医院大多比中西医结合医院搞得好，这种现象值得医药人好好去探究。中、西医药结合当然是好事，值得提倡，但关键是两个学科的发展需要的是内在的神的结合，而不仅仅是外在的"形"的杂糅。

发展中医药必须脚踏实地从基础做起，按照中医药的发展规律，扎根国民健康的实情，发挥其大组方、综合施治、个体化处置、治未病的优势，同时善于学习西医药的精髓而不是外在形式，深入钻研，广泛推广，久久为功。中医药本身就是来源于广大人民群众的医疗实践，在其发生、发展的几千年间，由于经济社会的不发达，人员居住分散，药材流通不易、病例收集不易、药效反馈不易、经验积累不易，因此中医药发展的比较缓慢。在当下信息技术高度发达，人口城镇化速度前所未有，病例个体中医药实践信息的实时采集成为可能，中医药加移动互联网技术广泛采用，建立基于云平台的大数据库，超级计算机可以对收集到的中医药治疗海量数据进行收集、分析、归纳和总结，通过这样的浓缩加速度发展，中医药的复兴和快速发展已经来到了临界点。按照中医药的内在规律，利用现有的信息化技术，必然可以大力发展中医药，在可以看到的未来，在医药产业上可能是我们唯一可以实现弯道超车的地方。西医药的发展越来越困难，已经遇到了很大的瓶颈，西药制药行业已经很难寻求新的突破，研发创新药的商业模式越来越难，大药企们受限于人类生产力发展过慢，研发成果已经超出了大多数人可承担的范围。当治疗一种疾病需要数十万甚至上百万美元的时候,当人类创造的一切财富还不足以支付西医药治疗费用的时候,当最新的西医药成果不断吞噬人类创造的一切财富的时候,西医药的发展就彻底地到了本末倒置的节点上,到了这个转折点,中医药的发展就应该跟上去、接过来,这也是中医药的宿命和历史使命。"天若有情天亦老,人间正道是沧桑",中医药的发展道路是曲折的,目前西医药的强势就是明证。2019年1月,"4+7"城市带量采购结果的公布让不少中药企业眉开眼笑:西药降价如此厉害,西药企业没有了价格空间,临床医生开处方没有了回扣,只能选择没有降价的中成药了。但如果再往深处想一想,恐怕后背会发凉的:医院用药的总额度是医保局定额的,"结余留用,合理超支分担",医生能用10元钱的西药治好的疾病如果换成100元的中成药还不一定能治好的话,不说医保局和医院及科室领导找医生的麻烦,患者会答应吗?因此,西药越物美价廉,中药的挑战就越大,面临的威胁就越大。因此中医药一定要发挥自身的特长和优势,在预防疾病和治疗慢性病方面找到细分市场,越挫越勇,用时间换空间,用时间换机会,与西医药一起,分进合击,共同服务好患者。要确信中医药的前途一定是光明的,对此我们中国人一定要有充分的自信和定力。中央一直在讲我们中国人要有4个自信:对走中国特色社会主义道路自信,对马克思主义理论特别是中国特色社会主义理论自信,对中国特色社会主义制度自信,对中华优秀传统文化及中国特色社会主义文化自信。我想对于中国医药人来说也要有4个自信:对中医药五千年来赖以发展的阴阳五行等哲学文化要有充分自信,对中医药五千年发展形成的漫长、独特而成效斐然的道路要有自信,对中医药五千年发展形成的独特诊断治疗理论要有自信,对中医药五千年来形成的极其宝贵的典章文献要有自信。

十一、解决办法七:加快推进综合医改,尽快取得关键节点突破

　　制药行业为医疗行业提供弹药,但它也只是大健康行业的一个组成部分,其发展决定于整个医疗行业的综合环境。国内药品研发、生产和监管的政策环境,并不差于其他产业,真正影响药企生产优质仿制药动力的,则是目前公立医院的垄断地位。目前公立医院掌握着75%的药品零售,此前长期的价格管制和"以药养医"让医院更喜欢用高价药。公立医院的高价药只占其药品采购品规的20%左右,但占据其药品销售收入的

70%~80%。过去20年,政府每次通过行政命令或用招投标的方法试图降药价之后,医院都会迅速调整用药结构,剔除低价药,替换为高价药。在我国,医院是药品消费的最主要的终端,这其中,公立医院又占据大头,医院的药物使用,影响着药企的研发与生产。在公立医院之中占据龙头地位的三甲医院原研药拥有相当强势的地位,占据了一半左右的市场份额。这种畸形的用药模式和市场环境严重制约了医药行业的创新发展,而解决这一问题的根本,就是打破公立医院的垄断地位,通过增量来将医药市场从公立医院手中释放出来。

国家推进的综合医改为此提供了契机。医院药品"零差价"、医院用药回扣整治、医药分开、医院处方外配、医院人事和薪酬制度改革、互联网＋医疗健康、药品医保支付价结算、医生多点执业等改革的持续推进,医院这个医改最后堡垒的攻陷只是时间问题。同时在药品研发、生产、流通、使用环节上的综合改革将使药品制造行业真正迎来美好的春天。2018年8月16日,中共中央确认吉林长春长生公司问题疫苗案件是一起疫苗生产者逐利枉法、违反国家药品标准和药品生产质量管理规范、编造虚假生产检验记录、地方政府和监管部门失职失察、个别工作人员渎职的严重违规违法生产疫苗的重大案件,多位省部级官员因此被免职或者引咎辞职,另有高级官员被立案调查。这是继2006年中国的药品监管领域首场反腐风暴之后的又一巨大震荡,可以说2015年是中国药品监管改革元年,2017年是中国药品监管改革大年[①]。长春长生疫苗案等标志性事件的发生,极大地助推了综合医改的进程。特别是药品流通"两票制"改革抓到了综合改革的"牛鼻子",也是改革的突破口,一定要一抓到底,将"长痛"变为"短痛",为未来的发展打好牢固的基础,到时必将实现仿制药和创新药并驾齐驱发展的美好蓝图。

综合医改既是目的,又是过程;既是方法,也是路径。全世界各国面对既有的医疗体制都在寻求改革,展望未来,长路漫漫。但中国从易于下手又可以很快见到实效的药品流通"两票制"开始,再经过《我不是药神》写实电影的舆论"烘烤",相信会比其他国家走得更快、更稳、更有成效。在中央的强力执政下,任何损害国家整体利益的小利益群体都不可能螳臂当车、蚍蜉撼树。

---

① 宋瑞霖,蒋华良,吴晓明. 透过长春长生疫苗案,回望中国药品监管改革. 2018-8-21. http://www.phirda.com/artilce_18289.html? cId=1.

第八章 从"两票制"到《我不是药神》——医改之长路漫漫

从截至2019年3月初出台的政策综合来看,虽然从药品的研发、生产、进口到药品的流通再到医院的综合改革,各环节改革政策的大方向基本都已经确定了,但改革的轻重缓急还是有讲究的。改革的突破口首先是药品流通领域的"两票制"改革,先把渠道捋顺。药品流通既是医药各环节上的薄弱点,又是卡脖子环节,更是易于得到群众舆论支持的社会热点。形式上的改革既容易操作又容易核查,还会从表层撼动深层。其次通过药品质量和疗效一致性评价加上GPO及医保局的"4+7"城市扩围集体带量采购和推行医保支付价,将药品的质量提上去,价格大大降下来,从而得到进一步医改的资金等资源腾挪空间;最后则是对最难啃的大医院的改革发起围攻,争取在3~5年内毕其功于一役,取得综合医改的框架性实质性突破,目前来看政府是势在必得,成功的曙光也越来越近,这将是人民的胜利,同时也为那些医药蛀虫敲响了丧钟。大医院改革的真正核心是利益的再分配,也是薪酬制度的改革。当"两票制"和"4+7"城市带量采购把药品价格降低后,腾挪出来的医疗费用空间就可以用于薪酬制度的改革了,毕竟增加收入的改革是比较容易推进的。2019年1月17日国务院办公厅发布《国家组织药品集中采购和使用试点方案》(国办发〔2019〕2号),该《方案》建立医保经办机构与医疗机构间"结余留用、合理超支分担"的激励和风险分担机制,推动医疗机构使用中选的价格适宜的药品,降低公立医疗机构运行成本。公立医疗机构医疗服务收支形成结余的,可按照"两个允许"(允许医疗卫生机构突破现行事业单位工资调控水平,允许医疗服务收入扣除成本并按规定提取各项基金后主要用于人员奖励)的要求,统筹用于人员薪酬支出。这样一来,各家公立医院的"节约动力"被激发出来了,成本为王时代到来了。[①] 这样大处方、过度用药、大量使用高价药和辅助药及营养药等临床不端行为从根源上丧失了产生和存在的土壤,药品回扣的"肿瘤"失去了血液的供应必将快速死亡,真正进行新药学术沟通的专业医药代表迎来了久违的春天,同时医师多点执业也让那些有真才实学的实干派找到了施展才华的用武之地,让那些只有职称而没有实际本领的"南郭先生"类庸医逐步退出历史舞台。

十二、解决办法八:国外代购,"曲线救命"

上面的7个解决办法都是中长期"慢活",远水岂能解近渴。面对"嗷

---

① 余庆松. 国家药品集采方案公布,医院绩效要跟着变吗? 2019-1-20. https://mp.weixin.qq.com.

嗷待哺"的危重患者,如果国内的药品解决不了问题,最快最好的办法就是国外代购,"曲线救命"了。虽然国家政策一个接一个出台,各级政府积极行动,药品类别逐渐丰富,价格逐步下降,形势在逐渐好转,在未来的几年中,部分少量品种会变得价廉且易得,但大部分国产平价救命药仍将是可望而不可即,有关药品也不可能降低到印度等国仿制药的价格水平,中国患者代购海外"假药"的困局,仍将持续下去,我国很多传染病和重大疾病患者购买海外仿制药的需求依然会很大。

印度知名制药公司 TNatco 生产的仿制格列卫 VEENAT,0.1 g×120 片规格的售价不到 1 000 元人民币,赛诺(Cyno)公司的仿制伊马替尼(格列卫)更便宜,团购价格最低可以达到 200 元/盒,算下来,以 1 个月 120 粒"格列卫"的治疗量计算,印度仿制药每年只需要 2 400 元,相当于国产"格列卫"一个月的花费,更是只有诺华格列卫的几十分之一。国内原研药超高定价和仿制药中高定价在将国内的患者导向印度药企。国内一部分丙型肝炎患者,大多想方设法购买来自印度的药,印度的一些药厂几乎被中国人包了。在 QQ 群组、微信、淘宝等网站上,有不少代购"吉三代""索非布韦"的广告,甚至有中介机构推出了"印度医院专家视频会诊"服务,通过远程会诊,患者无需出国,只需提供最新的病历资料和检查报告,在线由印度的医生问诊、开具处方,然后印度医院把处方及药物一同邮寄到患者手中。印度生产的索磷布韦,在中国售价每盒 1 500 元,无肝硬化的丙型肝炎患者配合达卡他韦,一个疗程花费 6 000 元,丙通沙为每盒 2 500 元,3 盒一疗程花费 7 500 元,远低于英国、美国的价格。中国索磷布韦片一个疗程的费用则是 58 980 元,丙通沙的国内售价笔者没有检索到。印度可以生产、销售廉价的索磷布韦仿制药,关键在于美国原研厂家 Gilead 公司和 8 家印度仿制药生产商签署非独占特许权协议,允许其生产索磷布韦片以及"雷迪帕韦+索磷布韦片"固定剂量组合片剂,并出售给超过 91 个发展中国家。这 8 家印度厂商还可以对索磷布韦片仿制药进行自主定价,并将销售额的一部分支付给吉利德作为版税报酬。2014 年,索磷布韦实现了 102.83 亿美元的销售额;2015 年,索磷布韦与雷迪帕韦的组合,贡献了 138.64 亿美元的销售额[①]。

代购就是代理购买,是不能有差价的,也就是负责代购的人不能赚取

---

① 丙肝"神药"高价难降,专利围墙能否撼动? 廉价救命药会否到来? 2018 - 07 - 28. http://news.hexun.com/2018-07-28/193599564.html.

第八章 从"两票制"到《我不是药神》——医改之长路漫漫

任何利润,一旦有利润就是销售牟利,按照中国法律这是在做销售工作,销售的药品没有经过国家批准生产或进口,就是在销售假药,这是违法的。不要忘了,依据检方的不起诉决定书,"药神"的原型陆勇之所以被法律宽恕,首要因素是因为其替病友代购的行为全部是无偿帮助,未收取任何额外费用,因此未被认定为销售行为。《药品管理法》第四十八条规定,"依照本法必须批准而未经批准生产、进口,或者依照本法必须检验而未经检验即销售的视为假药。"也就是说,所有没有被国家批准的药,都会被当作假药。2018年7月25日,翟一平因涉嫌销售假药罪被刑拘,并被羁押在上海市看守所。1972年出生的翟一平在2014年罹患肝癌,从2016年开始,他帮在QQ群里认识的病友从德国代购抗癌药,一些肝癌晚期的病友因此延续了生命。两年下来,他成为病友群里的顶梁柱,每天都有许多病友发病例请教他。翟一平在给病友代购药品时收取了5%的手续费,主要代购的是当时国内还没有的PD-1利尤单抗注射液和仑伐替尼(Lenvatinib),PD-1利尤单抗注射液一针1.2万元,仑伐替尼一盒30粒1.9万元。仑伐替尼用于肝癌晚期患者,PD-1利尤单抗注射液是免疫药物,能延长患者的生存期,与仑伐替尼联合用药效果更好。2017年,欧洲肿瘤内科学会和美国临床肿瘤学会公布这两个药品联用的临床数据,疾病控制率逼近100%。翟一平的案情牵动着许多病友的心。截至2018年8月9日,来自广东、福建、海南、江西等地的病友自发写了163封求情信,希望翟一平能早日释放[①]。因此国内的癌症患者如果希望用到国外才有的药品时要么自己去国外诊断治疗,要么寻求没有中间差价的代购,还要防备购买到真正的假药。对于陆勇和翟一平等类似的代购人员希望有关机关能酌情处理,更希望国家能修改有关法律法规既能积极引进国外最新的好药品又能让患者方便购买到国外价格合理的原研药或者仿制药。根据2014年9月最高人民法院和最高人民检察院印发的《关于办理危害药品安全刑事案件适用法律若干问题的解释》第十一条规定,销售少量未经批准进口的国外、境外药品,没有造成他人伤害后果或者延误诊治,情节显著轻微危害不大的,不认为是犯罪。我们需要法治国家行政者的温情与人性。希望国家立法部门早日从立法上,修改相关法律,更多些温度和人文关怀,毕竟,这是救命的事!对于《我不是药神》电影引发的呼吁,

---

① 《我不是药神》再现!肝癌患者代购德国药被拘,律师称其不知犯罪. 2018-08-15. http://www.sohu.com/a/247311427_161795.

国家迅速做出了回应。2019年8月26日上午十三届全国人大常委会第十二次会议表决通过了新修订的药品管理法，不但取消了GMP/GSP认证，还对假药的定义做了修订，为海外药品代购开辟了一条可行的绿色通道。新法于2019年12月1日开始施行。

代购是不得已之事，如果有经济实力，可以直接到海外的医疗机构去检查和治疗，如中央电视台节目主持人李咏是去美国接受诊断和治疗的。但无论如何我们都希望能在自己的国家享受到优质的医疗服务，使用我们自己国产的优质低价先进药品，为中华民族的健康作出贡献。所有中国医药人都应该有这个崇高的信仰和目标，而不仅仅只是发展医药经济，虽不能让每个人都有"但愿世间人无病，何惜架上药生尘"的自觉，但也应该是大部分中国医药人心中的那轮明月而向之、往之。

后 记

读书、散步、思考和写作一直是我最喜欢的休闲方式。没有压力，天马行空，偶尔还闪现思考的火花，这样的写作在工作之余是惬意的、美好的。之前发表的几十篇文章大多没有固定主题，有散文、记叙文、议论文、新闻报道及评论等，随感而发，随性而为，写出来是一种宣泄，感到畅快淋漓。可写本书却没有这样的快感，一是因为本书是在学位论文的基础上扩编而成，有严格的体例和内在逻辑要求；二是因为医药行业是国家社会政策的重要调节区域，是公共管理领域的研究热点，需要理性、科学的态度并对国家的大政方针有深入了解。所幸本书经过了出版社的审核并顺利出版。写作本书也是想将自己在医药行业 30 年的所经所历、所感所想、所体所悟鲜活而永久地保存下来，有一天读起来能成为回忆的索引，确保过去不会成为记忆的荒漠。

我的女儿在北京读大学，是九年制本、硕、博连读，我为她未来有一个踏实而确定的 9 年而感到舒心。她高中的所有书本全部作为废品卖掉，我仍感到可惜，因为中国古人认为每个字背后都有一个故事，都有一个护法神仙存在，所以我对文字和书本有一种天生的敬畏之感。现在的部分年轻人可能因为书籍和阅读大多电子化了而对纸质书籍轻薄无礼不少。离开喧嚣的闹市，离开浮华的社交，离开职场的竞争，安静而恬淡地著述成书的过程，是一种净化心灵、沉淀思想、成熟心智的过程，也是部分潜意识得以显性化的过程，内心的平静和安详终究是幸福的制高点。我写作，我幸福，我快乐！

在医药行业 30 年，与我同行的同学、同事、朋友很多，纷至沓来又四散而去，有人已消失无踪，有人已小有所成，但更多的是人到中年随医药行业的波动起伏而彷徨不已。这些年我招聘和面试了很多年轻人,他们大多是听说医药行业有暴利而存捞一把就跑的念想。《我不是药神》这部电影,我在电影院看了3遍,2019年7月20日在中央电视台电影频道又看了1遍。每次看都会泪眼婆娑,感慨不已。一部现实版电影对中国医改的推进,对中国基层百姓优质低价药品获得性的大大提升远远超过所有人的意料,看来写作、拍电影、研究、生产、销售药品,殊途同归,一样可以造福于百姓健康。2019年8月26日,《中华人民共和国药品管理法(2019年修订)》(以下简称《药品管理法》)正式审议通过并确定于2019年12月1日起正式"上岗"施行。电影《我不是药神》中引发社会热议的与药品有关的各种疑问,在这部新修订的《药品管理法》中都能找到答案。根据新修订的《药品管理法》,未经批准进口少量境外已合法上市的药品,不再按"假药"论处;对未经批准进口少量境外已合法上市的药品,情节较轻的,可以减轻处罚;没有造成人身伤害后果或者延误治疗的,可以免于处罚。可以说《我不是药神》这部电影直接推动了新修订的《药品管理法》中对"假药"的重新定义,医药界多年的呼吁终于经过这部电影的临门一脚而修成正果。幸甚!

同时纵观世界,随着美国GDP在世界总GDP中的比例不断下降,美国国内民意的撕裂与不断加深的矛盾,美国的相对实力毫无疑问是在走下坡路;因为中东局势的不稳定导致的难民输入和英国脱欧的刺激,欧盟的衰落呈加速下行之势;日本综合国力已下降到只有中国的1/3水平;虽然中国面临的内、外形势尖锐复杂,但大势已定。百年未见之大变局中唯有中国会越变越好。只有认清了目前国际和国内大的发展趋势,知道了我国现有坐标,医药界才能静下心、俯下身研究国内医药市场的走向,才能确保个人和企业不背离这个走向。

二三十年前,我们是把医药行业作为经济行业来完全放开和市场化的。这种做法虽仍存在争议,但我认为这是适合我国当时国情的正确做法,它使我国实现了这些既是社会领域又是经济领域的弯道超车,合理的成分是占主要的。在改革开放初期我们可以说是一穷二白,要技术没技术,要资金没资金,要想发展经济,我们必须要有优先发展方向,而不能眉毛胡子一把抓,就像新中国成立后的前30年我们只能"勒紧裤带"发展重工业和军工业等关系国家生存的支柱行业,而不能优先发展民生行业是一个道理。我们的最大优势是人多,人人都需要看医生,这就关系到医药行业,而医药行业既是公共卫生行业,同时也是经济行业,是受经济规律支配的。这个行业的启动不需要很高科技和巨大资金，我国利用有限的可控的市场化对这个行业进行发展，既调动了各方面的积极性，又为行业积累了原始的发展资本，这样在后续的研发等领域就可以大胆投资了。譬如，大家原来大力批评的"先污染，后治理"的模式难道在中国原有的艰难条件下没有一定的合理性吗？我们不能坐而论道，只会打马后炮。时移世易，变法宜矣。经过几十年的发展我国现在处于全面建成小康社会阶段，有了一定的经济基础，医疗制度是社会制度的支柱之一，对社会的稳定至为关键，因此我们可以慢慢改变原来的一些做法，例如公立医院民营化改革和公立医院药房社会化托管已被叫停，大力推行医改，执行医药流通"两票制"，"4+7"城市联合招标采购积极扩围等。总而言之，我们需要对医药行业进行力度较大的改革了，原来走过的成功的路如果不改进可能就变成以后走下坡甚至失败的路了。

  对医药行业进行大幅度改革的各项条件已经成熟了。从经济发展来看，新常态悄然而至，经济增长从高速变为中高速。面对新常态，必须要适应，必须提高生产效率，将提高生产率作为推动增长的源泉，发展重点由量的增加过渡到量的增加与质的提升并重。原来增建一个大的药厂，投产一批仿制的原料药和制剂，就为GDP做出了一定贡献，但现在药品产能已经过剩，低质高价的仿制药不但耽误了患者的病情，还带来不少不良反应，国家并不提倡。现在需要的是具有高精尖技术的生物制品、原创药品等创新产品与技术，产品质量和治疗效果要与国外原研药品相同，原有的大量生产低质量仿制药的药厂正被关闭和重组，产能正在逐步去化过程中，药品流通企业则更是如此，这也是推行"两票制"的基础。所以在医药圈的人要看清这个形势，不在医药圈的人，不要产生"围城效应"，不要在没有高精尖技术的前提下盲目进到这个圈子。如果是搞研发的人，要看到研发界前30年所走的路：大部分是低质重复模仿，拿批文为最高标准，这已经走不通了，必须要改弦更张，要提高自身研发实力，"有了金刚钻才能揽到瓷器活"。做销售的医药人应该是医药行业数量最多的一批人了，但总体素质也是良莠不齐。20世纪90年代初的医药代表都必须是各类医药大学最优秀的毕业生或是公立医院高年资的医生，主要工作是来到医院给临床医生讲课，介绍最新的医药研究进展，受到医院的热烈欢迎和临床医生的尊重。我刚踏入药品销售领域的第一个带教老师，就是南京八一医院的一位博士毕业的高年资医生，我从她那里学到了博学高深的专业知识和博爱刚正的优秀品德。其后大家都知道了，药品回扣大范围盛行,医药经济泡沫般繁荣,"劣币驱逐良币",各色各类各行业的人员涌进了药品销售行业,真正的医药专业人士反而逐步撤离了这个泥沙俱下的洪流。现在,"两票制""零差价""医保支付价结算""总量控制,余额自支,超量合理分担""药品质量与疗效一致性评价""4+7城市带量招标采购全国推行""医药代表备案制"等医改围攻政策在逐渐推开和逐步收紧,国家这几年反腐的力度和效果有目共睹。临床医生对于药品回扣也开始了从不敢收、不能收到不想收的转变,大量的医药代表和医药流通从业人员纷纷调整业务方向或者转行,真正的"执业药师"级的医药代表的时代应该会在不长的时间到来。同时真正有爱心、同理心的医药企业家通过投资医药高新技术生产出质量和疗效俱佳的价格合适的药品,成就有温度、有高度的医药事业,而只想赚钱的医药商人正逐步退出历史舞台。适应才能生存,生存才有机会发展,发展才能成就事业,有事业才能为社会作出贡献,对社会有贡献的一生才是有意义的一生。

中国医药工业研究总院的周斌师兄自去年初看到初稿一直在鼓励和帮助我尽快成书并出版发行,以尽快与读者见面,回馈社会;很多老师、同事和朋友也都大力支持我,我的心情就像一个收获季节的农民,充满了期待,也充满了忐忑。希望书中的文字有生命,有热力,有感化;能警醒,能启迪,能流传。最后想说的是感谢:

感谢工作、生活和社会,给了我厚实的营养!

感谢文字和书稿,让我留存了过去30年的一段剪影,也揭示了未来的方向和归宿!

感谢我的老师、同事、同学、朋友,他们与我一起书写人生和事业的酸甜苦辣!

感谢我的父母、兄弟姐妹、妻子和孩子们,他们一路伴我同行,他们的爱是我源源不断写作的动力!

感谢我爱的人和爱我的人,你们的支持和鼓励让我见识到了这个世界的真、善、美!

感谢所有本书的读者,祝愿你们生活美满、事业有成。祝愿中国医药事业兴旺发达,为健康国人的体魄作出更大的贡献!

袁锡彬

2019年冬于上海

图书在版编目(CIP)数据

药品流通"两票制"研究:赢在中国医药格局剧变之际/袁锡彬著. —上海:复旦大学出版社,2020.1
ISBN 978-7-309-14422-2

Ⅰ.①药… Ⅱ.①袁… Ⅲ.①药品-商品流通-市场监管-研究-中国 Ⅳ.①F724.73

中国版本图书馆 CIP 数据核字(2019)第 120629 号

药品流通"两票制"研究:赢在中国医药格局剧变之际
袁锡彬 著
责任编辑/肖 芬

复旦大学出版社有限公司出版发行
上海市国权路 579 号 邮编:200433
网址:fupnet@ fudanpress.com http://www.fudanpress.com
门市零售:86-21-65642857 团体订购:86-21-65118853
外埠邮购:86-21-65109143
上海四维数字图文有限公司

开本 787×1092 1/16 印张 14 字数 217 千
2020 年 1 月第 1 版第 1 次印刷

ISBN 978-7-309-14422-2/F·2594
定价:48.00 元

如有印装质量问题,请向复旦大学出版社有限公司发行部调换。
版权所有 侵权必究